Beiträge zum Zivil-, Steuer- und Unternehmensrecht

Festschrift für Heinz Meilicke

Heinz Meilicke

Beiträge zum Zivil-, Steuer- und Unternehmensrecht

Festschrift für Heinz Meilicke

Herausgegeben vom
Fachinstitut der Steuerberater e. V.

Mit Beiträgen von
K. A. Bettermann M. K. Binz E. Geßler
B.-H. Hennerkes G. Heubeck B. Kamprad R. Kapp
M. Luther W. Meilicke G. Rose H. A. Vogel
H. von Wallis

Springer-Verlag
Berlin Heidelberg New York Tokyo 1985

Fachinstitut für Steuerberater e. V., Köln

ISBN-13: 978-3-642-70186-3 e-ISBN-13: 978-3-642-70185-6
DOI: 10.1007/978-3-642-70185-6

Softcover reprint of the hardcover 1st edition 1985

2142/3140-543210

Vorwort

Heinz Meilicke vollendet am 25. Dezember 1984 sein 80. Lebensjahr. Geboren in Berlin-Mitte haben sich in seiner Persönlichkeit weltoffenes Spektrum der Hauptstadt Berlin, aber auch Drängen und Durchsetzungsvermögen, entstammend einer zwei Generationen vor ihm von der Neumark nach Berlin zugewanderten Handwerksmeisterfamilie, ausgeprägt. Sein Berufsziel, Anwalt zu werden, stand von Anfang an fest und wurde durch Studium und Referendariat in Berlin zielstrebig angegangen. Spezielle Anstöße gaben das Miterleben der Inflation während des Studiums, ein Volontariat als Exportkaufmann sowie anderthalbjährige berufliche Tätigkeit in England. Nach Mitarbeit in der bekannten Praxis Kempner/Pinner, dann in langjähriger Sozietät mit Dr. Conrad Böttcher tätig, führte sein konsequentes Eintreten für die Rechte seiner Mandanten, darunter auch zahlreicher jüdischer Mitbürger, zu Konflikten mit den nationalsozialistischen Rechtswahrern, die in einem Ehrengerichtsverfahren gipfelten und nur durch Meldung zum Wehrdienst in der Schwebe gehalten werden konnten. Nach dem Zusammenbruch deshalb zügige Entnazifizierung und Wiederzulassung als Anwalt in Berlin, Lehraufträge der Humboldt-Universität, mit der Spaltung Berlins Wechsel zur Freien Universität Berlin, Verlegung der Anwaltspraxis nach Bonn, Aufnahme als Mitglied in das Fachinstitut der Steuerberater, Sozietät mit Dr. Hohlfeld und seinem Sohn sind weitere Stationen seines Lebensweges.

Die Veröffentlichungen von Heinz Meilicke – im Anhang sind Monografien, Kommentare und Aufsätze in Fachzeitschriften zusammengestellt; Buchbesprechungen sowie Beiträge und Leserzuschriften in Tageszeitungen und Wirtschaftsblättern, konnten aus Raumgründen nicht in die Zusammenstellung aufgenommen werden – beweisen die große Spannweite, die Vielseitigkeit, aber auch die unermüdliche, bis heute anhaltende Beharrlichkeit seiner fachkundigen Auseinandersetzung mit Rechtsfragen. Sei es in Veröffentlichungen auf dem Gebiet des Steuerrechts, des Währungs- und Devisenrechts, des Wettbewerbsrechts, aber auch des Arbeitsrechts, sei es in der Handhabung oder im Wechsel der Rechtsformen von Unternehmen, seien es permanente Bilanzierungs- und Bewertungsfragen oder einmalige Umstellungsbilanzprobleme, Heinz Meilicke begnügt sich nicht mit plastischer Präsentation und tiefgehender Bearbeitung der von ihm behandelten Themen, sondern er steckt auch jeweils die Grenzen des staatlichen Eingriffsrechts ab, macht sich zum Gestalter des verbleibenden Freiraums und beweist sich als ideenreicher Anwender der Instrumente unternehmerischen Entscheidens und Wagens. Besonderes, für Heinz Meilicke typisches Merkmal seiner lebenslangen Aktivität ist sein kämpferisches Engagement für die Freiheiten des Individuums gegen die Macht des Staates, für die Minderheit gegen majorisierende Mehrheiten. Sein drängender Elan drückt sich nicht nur in seinem publizistischen Schaffen aus, sondern kam und kommt noch viel weitreichender und intensiver in der Beratung seiner Mandanten und deren Interessenvertretung zur Wirkung, gewann ihm Kampfgenossen und Freunde, erweckte aber gelegentlich auch Verstimmung auf seiten der Angegriffenen. Im Kern aller seiner Aktivitäten liegt aber sein Kämpfen gegen Einschränkung der Freiheitsrechte, gegen Institutionen, nicht gegen Personen.

Die ihm zu Ehren herausgegebene Festschrift enthält Beiträge von Autoren, die auf Heinz Meilickes Lebensweg Stationen mit ihm gemeinsam durchlebt, mit ihm gemeinsam gekämpft oder auch Standpunkte gegen ihn zu verteidigen hatten, die sich alle in dankbarer Erinnerung ihm verbunden fühlen. Diese Beiträge, mit denen jeder Autor ein Thema aus seinem Schaffen wissenschaftlich vertieft und in der fachlichen Diskussion weiterführt, stellen für sich allein schon ein anregendes und befruchtendes Material dar. Denen, die Heinz Meilicke in seinem Leben und Wirken kennen, werden sie sein Bild und seine Persönlichkeit lebendig erhalten helfen.

Auch an dieser Stelle sei den mitwirkenden Autoren für ihren persönlichen Beitrag besonders gedankt.

Prof. Dr. R. Curtius-Hartung
Fachinstitut der Steuerberater e. V.

Inhalt

Autorenverzeichnis

Prof. Dr. Dr. h. c. Karl August Bettermann
Alte Landstraße 173
2000 Hamburg 63

Rechtsanwalt Dr. Mark K. Binz
Sprollstraße 27
7000 Stuttgart 70

Prof. Dr. Ernst Geßler
Lukas-Cranach-Straße 15
5300 Bonn 2

Rechtsanwalt Dr. Brun-H. Hennerkes
Sprollstraße 27
7000 Stuttgart 70

Prof. Dr. Georg Heubeck
Lindenallee 53
5000 Köln 51

Rechtsanwalt Dr. Balduin Kamprad
Fachanwalt für Steuerrecht
Lürsweg 107
4300 Essen 16

Rechtsanwalt Dr. Reinhard Kapp
Steuerberater
Volgersweg 13
3000 Hannover 1

Rechtsanwalt Martin Luther
Hermannstraße 46
2000 Hamburg 1

Rechtsanwalt Dr. Wienand Meilicke
Schumannstraße 14
5300 Bonn 1

Prof. Dr. Gerd Rose
Paul-Humburg-Straße 23
5000 Köln 60

Isolde Rosga
Hermannstraße 46
2000 Hamburg 1

Prof. Dr. Horst A. Vogel
Rechtsanwalt und Steuerberater
Postfach 1808
Markt 10
5300 Bonn 1

Prof. Dr. Hugo von Wallis
Gebelestraße 26a
8000 München 80

Bindung der Verwaltung an die höchstrichterliche Rechtsprechung?

Karl August Bettermann

In einem für das Karl-Breuer-Institut des Bundes der Steuerzahler erstatteten, im Dezember 1980 als „Heft 48" veröffentlichtem Gutachten hat Walter Leisner behauptet und zu beweisen versucht, daß die Steuerverwaltung, wie jede andere Hoheitsverwaltung, an die höchstrichterliche Rechtsprechung gebunden sei, insbesondere an die Entscheidungen des Bundesfinanzhofs: In allen gleichliegenden Fällen müsse die Finanzverwaltung so verfahren, wie der Bundesfinanzhof in dem ihm vorliegenden Falle entschieden habe. Die Behauptung ist de lege lata falsch, die zu ihrer Begründung angeführten Argumente sind nicht stichhaltig.

Die hauptsächlichen Argumente lauten: Durch die Nichtanwendung werde die Gleichheit vor dem Gesetz verletzt und die Rechtssicherheit gefährdet – die rechtsbildende Funktion der obersten Gerichte und die Notwendigkeit von Richterrecht neben dem Gesetzesrecht würden zunehmend anerkannt – nur bei Anerkennung der allgemeinen Bindungswirkung ihrer Urteile könnten die obersten Gerichte ihre Aufgabe erfüllen, die Rechtseinheit zu wahren und herzustellen – nur bei genereller Bindung der Verwaltung könnten die Verwaltungsgerichte, also auch die Finanzgerichte, ihre Aufgabe erfüllen, die Verwaltung zu ordnen.

Leisner erörtert weitere Argumente pro et contra. Nur die allein entscheidende Frage stellt und beantwortet er nicht: was sagt das positive Recht? Darauf allein aber kommt es de lege lata an – und Leisner gutachtet über die Rechtslage hic et nunc. Er polemisiert gegen die Nichtanwendungserlasse des Bundesfinanzministers, die er für verfassungs- und rechtswidrig hält, weil „die Finanzverwaltung" an die Judikatur des Bundesfinanzhofs generell gebunden sei. Aber wen und in welchem Umfange finanzgerichtliche Urteile binden, bestimmt sich in allererster Linie nach dem Gesetz, insbesondere nach der Finanzgerichtsordnung. Für allgemeine Räsonnements ist nur Raum, wenn die Finanzgerichtsordnung und die zu ihrer Ergänzung heranzuziehenden Vorschriften insbesondere des Gerichtsverfassungsgesetzes und der Zivilprozeßordnung[1] schweigen sollten. Da sie eindeutig reden, liegen die Leisnerschen Überlegungen und Argumente neben dem Gesetz und sind daher hic et nunc a limine unbeweislich. Sie sind überdies zu einem erheblichen Teil unrichtig und daher auch de lege ferenda untauglich. Aber der schlimmste Mangel bleibt die totale Ignorierung des positiven Rechts[2]. Diese Ignorierung ist hier um so unverzeihlicher, als die Fragen der „Bindung" nur vom positiven Recht beantwortet werden können. Die Antwort ist nämlich nicht eine logische, sondern eine voluntative Entscheidung.

1 deren Heranziehung § 155 FGO ausdrücklich vorschreibt.
2 Es scheint fast, als habe Leisner die FGO nicht ein einziges Mal zur Hand genommen.

Zivil-, Steuer- und Unternehmensrecht
Hrsg.: Fachinstitut für Steuerberater e.V.

Die Fragen der Bindung sind so vielfältig wie ihre möglichen Antworten. Leisner kennt nur eine Frage und nur eine Antwort. Von der Vielfalt der Bindungsprobleme verrät er nichts – und ebenso wenig über die unterschiedlichen Antworten in den verschiedenen Prozeßordnungen alter und neuer Zeit. An prozeßrechtlichem Wissen und Wissenschaft zu partizipieren scheint Leisner für überflüssig zu halten, wie so manche Staatsrechtslehrer, die sich als Universalisten und Generalisten begreifen und betätigen, um auf allen Rechtsgebieten zu dilettieren.

I. Typisch für die „Methode" Leisners ist schon der erste Satz seines Gutachtens: „Die Finanzverwaltung ist als Verfahrensbeteiligte an die rechtskräftigen Urteile der Finanzgerichte im entschiedenen Fall gebunden; dies ist unbestritten." Das ist nicht nur „unbestritten", sondern unbestreitbar; denn es steht im Gesetz: in § 110 FGO. Er lautet: „Rechtskräftige Urteile binden die Beteiligten, deren Rechtsnachfolger und in den Fällen des § 48 Abs. 1 Nr. 3 die nichtklageberechtigten Gesellschafter oder Gemeinschafter soweit, als über den Streitgegenstand entschieden worden ist. Die gegen eine Finanzbehörde ergangenen Urteile wirken auch gegenüber der öffentlich-rechtlichen Körperschaft, der die beteiligte Finanzbehörde angehört." Hier wird also genau die Frage beantwortet, die Leisner diskutiert: wer woran inwieweit durch das rechtskräftige Urteil gebunden ist.

Auf der gleichen Linie der Verschiebung vom Gesetz zur „Lehre" oder „Meinung" liegt der Satz Leisners, mit dem er den zentralen Abschnitt III seines Gutachtens über den „Einwand der beschränkten Rechtskraft – normgleiches Richterrecht" (S. 41–74) einleitet: „Das zentrale Argument für eine Beschränkung der Bindungswirkung höchstrichterlicher Urteile auf den Einzelfall ergibt sich aus der herrschenden Rechtskraftlehre: Die Gerichte entscheiden den Einzelfall und nur ihn." Was Leisner hier als „herkömmliche Rechtskraftlehre" bezeichnet, ist in Wahrheit gegenwärtiges Gesetzesrecht: § 322 ZPO, § 264 I StPO, § 84 OWiG, § 121 VwGO, § 110 FGO, § 141 SGG.

Diese Methode Leisners hat ihre Gründe: Meinungen und Lehren lassen sich weit leichter überwinden als Gesetze, an die, wenn nicht die über „Recht" räsonnierenden und predigenden Professoren, so jedenfalls nach geltendem Verfassungsrecht[3] die Richter wie die Verwaltungsbeamten gebunden sind. Noch wird diese Bindung vom größeren Teil der Richterschaft respektiert – und das Bundesverfassungsgericht hat erst jüngst die Kollegen an den „Instanzgerichten" in dieser Haltung bestärkt: durch die Kassierung der bundesarbeitsgerichtlichen Plazierung der Sozialplanansprüche an die erste Stelle der bevorrechtigten Konkursforderungen (§ 61 KO) in BVerfGE 65, 182.

3 Art. 20 III, 97 I GG.

1. Sehen wir uns den Inhalt dieser gesetzlichen Regelungen näher an und vergleichen wir sie und ihre Begriffe mit der von Leisner postulierten „allgemeinen Verwaltungsbindung", die, wie er zutreffend feststellt, „nichts anderes bedeutet als eine globale Rechtskrafterstreckung auf die gesamte, jedenfalls aber die hoheitlich handelnde Exekutive" (S. 41).
Die Rechtskraft, von der § 325 ZPO, § 410 StPO, § 121 VwGO, § 110 FGO und § 141 SGG sprechen, ist die sogenannte „formelle Rechtskraft", die Unanfechtbarkeit des Urteils, d.h. die Unangreifbarkeit mit ordentlichen Rechtsmitteln. Die sog. „materielle Rechtskraft" bezeichnet demgegenüber die Verbindlichkeit des – formell rechtskräftigen – Urteils: von ihm darf nicht abgewichen werden. Es ist zu respektieren sowohl von den Parteien und eventuellen Dritten als auch von künftigen Richtern, die mit der entschiedenen Frage erneut befaßt werden – sei es, wie höchst selten, als Hauptfrage gleich Streitgegenstand, sei es, wie häufiger, als Vorfrage in einem Prozeß anderen Streitgegenstandes. Diese Urteilswirkung, die Verbindlichkeit, wird in § 322 ZPO als „Rechtskraft" bezeichnet, in § 121 VwGO, § 110 FGO und § 141 SGG als „Bindung".
Diese Vorschriften der Verwaltungsprozeßordnungen beantworten gleichzeitig zwei Fragen: Wer ist woran gebunden? Sie ziehen – in der Sprache der Prozessualisten – die subjektiven und die objektiven Grenzen der materiellen Rechtskraft. In der ZPO werden die beiden Fragen in zwei Paragraphen behandelt: der Gegenstand der Bindung in § 322[4], die Personen in § 325. Die Verwaltungsprozeßordnungen haben beide Vorschriften in eine zusammengezogen; inhaltlich haben sie beide voll rezipiert[5].
2. Leisners Allgemeinverbindlichkeit der höchstrichterlichen Rechtsprechung für die Verwaltung verstößt gegen die beiden in den zitierten Vorschriften enthaltenen Regeln: gegen die Beschränkung der Bindung auf die Parteien und auf den Streitgegenstand. Leisner sprengt sowohl die subjektiven als auch die objektiven Grenzen der als materielle Rechtskraft bezeichneten Verbindlichkeit oder Bindungswirkung des Urteils.
Die subjektive oder personelle Erweiterung liegt auf der Hand: was „allgemeinverbindlich" ist, gilt für alle. Aber auch der Gegenstand der Bindung wird erweitert; denn das, was nach Leisner allgemeinverbindlich sein soll, ist nicht die Entscheidung des Streitgegenstands, sondern die Beantwortung einer oder mehrerer Vorfragen. Gegenstand der angeblichen Allgemeinverbindlichkeit für die Verwaltung ist allein die Antwort, welche das „Höchstgericht" auf eine bestimmte Rechtsfrage erteilt hat – Rechtsansichten, welche das „Oberstgericht" geäußert und seiner Entscheidung des Einzelfalls zugrundegelegt hat – vor allem die „Leitsätze" höchstrichterlicher Entscheidungen.

---

4 In der StPO bezeichnet § 264 als „Gegenstand der Urteilsfindung" die „in der Anklage bezeichnete Tat, wie sie sich nach dem Ergebnis der Hauptverhandlung darstellt". Dieser „Gegenstand" ist mit dem Streitgegenstand, dem Urteilsgegenstand und dem Rechtskraftgegenstand identisch.

5 Dabei ist die Ersetzung des „Anspruchs" in § 322 durch den „Streitgegenstand" ein begrifflicher Fortschritt, wenn auch nur Nachvollzug einer längst von der Zivilprozeßrechtslehre vorgenommenen Korrektur, während die Verkürzung auf „ihre Rechtsnachfolger" eher als Rückschritt zu bewerten ist.

An keiner Stelle macht dies Leisner sich und dem Leser bewußt. Er begnügt sich mit der Polemik gegen die Beschränkung der höchstrichterlichen Urteilswirkungen auf den „Einzelfall". Daß auch die Entscheidung eines Einzelfalls allgemein verbindlich sein kann[6], ist ihm ebenso entgangen wie die positivrechtliche Möglichkeit, daß selbst die prinzipale Entscheidung von Rechtsfragen nicht „allgemein", sondern nur im Einzelfall verbindlich ist[7]. Der „Öffentlichrechtler", wie der „Rechtstheoretiker", kennt die Unterscheidung und Überschneidung der Begriffspaare „abstrakt–konkret" und „generell–individuell". Was Leisner postuliert, ist dies: daß die in den Gründen der Entscheidung eines individuellen und konkreten Rechtsstreits– eines „Einzelfalls" – vertretenen Rechtsansichten sowohl abstrahiert als auch generalisiert werden. Sie sollen, obwohl sie nur in einem Einzelfall und nur für eine oder unter einer bestimmten Fallkonstellation gebildet und formuliert sind, für alle gleich – oder ähnlich? – liegenden Fälle verbindlich sein. Dabei bleibt in vielen Fällen offen, wird jedenfalls von dem angeblich präjudizierenden Gericht offengelassen, welche Fälle dem vom Höchstgericht entschiedenen Fall gleich – oder ähnlich? – sind.

Von dieser Problematik erfährt der Leser Leisners nichts, der nicht zu wissen scheint, wie höchstrichterliche Entscheidungen samt Leitsätzen und Begründungen zustande kommen: wie oft sie das Ergebnis von Kompromissen sind, wie verschiedene, teils sich überschneidende, teils sich widersprechende Begründungen „um des lieben Friedens willen", oder um die Korrektur offenzuhalten, kumuliert werden. Aber ein sorgfältiges und kritisches Studium der höchstrichterlichen Judikate, vor allem des Bundesverfassungsgerichts vermag darüber zu belehren. Und wie soll man sich bei den Vorfragen beantwortenden Entscheidungen des Bundesverfassungsgerichts und der den Dissidenten Gehör gewährenden Landesverfassungsgerichte verhalten bei einer oder mehrerer concurring opinion? Wie, wenn keine der tragenden Begründungen eine Mehrheit fand, aber alle Richter oder ihre Mehrheit im Ergebnis übereinstimmten? Alle diese Fakten höchstrichterlicher Entscheidungsfindung, -bildung und -formulierung läßt Leisner unberücksichtigt.

II. 1. Gegenstand der Entscheidung, der Leisner Allgemeinverbindlichkeit vindiziert, ist das, was im positiven Gerichtsverfassungsrecht als „Rechtsfrage" bezeichnet wird. „Will in einer Rechtsfrage ein Senat von der Entscheidung eines anderen Senats oder des Großen Senats abweichen, so entscheidet der Große Senat", § 42 SGG, § 11 III FGO, § III VwGO[8]. Ebenso

---

6 §§ 636a, 638/636a, 640b, 641 K ZPO. Vgl. ferner die Gruppenverbindlichkeit nach § 856 IV ZPO, §§ 145 II, 147 KO, §§ 248, 252 AktG, §§ 51 V, 96, 111 II GenG, § 75 II GmbHG.

7 Die Sachabweichung einer Normenkontrollklage aus § 47 VwGO wirkt nur individuell: Jeder andere Normbetroffene kann erneut auf Nichtigerklärung der streitigen Norm klagen. Vgl. unten III 3.

8 der auch für die Divergenzvorlage innerhalb eines Oberverwaltungsgerichts gilt, § 12 VwGO.

§ 2 Rechtsprechungseinheitsgesetz 1968: „Der gemeinsame Senat" der obersten Gerichtshöfe des Bundes „entscheidet, wenn ein oberster Gerichtshof in einer Rechtsfrage von der Entscheidung eines anderen obersten Gerichtshofs oder des gemeinsamen Senats abweichen will". Variierter wegen der Mehrzahl großer Senate beim Bundesgerichtshof § 136 GVG, der aber ebenfalls die Formel verwendet: „will in einer Rechtsfrage ein ... Senat ... abweichen". Am deutlichsten § 45 II ArbGG: „Will in einer Rechtsfrage ein Senat von der Entscheidung eines anderen Senats oder des Großen Senats abweichen, so ist über die streitige Rechtsfrage eine Entscheidung des Großen Senats herbeizuführen". Daß die Großen Senate „nur über die Rechtsfrage entscheiden", stellen klar auch § 138 I GVG, § 11 V 1 VwGO, § 11 V 1 FGO, § 44 I SGG[9].

2. Gleich im nächsten Satz beantworten diese Vorschriften die Frage nach der Verbindlichkeit der Entscheidung des Großen Senats: „Die Entscheidung ist in der vorliegenden Sache für den erkennenden Senat bindend"[10] – also nur „für den erkennenden Senat", nicht für alle Senate, geschweige denn alle Gerichte oder gar für alle Behörden – und nur „in der vorliegenden Sache", nur in diesem Einzelfall, nicht für alle gleichen oder ähnlichen Fälle oder Prozesse. Es ist schon ein starkes Stück, daß Leisner dies verschweigt, wo er auf S. 61 die Vorlage nach „§ 137 GVG, § 11 Abs. 4 FGO und vergleichbaren Vorschriften" für seine Allgemeinverbindlichkeiten reklamiert[11].
3. Genau so beschränkt ist die Verbindlichkeit der Rechtsansichten, die das Revisionsgericht[12] in seinem Urteil äußert, mit dem es die angefochtene Entscheidung aufhebt und zurückverweist: Sie binden nur das Gericht, an das zurückverwiesen wird, und dieses nur für den Fall, den es neu zu entscheiden hat – und schließlich ist es nur an diejenigen Rechtsansichten des Revisionsgerichts gebunden, auf denen die Kassation beruht, § 565 II ZPO, § 358 I StPO, § 144 VI VwGO, § 126 V FGO, § 170 V SGG.
4. Nicht anders als die beschriebenen Divergenz-Vorlagen sind die Vorschriften über die Zulässigkeit und die Zulassung eines Rechtsmittels wegen Divergenz[13,14] zu verstehen. Wenn es darin heißt, daß „das Urteil von einer

9 Ebenso § 15 I 1 RsprEinheitsG für den Gemeinsamen Senat.

10 Ebenso § 16 RsprEinheitsG für die Entscheidung des Gemeinsamen Senats.

11 Wie wenig genau Leisner diese Vorschriften gelesen hat, zeigt sich daran, daß er von „Vorlagerecht" und von „Vorlage gestattet" spricht. Die Divergenz-Vorlage steht, im Gegensatz zur Grundsatzvorlage nach § 137 GVG, § 11 IV VwGO, § 11 IV FGO, § 43 SGG, § 45 II 2 ArbGG, nicht im Ermessen des „erkennenden Senats"; sie ist obligatorisch, nicht fakultativ.

12 Das muß kein „oberstes Bundesgericht" sein, arg. § 121 Nr. 1 GVG. Außerdem kommt den Kassationsurteilen der Berufungsgerichte nicht geringere Bindungswirkung zu als den kassierenden Entscheidungen der Revisionsgerichte.

13 § 546 I Nr. 2 ZPO, § 132 II VwGO, § 115 II Nr. 2 FGO, 1 160 II Nr. 2 SGG, § 72 II Nr. 2 ArbGG, § 34 II 3 WehrpflG für die Revision; § 131 II Nr. 2 VwGO, § 4 II EntlastG 1978, § 150 Nr. 1 SGG, § 64 III Nr. 3 ArbGG, für die Berufung. In § 24 II Nr. 1 LandwirtschaftsVerfahrensG eröffnet schon die Abweichung allein das Tor zum Bundesgerichtshof. Eine Zulassung der Rechtsbeschwerde ist weder nötig noch möglich, arg. Abs. I Satz 2 a. a. O.

Entscheidung des Bundesgerichtshofs", des Bundesverwaltungsgerichts usw. oder „des Gemeinsamen Senats... abweicht und auf dieser Abweichung beruht", so ist damit die Abweichung in einer entscheidungserheblichen Rechtsfrage gemeint, die sowohl in der Entscheidung des Bundesgerichts als auch in der Entscheidung der Vorinstanz nur Vorfrage, nicht Streitgegenstand ist. Der Gegenstand der Abweichung ist eine präjudizielle Rechtsfrage, nicht die Entscheidung, die nach § 322 ZPO, § 121 VwGO, § 110 FGO etc. in materielle Rechtskraft erwächst.

5. Divergenzvorlagen[15] gibt es nicht nur innerhalb der obersten Bundesgerichte und zwischen ihnen, sondern auch vom Unter- zum Obergericht: § 121 II StPO[16], § 28 II FGG, § 79 II GBO, § 47 V VwGO, Art. III des 3. Mietrechtsänderungsgesetzes von 1967[17].
In allen diesen Fällen ergibt sich schon aus dem Wortlaut der Bestimmungen, daß die Divergenz sich nicht auf die Entscheidung des Obergerichts über den Streitgegenstand bezieht, sondern auf die Antwort, die es in den Gründen seiner Entscheidung auf eine bestimmte Rechtsfrage erteilt hat – eben jene Rechtsfrage, in der das Untergericht vom Obergericht oder von einem anderen Untergericht gleicher Stufe abweichen will.
Freilich ist bei diesen externen Vorlagen der Gegenstand der Divergenz, die Rechtsfrage, nicht, wie bei den internen Vorlagen, stets auch Gegenstand der Vorlage und der Entscheidung des Obergerichts. Im Strafprozeß, in Grundbuchsachen und in Angelegenheiten der Freiwilligen Gerichtsbarkeit wird nicht die Rechtsfrage, sondern der Rechtsstreit, der Fall[18], vorgelegt und vom Obergericht entschieden. Dieser Entscheidung kommt keine größere Bindungswirkung zu als jeder anderen Entscheidung des Obergerichts, in deren Gründen Rechtsfragen abgehandelt werden. Dagegen hat nach § 47 V 2 VwGO das Bundesverwaltungsgericht nicht über die Normenkontrollklage, sondern nur über die ihm vorgelegte Rechtsfrage[19] zu entscheiden. Diese Entscheidung

14 Die Rechtsmittelzulassung zur „Sicherung einer einheitlichen Rechtsprechung" nach § 100 II Nr. 2 PatentG und § 73 II Nr. 2 GWB, § 219 II BEG gehört rechtspolitisch hierher. Aber sie setzt nicht eine schon bestehende oder drohende Divergenz voraus, sondern soll ihr vorbeugen. Diese Convergenz-Sicherung ist in den genannten Vorschriften neben die „Rechtsfortbildung" gestellt und von der Klärung „einer Rechtsfrage von grundsätzlicher Bedeutung" abgesetzt. In den Vorschriften über die interne Vorlage an die Großen Senate erscheinen dagegen Einheitssicherung und Rechtsfortbildung als Rechtfertigungen der Vorlage von Grundsatz(rechts)fragen. Offensichtlich hat „der Gesetzgeber" keine klaren Vorstellungen über das Verhältnis von „einheitlicher Rechtsprechung", „Fortbildung des Rechts" und „Rechtsfragen von grundsätzlicher Bedeutung" – so wenig wie über den Unterschied von grundsätzlich bedeutsamen „Rechtsfragen" und „Rechtssachen", vgl. Anm. 19 und § 546 I Nr. 1 ZPO gegen § 132 II Nr. 2 VwGO, § 115 II Nr. 2 FGO, § 160 II Nr. 2 SGG, § 72 II Nr. 2 ArbGG.

15 und Grundsatzvorlagen.

16 gilt auch für die Rechtsbeschwerde nach § 79 OWiG, laut dessen Abs. III.

17 Hier sind zwei Vorlagen gehäuft: vom Landgericht zum Oberlandesgericht (Abs. I Satz 1) und vom Oberlandesgericht zum Bundesgerichtshof (Satz 3).

18 – genauer: das Rechtsmittel: die Revision bei § 121 GVG, die weitere Beschwerde bei § 28 II FGG und § 79 II GBO.

19 Satz 1 spricht in Ziff. 1, bei der Grundsatz-Vorlage, von „Rechts*sache*"; aber Satz 2 korrigiert das.

ist nicht allgemeinverbindlich, sondern bindet nur das vorlegende Oberverwaltungsgericht und die Parteien des Prozesses, in dem die Vorlage erfolgte. Selbst der Rechtsentscheid in Wohnungsmietsachen bindet nach Art. III Abs. 1 S. 5 a. a. O. nur das vorlegende Landgericht, und seine Bindung beschränkt sich auf den Mietprozeß, worin es den Rechtsentscheid eingeholt hat.

6. Wir stellen also fest, daß nicht einmal dort, wo über die Rechtsfrage nicht inzidenter, sondern prinzipaliter entschieden wird,
   – das ist der Fall einerseits bei den internen Vorlagen an die Großen Senate und an den Gemeinsamen Senat, andererseits bei den externen Vorlagen nach § 47 V VwGO und Art. III Mietrechtsänderungsgesetz 1967 –

   das Gesetz dieser Entscheidung, obwohl sie meist die Interpretation einer Norm zum Gegenstand hat[20], weder Normenkraft noch Allgemeinverbindlichkeit verleiht, vielmehr die Bindung beschränkt auf das vorlegende Gericht und dessen Prozeß, worin die Vorlage erfolgte – und damit auf die an diesem Prozeß Beteiligten. Das Gesetz behandelt diese Fälle hinsichtlich der Bindungswirkung nicht anders als die Fälle, in denen das Rechtsmittel zwecks Beseitigung oder Verhütung der Divergenz in einer Rechtsfrage oder zwecks Klärung einer grundsätzlichen Rechtsfrage zugelassen wird, wo also das Rechtsmittelgericht die Rechtsfrage nur in den Gründen seiner Entscheidung, nur inzidenter beantwortet.

   a) Gleichwohl wirkt diese Antwort über den entschiedenen Einzelfall hinaus – wie jede gerichtliche Inzident-Entscheidung einer Rechtsfrage, von der nach positivem Recht ein anderes Gericht nicht ohne Sanktion abweichen darf: In den Vorschriften über die internen und externen Vorlagen steckt ein Stück Bindungswirkung. Sie normieren ein beschränktes Abweichungsverbot: wer abweichen will, muß vorlegen. Das möchte ich als „negative Bindung" bezeichnen. „Positiv" ist die Bindung, wenn sie ein Befolgungsgebot enthält, wenn also eine Abweichung nicht diskutiert werden darf. Ein solches Gebot besteht für die Vorfragen nicht.

   b) Keine Bindung, wohl aber eine begrenzte Allgemeinwirkung liegt vor bei den Vorschriften über die (generelle) Zulässigkeit und die (individuelle) Zulassung eines Rechtsmittels wegen Divergenz[13]. In diesen Fällen darf die Vorinstanz abweichen; aber sie muß dann die Anrufung der höheren Instanz zulassen, sofern das Rechtsmittel zulassungsbedürftig ist. Hier wirkt also die Entscheidung, von der abgewichen werden soll, über den darin entschiedenen Fall hinaus, weil jedes Gericht, dessen Entscheidungen einem zulassungsbedürftigen Rechtsmittel unterliegen, in jedem einschlägigen Prozeß bei Abweichung von der in einem anderen Prozeß anderer Parteien ergangenen Inzidententscheidung die Anfechtung zulassen muß.

   c) Ohne prozeßrechtliche Sanktion ist die Abweichung dort, wo die abweichende Entscheidung nicht anfechtbar oder ihre Anfechtung nicht zulassungsbedürftig ist, wie z. B. in Strafsachen – in der streitigen Zivilgerichts-

20 § 28 II FGG und § 79 II GBO identifizieren zutreffend die „Rechtsfrage" mit der „Auslegung einer ... reichsgesetzlichen Vorschrift".

barkeit bei den Amts- und Landgerichten[21], sowie bei den Oberlandesgerichten, sofern die Revisionssumme erreicht ist – bei den meisten Entscheidungen der Verwaltungsgerichte und vielen Entscheidungen der Sozialgerichte – bei den Urteilen der Arbeitsgerichte mit einem Beschwerdewert über 800 DM usw.

7. Das Fazit aus dieser Musterung der geltenden Prozeß- und Gerichtsordnungen außer denen der Verfassungsgerichtsbarkeit ist dies: Alle Ordnungen äußern sich zur Frage der Respektierung von Präjudizien[22], und ihre Äußerungen stimmen weitgehend überein. Sie alle kennen nur zwei Arten prozessualer Reaktion auf Abweichungen: die Pflicht zur Vorlage bei beabsichtigter Abweichung als präventives Mittel – die Zulassung oder Zulässigkeit eines Rechtsmittels gegen die abweichende Entscheidung wegen der Abweichung als repressives Mittel. Keine Ordnung normiert eine positive Bindung, d.h. ein (striktes) Befolgungsgebot über den streitigen Fall hinaus. Jede Ordnung verzichtet bei zahlreichen Entscheidungen auf prozessuale Abweichungs-Reaktionen oder -Sanktionen.

III. Welche Folgerungen sind aus diesem positiv-rechtlichen Befund für die Frage nach der Bindung der (Finanz)Verwaltung an die (höchstrichterliche) Rechtsprechung zu ziehen?

1. Die nächstliegende Folgerung wäre wohl die: Wenn nicht einmal innerhalb der Judikative eine Bindung besteht, kann erst recht nicht eine externe Bindung der Exekutive eintreten. Überdies können die vielfältigen Differenzierungen der Prozeßordnungen danach, wer von wem in welchen Fällen abweicht und ob die Abweichung nur beabsichtigt oder schon vollzogen ist, von der Exekutive gegenüber judikativen Präjudizien nicht „nachvollzogen" werden. Offensichtlich sind diese Differenzierungen prozeßspezifisch, gerichtseigentümlich: sie gelten nur innerhalb der Judikative[23], innerhalb deren nur innerhalb des gleichen Gerichtszweigs[24], innerhalb dessen nur innert des gleichen Instanzenzugs oder desselben Gerichts.
   Aber dieses Erst-recht-Argument[25] wird dem Verhältnis der Exekutive zu den Judikaten der „rechtsprechenden Gewalt" des Art. 92 GG nicht gerecht.

---

21 Ausnahme: Art. III des 3. Mietrechtsänderungsgesetzes 1967.

22 Mit Präjudizien bezeichne ich hier diejenigen Entscheidungen, an die Leisner die (Finanz)-Verwaltung binden will: die Inzident-Entscheidung über Rechtsfragen, insbesondere über Auslegungsfragen, also die in den Gründen einer (Einzelfall)Entscheidung erteilte Antwort auf Rechtsfragen oder geäußerte Rechtsansichten.

23 So bei der Vorlage an den Gemeinsamen Senat der Obersten Bundesgerichte.

24 Ausnahme: Divergenzen zwischen den Obersten Bundesgerichten.

25 Dieses Argumentationsmuster umfaßt sowohl das arg. a maiore ad minus als auch dessen Spiegelbild, das arg. a minore ad maius. Die Bewertung einer Fallkonstellation und deren Regelung als maior oder minor kann sowohl kontrovers als auch relativ sein.

Dieses Verhältnis ist nicht ein Verhältnis der Gleichordnung, sondern der Unterordnung! Gleichgeordnet sind beide Gewalten einerseits gegenüber der gesetzgebenden Gewalt, der sie beide untergeordnet sind – andererseits in ihren je eigenen Funktionen und Kompetenzen. Aber wo die Judikative über die Exekutive zuständigermaßen[26] zu Gericht sitzt, da ist die Exekutive nicht weniger der Gerichtsgewalt unterworfen als der Bürger, von dem sie verklagt ist oder mit dem sie vor Gericht streitet. Hier ist sie nicht weniger als ihr Kontrahent, der ihrer Exekutivgewalt unterworfene Bürger, der Gerichtsgewalt unterworfen. Folglich steht die Exekutive mit ihrem Prozeßgegner, dem „Bürger", insbesondere dem Steuerpflichtigen, gegenüber dem Gericht in einer Reihe – genauer: auf der gleichen Ebene[27]. Die Exekutive ist Partei nicht weniger als der sie angreifende oder abwehrende[28] Bürger.

2. Daraus folgt ein Doppeltes: Erstens ist die Bindung der Exekutive an präjudizielle Entscheidungen der Judikative nicht eine Frage der Gewalten(ver)teilung zwischen Exekutive und Judikative, sondern ausschließlich eine Frage danach, wer der richterlichen Entscheidung in welchem Umfange unterworfen ist. Die „Bindung" ist also eine Frage nach den subjektiven und objektiven Grenzen der Rechtskraft eines Richterspruchs im Streit zwischen „vollziehender Gewalt" und „Bürger"[29]. Zweitens muß die behauptete Präjudizien-Bindung auch den Gegner der Exekutive, den Bürger, erfassen: nicht nur den Gegner des Prozesses, worin das Präjudiz ergeht, sondern alle potentiellen Gegner des Fiskus, in deren Steuerfall die präjudiziell entschiedene[30] Rechtsfrage eine entscheidungserhebliche Rolle spielt.
3. In der Tat hält Leisner auch die Steuerpflichtigen für verpflichtet, die höchstrichterliche Rechtsprechung zu kennen und ihr zu „gehorchen" (S. 113). Wer es nicht tut, soll sich wegen Steuerhinterziehung strafbar machen – eine mich abenteuerlich anmutende Behauptung, die durch Berufung auf ein Urteil des Reichsgerichts[31] aus den trüben Jahren des Nationalsozialismus nicht gerade an Überzeugungskraft gewinnt. Nach der Finanzgerichtsordnung wird der Steuerpflichtige B dadurch, daß der Steuerpflichtige A mit einer bestimmten Rechtsauffassung beim Bundesfinanzhof unterlegen ist, nicht gehindert, wegen der gleichen Rechtsfrage erneut den Rechtsweg zu beschreiten, wenn die Finanzverwaltung gegen B genau so verfährt wie gegen A, mag sie sich dabei auf die Bundesfinanzhof-Entscheidung berufen oder nicht. Selbst A würde erneut klagen können gegen einen neuen Bescheid für einen anderen Veranlagungszeitraum als den vom Bundesfinanzhof judizierten. Letzteren-

26 Selbst bei Überschreitung ihrer Zuständigkeit kann das Urteil der Judikative die Exekutive binden, weil Kompetenzüberschreitung in der Regel Urteile nicht nichtig macht.

27 Über den Unterschied zwischen Gegnergleichheit und Gleichheit in der Reihe, vgl. Bötticher, Die Gleichheit vor dem Richter (Hamburg 1954).

28 Die Anfechtungsklage gegen Verwaltungsakte ist eine negatorische Klage, vgl. Festschrift für Fragistas Bd. XII Part. II (1967) S. 65/6.

29 obwohl § 40 III FGO dem Streit zwischen dem Gläubiger und dem Verwalter der öffentlichen Abgabe, wenn dieser zugleich ihr „unmittelbarer oder mittelbarer Schuldner" ist, ausdrücklich den Rechtsweg eröffnet.

30 richtiger: beantwortete

31 RGSt 68, 234, Leisner S. 112 bei N. 327.

falls scheitert die „Bindung" an der mangelnden Identität des Streitgegenstands, ersterenfalls an der mangelnden Identität der Parteien; § 110 I FGO aber verlangt für die Bindung an finanzgerichtliche Urteile sowohl Identität des Streitgegenstandes als auch (für den Regelfall) Identität der Parteien.

a) Diese positivrechtliche Regelung ist vernünftig und allein verfassungsmäßig. Es ist rechtspolitisch nicht vertretbar, daß ein Steuerpflichtiger durch Verlust seines Steuerprozesses sämtliche in gleicher oder ähnlicher Lage befindlichen Steuermitbürger zu präjudizieren vermag – also ohne jede Legitimation über die Rechtslage seiner Mitbürger, seiner steuerlichen Leidensgenossen, prozessieren kann. Dann ist seine Klage nicht mehr eine Individual-Klage, sondern eine Kollektiv-Klage im Namen aller oder mit Wirkung für alle von der gleichen Rechtsfrage betroffener Bürger – eine Art Verbandsklage oder Streitgenossenschaft. In einem sozialistischen System mag solche Kollektiv- oder Solidarhaftung diskutabel sein – in der „freiheitlich demokratischen Grundordnung" des Grundgesetzes ist dafür kein Raum. Im Gegenteil ergibt sich aus Art. 19 IV GG, daß *jeder* Bürger gegen Maßnahmen der Exekutive den Rechtsweg beschreiten kann: jeder für sich allein, nicht einer für alle[32] – nicht die Mehrheit für die Minderheit[33] – nicht ein mehr oder weniger selbsternannter Vertreter als „Repräsentant" für alle Mitglieder einer „soziologischen" oder sonstigen „Gruppe" in gleicher Interessenlage Befindlicher.

b) Die Präjudizierung aller Steuerpflichtigen durch die Prozeßführung eines einzigen verstößt außerdem gegen Art. 103 I GG, wonach „vor Gericht *jedermann* Anspruch auf rechtliches Gehör hat". Die Beschränkung der Rechtskraft auf die Parteien resultiert nicht, wie oft behauptet wird, aus der Verhandlungsmaxime, also aus der Herrschaft der Parteien über den Streitstoff – dann dürften die auf der Untersuchungsmaxime basierenden Verwaltungsprozeßordnungen nicht dem § 325 ZPO folgen[34] –, sondern aus dem Anspruch jeder (aktuellen und potentiellen) Prozeßpartei auf Gehör, d.h. auf Gelegenheit zum Vortrag ihrer Argumente und Ansichten zu den entscheidungserheblichen Tat- und Rechtsfragen. Ne inauditus condemnetur! Diese Ausprägung des Gehörprinzips ist es, die es verlangt, daß durch das Urteil grundsätzlich nur diejenigen gebunden werden, die es erstritten haben oder doch Gelegenheit hatten, als Partei oder Drittbeteiligte[35] auf den Verlauf und das Ergebnis des Prozesses Einfluß zu nehmen. Die Gleichheit oder Ähnlichkeit der Rechts- oder Interessenlage allein bietet solche Möglichkeit nicht: Steuerbürger B kann sich am Finanzgerichtsprozeß des A nicht deshalb beteiligen, weil sein Steuerfall dem des A gleich

32 Der „jemand" des Art. 19 IV GG ist identisch mit dem „jeder" in Art. 2, 5 I, 6 IV, 104 III – dem „jedermann" der Art. 9 III 1, 17, 93 I Nr. 4a, 103 I – dem „niemand" in Art. 3 III, 4 III, 12 II, 16 II, 48 II, 101 I 2, 103 III – dem „alle" in Art. 3 I, 8 I, 9 I, 9 III 1, 11 I, 12 I GG.

33 Dieses Prinzip gehört zum Bereich der Demokratie, nicht des Rechtsstaats, in dem wir uns hier bewegen.

34 Vgl. dazu oben II 1!

35 Nebenintervenient, Beigeladener, Beitretender (§ 61 FGO), Streitverkündeter (§§ 72ff. ZPO), Vertreter des öffentlichen Interesses, Nebenkläger (§§ 395ff. StPO).

oder ähnlich ist oder weil in seinem Steuerfall die gleiche Rechtsfrage ansteht wie im Fall des A – und ebenso wenig kann ihn dieserhalb das Gericht beiladen[36]. Folglich kann B durch die Entscheidung des A-Falles und durch die darin vertretenen Rechtsansichten nicht gebunden werden; denn dazu ist er nicht gehört worden.

Gewiß erleiden das „ne inauditus condemnetur" und das „judicium jus facit inter partes" Ausnahmen. Es gibt hinreichende Gründe für eine Rechtskrafterstreckung auf Dritte, wie die in den wichtigsten Prozeßordnungen außer der Strafprozeßordnung anerkannte Rechtsnachfolge. Wie schon festgestellt, gibt es sogar im Zivilprozeß eine Allgemeinverbindlichkeit[37]. Aber keiner der gesetzlichen Fälle von Drittwirkung oder Drittbindung richterlicher Entscheidungen weisen die geringste Ähnlichkeit zu der von Leisner postulierten Allgemeinverbindlichkeit höchstrichterlicher Präjudizien auf. Zum einen ist Gegenstand aller gesetzlichen Rechtskrafterstreckungen der Streitgegenstand, nicht dessen Vorfragen – zum andern wird in keinem Falle die Bindung des Dritten damit legitimiert, daß sein Fall die gleiche Rechtsfrage aufwerfe wie der entschiedene Fall. Eine Rechtskrafterstreckung wegen Gleichheit des Falles oder Gleichheit der Rechtsfrage ist dem geltenden Prozeßrecht unbekannt. Aus gutem Grund! Sie verstieße gegen das Verfassungsgebot des rechtlichen Gehörs: daß *jedermann* seine Sache und seine Rechtsansichten vor Gericht vertreten kann. Das darf ihm nicht mit der Begründung verwehrt werden, ein gleichliegender Fall sei bereits entschieden, die jetzt vorgetragene Rechtsansicht bereits in einem früheren Verfahren einer anderen Partei verworfen worden.

c) Fazit und These: Eine Bindung anderer Steuerbürger als des beim Bundesfinanzhof im Individualprozeß Unterlegenen ist weder mit § 110 FGO noch mit Art. 19 IV und Art. 103 I GG, weder mit einer vernünftigen Prozeßrechtsordnung noch mit einer freiheitlich-rechtsstaatlichen Verfassungsordnung vereinbar. Die Individualklage des Bürgers kann hier nur zu einer Individualentscheidung mit Individualwirkung führen.

Die Allgemeinverbindlichkeit prinzipaler Normenkontrollentscheidungen widerspricht dem nicht. Sie folgt aus dem Streitgegenstand: Über allgemeine Regelungen kann prinzipaliter nur allgemeinverbindlich, über Normen nur mit Normenkraft, über Gesetze nur mit Gesetzeskraft entschieden werden. Das gilt für die Bestätigung[38] einer Norm nicht weniger als für ihre Verwerfung[39]. Beide Entscheidungen läßt daher § 31 II BVerfGG in Gesetzeskraft erwachsen, während § 47 VI 2 VwGO Allgemeinverbindlichkeit[40] nur der Nichtigerklärung zuerkennt, so daß die Sachabweisung

36 Arg. § 60 FGO, entsprechend §§ 65, 66 VwGO, § 75 SGG.

37 Vgl. dazu oben II 1! Sie rechtfertigt sich durch den Streitgegenstand, der eine Relativierung nicht verträgt – ähnlich wie bei der prinzipalen Normenkontrolle, siehe unten c) Abs. 2.

38 d.h. für die Feststellung ihrer Rechtmäßigkeit und/oder Gültigkeit.

39 d.h. für ihre Erklärung als rechtswidrig und/oder ungültig.

40 Die Allgemeinverbindlichkeit von Normenkontrollentscheidungen ist mit der „Gesetzeskraft" identisch.

einer Normenkontrollklage nur den Kläger präkludiert, also andere Normbetroffene die Gültigkeit der Norm weiterhin bestreiten und ihrerseits den Rechtsweg des § 47 VwGO erneut beschreiten können.

4. Wenn aber die Präjudizien des Bundesfinanzhofs die anderen Steuerbürger nicht binden, sondern von jedem anderen erneut angegriffen und bestritten werden können – und vom beim Bundesfinanzhof gescheiterter Kläger auch für seine anderen Steuerfälle, insbesondere für andere Veranlagungszeiträume – dann ist auch die Finanzverwaltung nicht an die Präjudizien gebunden. Ihre Bindung ist nur das Spiegelbild der Bindung des Bürgers; denn beider Bindung bezieht sich auf denselben Gegenstand: auf das „Steuerschuldverhältnis" der §§ 37ff. AO. Gläubiger und Schuldner ein und desselben Rechtsverhältnisses können nur den gleichen Normen unterliegen. Folglich muß die richterliche Auslegung solcher Normen für beide Parteien des Schuldverhältnisses die gleiche Wirkung ausüben.

5. Denkbar wäre es, zwischen günstigen und ungünstigen Präjudizien zu differenzieren – nämlich dahin, daß auf die für den Steuerpflichtigen günstigen Entscheidungen sich jeder Steuerbürger gegenüber der Steuerverwaltung berufen könnte und diese jenes Präjudiz in allen gleichliegenden Fällen respektieren müsse, während den Steuerpflichtigen ungünstige Präjudizien nur den beim Bundesfinanzhof Unterlegenen präkludieren würden. Eine solche Lösung[41] würde die obigen Bedenken aus Art. 19 IV und Art. 103 I GG ausräumen. Aber sie bedeutet, daß auch der Fiskus nicht an alle, sondern nur an die für ihn ungünstigen Präjudizien gebunden wäre; denn in derselben Rechtsfrage kann nicht die eine Partei des streitigen Rechtsverhältnisses gebunden und die andere nicht präjudiziert sein. Mit der Waffengleichheit zwischen Verwaltung und Bürger, zwischen Fiskus und Zensiten, erscheint es mir aber nicht vereinbar, daß die Verwaltung nur an die ihr ungünstigen, der Bürger nur an die ihm günstigen Präjudizien gebunden sein soll. „Wer den süßen Tropfen genießt, muß auch den bitteren schmecken."

   Leisner befürwortet denn auch eine Differenzierung nach Gunst und Ungunst des Präjudizes nicht. Soll doch der Steuerpflichtige, der die höchstrichterliche Rechtsprechung mißachtet, sich der Steuerhinterziehung schuldig machen[42]; dafür können aber nur ihm ungünstige Präjudizien in Frage kommen.

   De lege lata steht die Günstigkeitslösung nicht zur Diskussion, weil die lex lata den Präjudizien keine Bindungswirkung auf die gegenwärtigen und künftigen Parteien zuerkennt: durch die Beschränkung der Rechtskraft auf den Streitgegenstand und damit auf den Einzelfall einerseits, auf die Parteien des Rechtsstreits und damit auf die Beteiligten des Einzelfalles andererseits.

41 Eine Differenzierung nach günstig und ungünstig, nach für und gegen, begegnet in § 326 ZPO, wohl auch in § 68 hinsichtlich der sog. Interventionswirkung. Der Freispruch des Schuldners kommt nach h. M. auch dem Bürgen zugute, der sich aber nicht die Verurteilung des Schuldners entgegenhalten lassen muß.

42 Vgl. oben in und zu Anm. 31.

IV. Trotz seiner ausholenden Ausführungen über den Rang des Richterrechts, über die normgleiche oder normähnliche Wirkung höchstrichterlicher Rechtsprechung und trotz seiner Polemik gegen die „herkömmliche Rechtskraftlehre" glaubt Leisner die generelle Bindung der Verwaltung an die höchstrichterliche Rechtsprechung noch mit einem anderen Argument begründen zu müssen: mit der „Gleichheit vor dem Gesetz" (S. 82ff.), mit der Rechtsanwendungsgleichheit.

1. Dabei schafft Leisner keine Klarheit über das Verhältnis der beiden Begründungen. Während er auf S. 41 zugibt: „eine allgemeine Verwaltungsbindung würde nichts anderes als eine globale Rechtskrafterstreckung auf die gesamte, jedenfalls aber auf die hoheitlich handelnde Exekutive bedeuten", beteuert er auf S. 88: „Der BFH-Judikatur wird hier gerade als solcher keine (!) allgemeine Bindungswirkung zuerkannt; die Bindung der Verwaltung ergibt sich aus der Rechtskraft im Einzelfall in Verbindung (!) mit der Anwendungsgleichheit des Steuerrechts." Einige Sätze später aber heißt es: „Die Kettenreaktion auf alle gleichgelagerten Fälle erfolgt über die Anwendungsgleichheit, nur (!) durch sie" (S. 88)[42a].
2. Die behauptete „Verbindung" zwischen der „Rechtskraft im Einzelfall" und der „Anwendungsgleichheit" scheitert schon daran, daß die in den höchstrichterlichen Entscheidungen geäußerten Rechtsansichten und vorgenommenen Gesetzesauslegungen gar nicht an der Rechtskraft teilhaben, weil sie Vorfragen betreffen, die materielle Rechtskraft aber auf die Entscheidung über den Streitgegenstand beschränkt ist. Der Fiskus ist also nicht einmal gegenüber dem Anfechtungskläger des entschiedenden Falles an das Präjudiz gebunden; wie soll er da gegenüber anderen Steuerpflichtigen zur Beachtung des Präjudizes verpflichtet sein? Schon damit ist die Argumentation Leisners widerlegt, da der Fiskus im Falle A an das Präjudiz gebunden sei, müsse er ihm wegen des Gleichheitsgrundsatzes auch in allen gleichliegenden Fällen von B–Z folgen. Die Prämisse stimmt nicht.
3. Selbst wenn sie stimmen würde, trägt sie die Schlußfolgerung nicht. Leisner operiert mit der Gleichheit vor dem Gesetz, die er zutreffend mit der Rechtsanwendungsgleichheit gleichsetzt. Beide besagen nicht, jeder gleiche oder ähnliche Fall müsse gleich behandelt werden, sondern das Gesetz müsse gleichmäßig auf jedermann angewendet werden. Dabei bewirkt schon das Gesetz selbst, wenn es der Verwaltung kein Ermessen einräumt, die Gleichbehandlung, sofern es befolgt wird. Im Bereich der gesetzlich gebundenen Verwaltung, wofür die Steuerverwaltung exemplarisch ist, fällt also die Gesetzmäßigkeit mit der Gleichmäßigkeit zusammen. Gesetzmäßige Steuerverwaltung sichert gleichmäßige Besteuerung durch die Verwaltung[43]. Also geht es im Streit zwischen Zensor und Zensit über gebundene „Verwaltungs-

42a Ausrufungszeichen von mir.

43 Nicht: gleichmäßige oder gar gerechte Besteuerung schlechthin. Die hängt primär vom Steuergesetzgeber ab, von der Steuerverwaltung nur im Rahmen von Billigkeitsmaßnahmen nach §§ 163, 222, 227 AO, also von Ermessens-Akten.

akte" (§§ 118ff. AO), insbesondere über „Steuerbescheide" (§§ 155ff., 172ff. AO), nicht darum, ob der Fiskus Zensit A so wie oder anders als andere Zensiten gleicher oder ähnlicher Lage behandelt hat, sondern ob sie ihn gesetzmäßig behandelt hat. Hat sie die anderen Fälle gesetzwidrig behandelt, so kann sich darauf Zensit A nicht berufen – was wohl auch Leisner nicht bezweifelt. Nicht Gleichmäßigkeit, sondern Gesetzmäßigkeit ist Richtschnur für die Verwaltungsbehörde und Prüfungsmaßstab für deren gerichtlichen Kontrolleur.

4. Daran ändert nichts, daß Gesetze der Auslegung fähig und oft bedürftig sind – die Steuergesetze nicht weniger, wenn auch nicht mehr als die Gesetze anderer Rechtsgebiete. Häufig sind mehrere Auslegungen möglich, mit guten oder doch diskutablen Gründen vertretbar. Aber nur *eine* Auslegung ist nach der Konzeption und Intention des Gesetzes „richtig", d.h. allein oder am ehesten gesetzeskonform. Auf die Gesetzmäßigkeit und damit auf die maximal gesetzeskonforme Auslegung ist die gesetzesvollziehende Verwaltung vereidigt, nicht auf die gleichmäßige Auslegung oder Anwendung. Folglich kann der Verwaltung die Berufung auf die nach ihrer Meinung allein richtige oder doch richtigere Auslegung einer Vorschrift nicht deshalb versagt werden, weil sie oder eine andere Verwaltungsbehörde in einem oder mehreren anderen Fällen anders verfahren sei – und auch nicht deshalb, weil in einem anderen Fall das Kontrollgericht eine andere Auslegung vorgenommen habe.
   a) Ob die in diesem Kontrollverfahren unterlegene Behörde ihre Auslegung der streitigen Norm auch in anderen Steuerfällen desselben oder anderen Zensiten revidieren und der Auslegung des Kontrollgerichtes folgen muß und ob gar auch alle anderen für die Ausführung der streitigen Norm zuständigen Behörden sich an diese Auslegung halten müssen[44], ist keine Frage der Gleichbehandlung oder des Gleichheitsgrundsatzes, sondern ausschließlich eine Frage nach den subjektiven und objektiven Grenzen der Rechtskraft verwaltungsgerichtlicher Entscheidungen.
   b) Diese Grenzen sind in der Finanzgerichtsordnung, in Übereinstimmung mit den übrigen Prozeßordnungen eindeutig dahin gezogen, daß nur die Parteien[45] gebunden werden und sie nur hinsichtlich des Streitgegenstands, nicht der Vorfragen. Selbst dort, wo Vorfragen als abstrakte Rechtsfragen den Gegenstand eines selbständigen Zwischenverfahrens bilden, wirkt deren Entscheidung nur inter partes und nur für den konkreten Fall[46].
   c) Sollen die einschlägigen Vorschriften der Prozeßordnungen und des Gerichtsverfassungsgesetzes gegen Art. 3 I GG verstoßen? Das müßten sie, wenn Art. 3 I GG die unterschiedliche Auslegung von „Gesetzen" verbieten würde. Dieses Verbot müßte die Gerichte nicht weniger als die

---

44 § 110 I FGO beantwortet die Frage dahin: alle Behörden desselben Rechtsträgers, also nicht die Behörden einer anderen „öffentlich-rechtlichen Körperschaft", welche dieselbe Abgabe verwalten und dieselben Vorschriften anzuwenden haben wie die verklagte Behörde. Auch diese Regelung ignoriert Leisner.

45 und eventuell wenige individuell bestimmte Dritte.

Verwaltungsbehörden treffen, da nach Art. 1 III GG auch die rechtsprechende Gewalt an die Grundrechte gebunden ist. Aber es kann ja wohl nicht ernsthaft erwogen werden, daß die Beschränkung der Rechtskraft auf die Parteien und den Streitgegenstand und daß die Beschränkung der Bindungswirkung von Entscheidungen der großen Senate auf den Prozeß des vorlegenden Senats, gegen Art. 3 verstoßen. Aus den oben II geschilderten Vorschriften über die Behandlung von Divergenzen geht eindeutig hervor, daß Abweichungen von Präjudizien auch der höchsten Gerichte zulässig sind. Ebenso wenig ist zweifelhaft, daß ein Gericht seine eigene Rechtsauffassung ändern kann – auch die obersten Gerichte, auch ihre großen Senate und ihr gemeinsamer Senat dürfen es – ja sie müssen es, wenn sie bessere Einsicht gewonnen haben. Auch das müßte, hätte Leisner recht, gegen Art. 3 I GG verstoßen, weil es zu ungleicher Behandlung gleicher Fälle führt.

5. Besteht aber für die Gerichte kein Gleichbehandlungsgebot Leisnerschen Verständnisses, kein Verbot der Abweichung von anderen oder von eigenen früheren Präzedenzien, dann besteht es auch nicht für die Verwaltung. Soweit die Verwaltungsbehörde an Präjudizien oder Präzedenzien gebunden ist, ist es auch das Gericht, das über die Rechtmäßigkeit des Verhaltens der Behörde zu urteilen hat. Die Rechtsregeln zu dieser Beurteilung können keine anderen sein als diejenigen, nach denen die Behörde ihr Verhalten auszurichten hat. Die Verhaltensnormen der Parteien sind mit den Beurteilungsnormen des Gerichts identisch. Die gerichtliche Auslegung einer Norm kann daher nicht für die Parteien verbindlich, für ihren Richter aber unverbindlich sein[47]. Da die höchstrichterlichen Präjudizien, auch die des Bundesfinanzhofs, nach ausdrücklicher Gesetzesbestimmung nur das erkennende Gericht und nur für den anstehenden Prozeß binden, können sie nicht zugleich alle Parteien aller künftigen Prozesse mit gleicher Rechtsfrage binden. Diese Rechtsfrage kann, wie von jedem Gericht, so auch von jeder Partei eines neuen Prozesses anderen Streitgegenstandes erneut aufgeworfen werden.
6. Hält man sich vor Augen, daß die Bindungsfrage für die Parteien nicht anders als für das Gericht beantwortet werden kann, so gewinnt man ein weiteres Argument gegen Leisners allgemeine Verwaltungsbindung: Sie verhindert jede Änderung der höchstrichterlichen Rechtsprechung! Jede Bindung Gerichtsunterworfener an einen Richterspruch bewirkt notwendig – auch – eine Selbstbindung der Gerichtsgewalt. Wenn die Parteien oder eine von ihnen an ein bestimmtes Präjudiz gebunden waren und deshalb ihr Verhalten nach diesem Präjudiz eingerichtet haben, kann das Gericht dieses Verhalten nicht als rechtswidrig beurteilen. Das verbietet nicht (nur) der Vertrauensgrund-

46 Siehe oben II 1.

47 Näher ausgeführt in meinem Beitrag zur Festschrift für Fritz Baur (1981) „Über die Bindung der Verwaltung an zivilgerichtliche Urteile" auf S. 288 sub VI 2. Der Absatz schließt mit den Sätzen: „Das Gericht ist an das Vorurteil gebunden, wenn und soweit es die Parteien des Nachverfahrens sind. Das rechtskräftige Vorurteil ist für den Richter Beurteilungsnorm nur, wenn und soweit es für die Parteien Verhaltensnorm ist."

satz[48], sondern die juristische Logik: der unserer Rechts- und Gerichtsordnung immanente Grundsatz, daß die Verhaltensnormen der Prozeßparteien mit den Beurteilungsnormen des Prozeßrichters identisch sind. Die im geltenden Recht den obersten Bundesgerichten, wie allen anderen Gerichten, eröffnete Möglichkeit, ihre „Rechtsprechung", d.h. ihre Beurteilung von Rechtsfragen und ihre Auslegung von Normen, zu ändern, läßt es nicht zu, alle Normadressaten an die gerichtliche Auslegung (generell) zu binden. Das ist jedenfalls solange nicht möglich, als jeder Normanwendungsfall vor den Richter gebracht werden kann ohne Rücksicht darauf, ob und wieviel Parallelfälle schon gerichtlich entschieden wurden – und von wem sie entschieden wurden: ob höchstrichterlich oder „nur" in der Mittel- oder Eingangsinstanz.

Die Gefahr der „Versteinerung" erörtert auch Leisner (S. 33ff.), ohne freilich deren Zwangsläufigkeit zu erkennen. Einerseits soll die Finanzverwaltung die Versteinerung durch Verordnungen und durch Einwirkung auf den Gesetzgeber brechen können – eine extrem realitätsferne Erwägung, die überdies auf die Empfehlung hinausläuft, eine mißliebige Judikatur durch legislative oder administrative Interventionen auszutrixen[49]. Zum anderen soll nach Leisner (S. 38) „überall dort, wo eine Bindungswirkung zur Sterilisierung führen könnte, eine neue Lage gegeben" sein, „welche die Verwaltung zur Klage legitimiert". Aber es geht nicht um die Legitimation der Verwaltung zur Klage – die Verwaltung kann gar nicht klagen, sondern muß warten, ob sie verklagt wird!! –, sondern allein darum, ob sie und der Bundesfinanzhof von dessen Präjudiz abweichen dürfen. Das aber hängt nicht von einer „neuen Lage" ab. Vielleicht hat Leisner hier in dunklem Gedächtnis den Satz, daß die materielle Rechtskraft sich beschränke auf die Sach- und Rechtslage zur Zeit der Entscheidung – genauer: zur Zeit der letzten mündlichen Tatsachenverhandlung[50]. Veränderungen der „Sachlage", der Tatsachen, sind für die höchstrichterlichen Präjudizien schon deshalb unerheblich, weil diese Präjudizien nur Rechtsfragen, nicht Tatfragen beantworten. Veränderungen der „Rechtslage" sind Änderungen der einschlägigen Normen, nicht Änderungen der Rechtsprechung[51]. Mit Leisners „neuer Lage" ist also eine Änderung der höchstrichterlichen Rechtsprechung weder zu rechtfertigen noch zu verhindern. Der Bundesfinanzhof, wie jedes andere oberste Bundesgericht, kann seine Rechtsprechung nicht nur ändern wenn sich die Verhältnisse geändert haben, die er seinem Präjudiz zugrundegelegt hatte, sondern auch und vor allem deshalb, weil er bei

48 Das Vertrauen auf die Kontinuität der höchstrichterlichen Rechtsprechung ist de lege lata nicht geschützt; denn aus den oben II dargestellten Vorschriften ergibt sich, daß dieser Rechtsprechung nur eine äußerst beschränkte Verbindlichkeit zukommt, das betreffende „Höchstgericht" also in jedem neuen (revisiblen) Fall erneut mit derselben Rechtsfrage befaßt werden kann. Die These von Burmester, Vertrauensschutz im Prozeßrecht (1979), die Prozeßrechtsjudikatur genieße im Gegensatz zur Judikatur des materiellen Rechts Kontinuitätsschutz, ist nicht haltbar, wie in AÖR 1981, 471ff. nachgewiesen.

49 Ein böses Beispiel aus neuester Zeit die ertragsteuerliche Behandlung von Bußgeldern und Ordnungsstrafen.

50 Arg. §§ 323 II, 767 II ZPO.

51 Leipold und Schumann in Stein/Jonas/Pohle Ktar. zur ZPO (19. Aufl.) § 322 X 7; Brockhoff/Groh, FGO § 110 B 3b.

erneuter Prüfung der alten Rechtsfrage unter Berücksichtigung der Erfahrungen in der Verwaltungspraxis, der untergerichtlichen Rechtsprechung und des einschlägigen Schrifttums, vielleicht auch der Judikatur und Literatur verwandter Rechtsgebiete oder Rechtsfragen, zu einer anderen Beurteilung als früher gelangt. Diesen Hauptfall im Problemfeld „Versteinerung", wo vor allem die Tür offengehalten werden muß, übergeht Leisner geflissentlich.

Ergebnis:

Ob und inwieweit die Steuerbehörden gegenüber den Steuerpflichtigen und diese gegenüber den Steuerbehörden an die Rechtsprechung des Bundesfinanzhofs gebunden sind, bestimmt sich ausschließlich nach den Normen über die subjektiven und objektiven Grenzen der materiellen Rechtskraft finanzgerichtlicher Entscheidungen, in erster Linie also nach § 110 FGO. Danach sind die in den Entscheidungen des Bundesfinanzhofs erteilten Antworten auf Rechtsfragen im Sinne des § 11 FGO nicht allgemeinverbindlich.

Rücklagenbildung bei Gewinnabführungsverträgen

Ernst Geßler

Gesellschaftsrecht und Steuerrecht sind zwei begrifflich und inhaltlich verschiedene Rechtsdisziplinen. Gleichwohl muß sich jeder, der sich auf einem oder beiden Gebieten wissenschaftlich oder praktisch betätigt, vergewissern, welche Anforderungen an geplante Maßnahmen bzw. welche Auswirkungen sich von ihnen auf beiden Gebieten ergeben. Die Gesetzgebung für die beiden Rechte, von verschiedenen Ministerien betreut, trägt nicht immer diesen Erfordernissen Rechnung, woraus sich Anwendungs- und Auslegungsprobleme[1] ergeben. Unser verehrter Jubilar ist auf beiden Disziplinen ein sehr gefragter Rechtspraktiker und anerkannter Rechtswissenschaftler. Deshalb soll ihm ein Beitrag gewidmet sein, der sich mit einem Vertrag befaßt, der im Wirtschaftsleben sowohl gesellschafts- als auch steuerrechtlich große Bedeutung hat, dem Gewinnabführungsvertrag, aktienrechtlich in §§ 291, 293ff., 300ff. AktG[2], steuerrechtlich in § 14 KStG geregelt. Es geht um Anwendungs- und Auslegungsprobleme bei Gewinnabführungsverträgen, die die Bildung von Rücklagen bei der Tochtergesellschaft[3] vorsehen oder zulassen, vornehmlich um die Anwendung von § 58 Abs. 2 u. 3 AktG, am Rande um § 14 Nr. 5 KStG.

I. 1. Die Rechtslage

Der Gewinnabführungsvertrag, früher Bestandteil von sog. „Geschäftsbesorgungsverträgen", später vor allem in der steuerlichen Praxis und Rechtsprechung „Organschaftsvertrag" genannt, ist eine Schöpfung der Vertragspraxis, sein wesentlicher Teil die Gewinnabführung. In den Verträgen wurde der abzuführende Gewinn ganz verschieden bezeichnet[4]. Praktisch ging es immer um die Abführung des „ganzen" Gewinns (jetzt § 291 Abs. 1 Satz 2, § 14 KStG). Die Belassung von Rücklagen bei der Tochtergesellschaft trotz Abführung des *ganzen* Gewinns ist anscheinend erst in der Nachkriegszeit aufgetreten. Ihre aktienrechtliche Zulässigkeit ergibt sich aus der ausdrücklichen Erwähnung der

1 Zum Verhältnis zwischen Steuerrecht und Gesellschaftsrecht Rasch, Gutachten G z. 49. DJT 1972, G 10ff., 20ff., 37ff., kritisch dazu Weber JZ 1972, 485, 487.

2 Wenn nachstehend vom „Aktiengesetz", „AktG" gesprochen oder §§ ohne Gesetzesangabe zitiert werden, sind darunter das AktG von 1965 und seine Vorschriften zu verstehen.

3 Synonym für die abzuführende Gesellschaft.

4 Siehe die Verträge im Anhang von Erlinghagen, Der Organschaftsvertrag mit Ergebnisausschlußklausel im Aktienrecht „volles Geschäftsergebnis", „jährlicher Gewinn", „Reingewinn", „bilanzmäßige Geschäftsergebnisse".

Zivil-, Steuer- und Unternehmensrecht
Hrsg.: Fachinstitut für Steuerberater e. V.

„während der Dauer des Vertrags in freie Rücklagen eingestellten Beträge" in § 301[5], steuerrechtlich aus § 14 Nr. 5 KStG[6].

Nach dem Aktiengesetz 1937 konnten Vorstand und Aufsichtsrat in eigener Kompetenz aus dem Gewinn unbeschränkt Beträge in freie Rücklagen stellen. Sah ein Gewinnabführungsvertrag die Bildung von Rücklagen bei der Tochtergesellschaft ohne Begrenzung vor, bestimmten somit deren Vorstand und Aufsichtsrat allein darüber, in welchem Umfang Beträge von der Gewinnabführung ausgenommen und bei ihrer Gesellschaft in Rücklage eingestellt werden sollten, Die Hauptversammlung der Tochtergesellschaft, deren Aktionäre, hatten kein Mitentscheidungsrecht.

Diese Rechtslage hat das Aktiengesetz verändert. Nunmehr können Vorstand und Aufsichtsrat bei Feststellung des Jahresabschlusses nur noch höchstens die Hälfte des Jahresüberschusses in eigener Kompetenz in freie Rücklagen einstellen (§ 58 Abs. 2 Satz 1)[7] wird nachstehend nicht eingegangen; sie ist für unser Problem ohne Bedeutung).

Bisher enthielt das Aktienrecht keine Vorschrift über den Höchstbetrag der Gewinnabführung. Nunmehr bestimmt § 301 als Höchstbetrag den ohne die Gewinnabführung entstehenden Jahresüberschuß, vermindert um den Betrag, der nach § 300 in die gesetzliche Rücklage einzustellen ist[8].

Mit steuerrechtlicher Wirkung kann die Tochtergesellschaft Beträge aus dem Jahresüberschuß nur insoweit in Rücklage stellen, als dies bei vernünftiger kaufmännischer Beurteilung wirtschaftlich begründet ist[9].

2. Das Schrifttum

Die Kommentatoren des Aktiengesetzes halten, sofern sie die Rechtslage behandeln, § 58 bei Bestehen eines Gewinnabführungsvertrages mit Rücklagenbildung für nicht anwendbar. Die Begründungen sind verschieden.

Adler/Düring/Schmaltz[10] meinen: Wenn steuerlich[11] bei Gewinnabführungsverträgen in gewissem Umfang Rücklagen gebildet werden dürfen, müssen sie auch handelsrechtlich zulässig sein. Enthalte der Vertrag eine Ermächtigung der Verwaltung der Tochtergesellschaft, Rücklagen im Rahmen der steuerlich zulässigen Grenzen zu bilden, könne diese, ohne durch § 58 Abs. 2 eingeschränkt zu sein, den vollen im Gewinnabführungsvertrag vorgesehenen Teil des Jahres-

5 Möhring/Tank, Hdb AG Bd. I Rdn. 742.
6 Herrmann/Heuer Kom. z. EStG u. KStG § 14 Anm. 231, Jurkat, Die Organschaft im Körperschaftssteuerrecht Rdn. 407, 499.
7 Auf die Möglichkeit einer Ermächtigung (§ 58 Abs. 2 Satz 2.
8 Von dem nicht interessierenden Fall eines Verlustvortrags abgesehen.
9 Siehe dazu insbes. Schulze zur Wiesche DB 1973, 1417ff. Er schließt aus § 58 Abs. 2 Satz 1, daß Rücklagen in Höhe der Hälfte des Jahresüberschusses als wirtschaftlich vernünftig anzusehen sind; siehe auch Selchert DB 1977, 27ff.
10 Rechnungslegung und Prüfung der AG 4. Aufl. Bd. 1 § 150 Tz. 101.
11 Damals (1968) Organschaftserlaß v. 23. 10. 1959, jetzt § 14 Nr. 5 KStG.

überschusses in freie Rücklagen einstellen. In der Vertragsbestimmung sei eine der Satzungsermächtigung in § 58 Abs. 2 Satz 2 entsprechende Befugnis zur Rücklagenbildung zu sehen.

a) Die Bedeutung von § 14 Nr. 5 KStG

§ 14 Nr. 5 KStG ist eine rein steuerrechtliche Norm. Ihr Gehalt beschränkt sich auf die steuerrechtliche Regelung der Rücklagenbildung. Aus ihr kann allenfalls entnommen werden, daß der steuerrechtliche Gesetzgeber davon ausgegangen ist, daß gesellschaftsrechtlich eine Rücklagenbildung zulässig ist, nicht aber in welchem Umfang, und vor allem nicht, wer gesellschaftsrechtlich über ihre Bildung bestimmt. Wer in der Gesellschaft die Einstellung vornehmen darf und in welcher Höhe, ist Sache des Gesellschaftsrechts. Die Rechtslage ist im Gegenteil so, daß eine nach § 14 Nr. 5 KStG zulässige Einstellung von Beträgen in freie Rücklagen steuerliche Wirkung nur hat, wenn sie auch gesellschaftsrechtlich zulässig ist[11]. Ist sie das nicht, wird sie auch steuerlich nicht anerkannt. Aus § 14 Nr. 5 KStG kann daher nicht gefolgert werden, daß in dem dort bestimmten Umfang auch gesellschaftsrechtlich Rücklagen gebildet werden dürfen.

b) Vertragliche Ermächtigung?

§ 58 Abs. 2 Satz 2 fordert zum Schutz der Aktionäre formal eine satzungsmäßige, material eine auf einen Teil des Jahresüberschusses begrenzte Ermächtigung für Vorstand und Aufsichtsrat.

Eine nur in einem Vertrag enthaltene Ermächtigung steht einer satzungsmäßigen nicht gleich, selbst wenn die sonstigen formalen Voraussetzungen (Beschlußmehrheit, Eintragung im Handelsregister) die gleichen sind. Eine Satzungsbestimmung gehört zum „Grundgesetz" der Gesellschaft und wird im Rahmen der Satzung immer wieder veröffentlicht. Das Bestehen eines Gewinnabführungsvertrages wird nur einmal anläßlich seiner Eintragung bekanntgegeben. Wer sich über seinen Inhalt vergewissern will, muß die Registerakten einsehen. Dem Vertrag fehlt es damit an der vom Gesetz für die Ermächtigung vorgesehenen Publizität.

In den Verträgen ist in der Regel die *Gesellschaft* zur Rücklagenbildung „ermächtigt". Die Satzungsermächtigung lautet auf Vorstand und Aufsichtsrat, um deren Befugnisse es geht. Vor allem aber kommt kein Aktionär – um seine Unterrichtung geht es – beim Lesen des Gewinnabführungsvertrages auf den Gedanken, in einer Vertragsbestimmung, daß die Gesellschaft die steuerlich zulässigen Rücklagen bilden dürfe, eine Ermächtigung für Vorstand und Aufsichtsrat sehen zu müssen, abweichend von § 58 Abs. 2 Satz 1 einen größeren Teil des Jahresüberschusses in freie Rücklage stellen zu können. Eine solche Ermächtigung erfordert eine klare eindeutige, die Abweichung erkennen lassende Fassung.

Abgesehen von diesen Bedenken entspricht eine auf die körperschaftssteuerlich zulässige Rücklagenbildung abgestellte Ermächtigung nicht dem von § 58 Abs. 2 Satz 2 geforderten Inhalt. Auch wenn man die Worte „größeren Teil" in § 58 Abs. 2 Satz 2 nicht eng auslegt, sondern es ausreicht, wenn sich aus der

Ermächtigung eine klare Angabe ihrer Reichweite entnehmen läßt[12], genügt dem nicht die übliche Formulierung, daß die Gesellschaft Rücklagen in dem nach § 14 Nr. 5 KStG zulässigen Rahmen bilden dürfe. § 14 Nr. 5 KStG stellt ab auf die wirtschaftliche Begründetheit aufgrund vernünftiger kaufmännischer Beurteilung. Die zulässige Höhe liegt damit einerseits in der Hand von Vorstand und Aufsichtsrat, andererseits des Finanzamts. Die Aktionäre können aus dieser Ermächtigung weder den bestimmten Teil des Jahresüberschusses noch deren genaue Reichweite ersehen. Sie wechselt von Jahr zu Jahr, je nachdem, was Vorstand und Aufsichtsrat nach der Wirtschaftslage und der Lage der Gesellschaft für wirtschaftlich begründet halten. Damit verbietet der § 58 Abs. 2 Satz 2 zugrundeliegende Schutzgedanke die Gleichstellung der vertraglichen mit der dort vorgesehenen satzungsmäßigen Ermächtigung.

c) Berufung auf § 291 Abs. 3?

Adler/Düring/Schmaltz[13] folgern aus § 291 Abs. 3, § 292 Abs. 3, daß § 58 Abs. 2 nicht anzuwenden sei, wobei sie auf den nach der Begründung den Vorschriften zugrundeliegenden Grundgedanken verweisen[14].

Nach § 291 Abs. 3 gelten Leistungen der Gesellschaft aufgrund eines Gewinnabführungsvertrags nicht als Verstoß gegen §§ 57, 58 und 60. Hier handelt es sich nicht um eine in den Vorschriften angesprochene Leistung, z.B. die Gewinnabführung, sondern um eine Ermächtigung, Rücklagen zu bilden, also um Gewinne, die in der Gesellschaft verbleiben sollen.

Auch der Grundgedanke der beiden Vorschriften läßt sich nicht auf die Verwaltungsermächtigung übertragen. Die Vorschriften sollen gegenüber dem unter der Geltung des Aktiengesetzes 1937 entstandenen Streit über die Rechtswirksamkeit der Gewinnabführungsverträge und ihrer Vereinbarkeit mit den entsprechenden Vorschriften des Aktiengesetzes 1937 „klarstellen", daß diese insoweit nicht gegen die Vorschriften des Aktiengesetzes verstoßen, insbesondere „nicht gegen die Grundsätze über die verdeckte Gewinnausschüttung"[15]. Diese Klarstellung kann nicht auf die Rücklagenbildung und ihr Verhältnis zu § 58 Abs. 2 bezogen werden. Daran hat bei Schaffung der beiden Vorschriften in dem gesamten Gesetzgebungsverfahren niemand gedacht, wie der Verfasser als daran in allen Stadien Beteiligter versichern kann. Auch der Schlußsatz in der Begründung[16] „Der Schutz der Aktionäre und Gläubiger, den diese Grundsätze sicherstellen sollen, wird bei diesen Verträgen durch die besonderen Sicherungen der §§ 300ff. erreicht", bezieht sich, wie sich aus dem Zusammenhang eindeutig ergibt, auf den Schutz gegen verdeckte Gewinnausschüttungen, um die es bei der Ermächtigung zur Rücklagenbildung nicht geht.

---

12 Allg. M., Herrmann/Heuer Fn. 6, Jurkat Fn. 6 Rdn. 407, 408.

13 Zur Auslegung von § 58 Abs. 2 Satz 2 statt aller Hefermehl/Bungeroth in Geßler/Hefermehl/Eckardt/Kropff AktG § 58 Anm. 39ff. m.w. Lit. Ang.

14 Siehe Fn. 10, ebenso Kropff Fn. 12 § 151 Anm. 119 u. Hefermehl/Bungeroth Fn. 12 § 58 Anm. 62, 63.

15 Kropff AktG § 291 RegE S. 378.

16 Zitat siehe Fn. 14.

d) *Sicherung durch Ausgleich und Abfindung*

Zu fragen ist allerdings, ob die Aktionäre und Gläubiger der Tochtergesellschaft nicht durch die besonderen Schutzvorschriften der §§ 300ff. genügend gesichert sind, so daß der Verwaltung die Rücklagenbildung ohne jede Begrenzung durch § 58 Abs. 2 überlassen werden kann[17]. Das hängt davon ab, welche Nachteile ihnen bei Nichtgeltung der Vorschrift entstehen und ob diese durch den angemessenen Ausgleich (§ 304) und die Abfindung (§ 305) ausgeglichen sind.

Die Abfindung kommt in unserem Zusammenhang nicht in Betracht. § 305 schützt diejenigen, die wegen der Nachteile, die ihnen durch einen Gewinnabführungsvertrag drohen, aus der Gesellschaft gegen Abfindung ausscheiden wollen. § 58 Abs. 2 schützt dagegen die in der Gesellschaft verbleibenden Aktionäre. Nur die für sie vorgesehene jährliche Ausgleichszahlung (§ 304) kann mit dem Schutz, den § 58 Abs. 2 gewährt, verglichen werden.

Auf den ersten Blick scheinen die außenstehenden Aktionäre der Tochtergesellschaft überhaupt keines Schutzes wegen der von Vorstand und Aufsichtsrat beabsichtigten Rücklagenbildung – auch nicht durch § 58 Abs. 2 – zu bedürfen. Können Vorstand und Aufsichtsrat der Tochtergesellschaft von sich aus mehr als die Hälfte des Jahresüberschusses in Rücklage stellen, wird weniger an die Obergesellschaft abgeführt. Es vermehrt sich die Substanz der Tochtergesellschaft und damit der Wert ihrer Aktien. Ist § 58 Abs. 2 anzuwenden, müßte zwar die Hauptversammlung darüber beschließen, ob mehr als die Hälfte des Jahresüberschusses in Rücklage gestellt werden soll. Bei Zustimmung würden sich die Rücklagen erhöhen. Ein ablehnender Beschluß, mit dem wegen der Stimmenmehrheit der Obergesellschaft nicht zu rechnen ist, hätte andererseits zur Folge, daß die strittigen Beträge aufgrund des Gewinnabführungsvertrages an die Obergesellschaft abgeführt werden müßten. Die Frage, ob § 58 Abs. 2 Satz 1 anzuwenden ist, scheint deshalb nach dessen Sinn und Zweck „gegenstandslos" zu sein. Die Beträge würden auf keinen Fall an die außenstehenden Aktionäre ausgeschüttet, worum es bei § 58 Abs. 2, 3 geht.

Ein solcher Schluß kann jedoch nur gezogen werden, wenn die außenstehenden Aktionäre nach dem Gewinnabführungsvertrag nur Anspruch auf eine feste jährliche Ausgleichszahlung (§ 304 Abs. 2 Satz 1) haben, die unabhängig von der Dividende ist, die die Obergesellschaft an ihre Aktionäre ausschüttet. Für sie ist jede Rücklagenbildung vorteilhaft. Sie stärkt die wirtschaftliche Lage ihrer Gesellschaft. Nach Beendigung des Vertrages stehen die inzwischen gebildeten Rücklagen ihrer Gesellschaft zur Verfügung, es sei denn sie sind in der Zwischenzeit den freien Rücklagen entnommen und als Gewinn abgeführt (§ 301 Satz 2). Solche außenstehenden Aktionäre bedürfen deshalb nicht des Schutzes aus § 58 Abs. 2, im Gegenteil.

Anders ist die Lage der außenstehenden Aktionäre, deren angemessener Ausgleich variabel bemessen ist. Sie erhalten auf ihre Aktie die Dividende, die auf den entsprechenden Nennbetrag der Aktien der Obergesellschaft entfällt (§ 304 Abs. 2 Satz 2). Da jede Rücklagenbildung bei ihrer Gesellschaft den an die

17 Fn. 14.

Obergesellschaft abzuführenden Gewinn und damit deren Bilanzgewinn mindert, der an ihre Aktionäre ausgeschüttet werden kann, wirkt sich das für sie wegen der Abhängigkeit der ihnen zustehenden Ausgleichszahlung von deren Dividende nachteilig aus. Da insbesondere außenstehende Aktionäre verständlicherweise in der Regel mehr Wert auf den Ertrag ihrer Aktien als auf deren langfristige Wertsteigerung legen, ist für sie § 58 Abs. 2, der die Rücklagenbildung durch Vorstand und Aufsichtsrat im Interesse der Aktionäre begrenzt, von entscheidender Bedeutung. Der Nachteil, der ihnen entsteht, wenn Vorstand und Aufsichtsrat entgegen § 58 Abs. 2 Satz 1 von sich aus mehr als die Hälfte des Jahresüberschusses in freie Rücklagen stellen könnten, wird durch die variable Ausgleichszahlung nicht ausgeglichen. Die ihnen zustehende jährliche Ausgleichszahlung wäre höher.

Auch die Erwägung, die außenstehenden Aktionäre hätten selbst bei Anwendung des § 58 Abs. 2 keine höhere Dividende zu erwarten[18] kann nicht dessen Nichtgeltung rechtfertigen. Es ist zwar richtig, daß sie damit rechnen müssen, daß die nach § 58 Abs. 3 für die Einstellung weiterer Beträge in Rücklage zuständige Hauptversammlung entsprechend den Vorschlägen der Verwaltung die weitere Rücklagenbildung beschließen wird. Mit dieser Erwägung kann aber nicht die Anwendung des § 58 Abs. 2, der eine Grundnorm der Aktienrechtsreform von 1965 beinhaltet, verneint werden. Auch aus tatsächlichen Umständen nicht wirksame Schutznormen sind anzuwenden und einzuhalten.

e) Zwischenergebnis

Als Zwischenergebnis ist daher festzustellen:

§ 58 Abs. 2 ist auch bei Bestehen eines Gewinnabführungsvertrages mit Rücklagenbildung zum Schutze der außenstehenden Aktionäre mit variabler Ausgleichszahlung anzuwenden. Wünschen Vorstand und Aufsichtsrat, daß mehr als die Hälfte des Jahresüberschusses in Rücklage gestellt werden, bedarf es eines entsprechenden Beschlusses der Hauptversammlung der Tochtergesellschaft (§ 58 Abs. 3 Satz 1)[19].

3. Sicherung der Aktionäre der Obergesellschaft

Bisher ist die Rechtslage nur unter dem Gesichtspunkt des Schutzes der außenstehenden Aktionäre erörtert worden. Es fragt sich jedoch, ob nicht auch weitere Beteiligte des Schutzes durch § 58 Abs. 2 bei Bestehen eines Gewinnabführungsvertrages mit Rücklagenbildung bedürfen. Dabei ist vor allem an die Aktionäre der Obergesellschaft zu denken.

Sieht ein Gewinnabführungsvertrag keine Rücklagenbildung bei der Tochtergesellschaft vor, ist ihr ganzer Gewinn an die Obergesellschaft abzuführen. Für deren eigenen Gewinn und den an sie abgeführten gilt § 58 Abs. 2. Ihre Verwaltung kann von sich aus in eigener Kompetenz nur bis zur Hälfte des

18 Ddieser Meinung Hefermehl/Bungeroth sowie Kropff Fn. 17.
19 So Hefermehl/Bungeroth Fn. 12.

Jahresüberschusses in Rücklage stellen. Für weitere Beträge bedarf es eines Beschlusses der Hauptversammlung. Damit liegt in der Hand der Aktionäre der Obergesellschaft die Entscheidung, ob eine weitere Rücklagenbildung geschehen soll.

Diese Sachlage ändert sich zu ihren Ungunsten, wenn in dem Gewinnabführungsvertrag eine Rücklagenbildung bei der Tochtergesellschaft vorgesehen ist. Gilt § 58 Abs. 2 bei der Tochtergesellschaft nicht, könnten deren Vorstand und Aufsichtsrat deren Gewinn ganz oder teilweise der Rücklage zuführen und ihn damit dem Gewinnanspruch der Aktionäre der Obergesellschaft entziehen. Hinsichtlich der in Rücklage gestellten Beträge fiele auch für sie der mit § 58 Abs. 2 verfolgte Zweck ins Leere.

Sogar die Anwendung des § 58 Abs. 2 bei der Tochtergesellschaft bietet den Aktionären der Obergesellschaft noch keinen ausreichenden Schutz gegen eine erhöhte Rücklagenbildung bei dieser, wenn allein deren Hauptversammlung, in der die Obergesellschaft die entscheidende Stimmenmehrheit besitzt, über die weitere Einstellung von Beträgen in freie Rücklagen entscheiden könnte. Ein entsprechender Beschluß der Hauptversammlung der Tochtergesellschaft hätte für sie die gleiche nachteilige Wirkung wie für deren außenstehenden Aktionäre.

Hinzu kommt weiter: Selbst wenn Vorstand und Aufsichtsrat der Tochtergesellschaft in eigener Kompetenz in Anwendung des § 58 Abs. 2 nur die Hälfte des Jahresüberschusses in Rücklage stellen und die andere Hälfte an die Obergesellschaft abgeführt wird, kann bei der Obergesellschaft von der an sie abgeführten Hälfte aufgrund von § 58 Abs. 2 wiederum die Hälfte in Rücklage gestellt werden. Von dem gesamten Gewinn der Tochtergesellschaft verbleiben damit bei der Obergesellschaft nur ein Viertel als Bilanzgewinn, der an deren Aktionäre ausgeschüttet werden könnte[20].

Das zwingt dazu die Anwendung des § 58 Abs. 2 bei Gewinnabführungsverträgen mit Rücklagenbildung nicht nur wegen etwa vorhandener außenstehender Aktionäre bei der Tochtergesellschaft, sondern auch wegen der Rechtsstellung der Aktionäre der Obergesellschaft zu überdenken. Eine doppelte Anwendung des § 58 Abs. 2 bei solchen Verträgen erscheint mit dem von der Vorschrift verfolgten Zweck unvereinbar[21].

Die hier auftretenden Interessengegensätze zwischen den außenstehenden Aktionären und der von der Obergesellschaft beherrschten Verwaltung ihrer Gesellschaft, zwischen den Aktionären der Obergesellschaft und ihrer Verwaltung sowie auch zwischen den Aktionären der beiden Unternehmen in bezug auf die Bildung von Rücklagen bei der Tochtergesellschaft bzw. der Abführung des „ganzen Gewinns" an die Obergesellschaft sind im Aktiengesetz nicht geregelt. Die Bemerkung von Weber[22], daß sie als gesellschaftsrechtliches Problem nicht ausreichend erkannt seien, trifft zu. Bei der Regelung des Gewinnabführungsvertrages im Aktiengesetz stand nur die Abführung des ganzen Gewinns und deren Problematik im Blickpunkt, nicht aber der schon damals im Steuerrecht aner-

20 Auf die Rechtslage, wenn keine außenstehenden Aktionäre vorhanden sind, wird weiter unten eingegangen.

21 Vgl. Timm, Die AG als Konzernspitze S. 90/91.

22 Siehe auch Lutter in Festschr. f. Harry Westermann S. 363/364.

kannte Gewinnabführungsvertrag mit Rücklagenbildung. Der Schutz der Aktionäre beider Unternehmen ist daher ein „rechtlich (noch) zu bewältigendes Problem"[23], wobei ein sachgerechtes Ergebnis nur durch Abwägung der Interessen aller Beteiligten gefunden werden kann[24]. Die Schlüsselstellung bei der Bewältigung des Problems nimmt § 58 Abs. 2 ein, und zwar seine Anwendung sowohl bei der Tochter- als auch bei der Obergesellschaft.

4. Eigene Ansicht

Die bisherigen Lösungen sehen das Problem unter dem weiteren Blickwinkel des Konzernrechts.

In der Unternehmensrechtskommission[25] wurde auf der Grundlage des geltenden Rechts erwogen, ob den Aktionären der Obergesellschaft analog § 254 Abs. 1 ein Anfechtungsrecht zustehe, wenn ihnen durch eine Gewinnthesaurierung in den beiden Gesellschaften nicht eine Mindestdividende verbleibe[26].

Es ist Hefermehl/Bungeroth[27] zuzustimmen, daß dieses Anfechtungsrecht „zweifelhaft" ist. Mit Lutter[28] sprechen sie sich deshalb dafür aus, an die Pflichten der Verwaltung gegenüber ihren Aktionären anzuknüpfen. Sie dürfe den vollen Umfang des § 58 Abs. 2, d.h. dessen doppelte Anwendung, nicht „voll ausschöpfen". Lutter hält das zwar selbst für eine schwache Sanktion, meint jedoch, daß sich die Verwaltung auf die Dauer dem Vorwurf der Pflichtwidrigkeit nicht aussetzen könne, so daß seine aus § 58 Abs. 2, § 93 Abs. 1 entwickelte Lösung als ausreichend angesehen werden könne.

Die Anfechtungslösung befriedigt nicht. Sie wahrt weder genügend die Interessen der Aktionäre der Obergesellschaft noch die der Tochtergesellschaft, deren variabler Ausgleich von der Dividende abhängig ist, die an die Aktionäre der Obergesellschaft ausgeschüttet wird.

a) Hauptversammlungsbeschluß der Obergesellschaft

Auszugehen ist vielmehr von der Geltung des § 58 Abs. 2 bei der Tochtergesellschaft. Dies auch, wenn sie keine außenstehenden Aktionäre hat. Auch, ja sogar gerade, wenn die Tochtergesellschaft im Alleinbesitz der Obergesellschaft ist, besteht die Gefahr, daß die Verwaltung der Obergesellschaft versucht, sich über die von ihr abhängige Verwaltung der Tochtergesellschaft durch Thesaurierung von Gewinnen bei dieser zu Lasten der Aktionäre der Obergesellschaft über die Grenze des § 58 Abs. 2 hinaus Rücklagen zu verschaffen.

Besteht ein Gewinnabführungsvertrag mit Rücklagenbildung und sollen bei der Tochtergesellschaft unter Berufung auf ihre wirtschaftliche Begründetheit mit steuerlicher Wirkung freie Rücklagen gebildet werden, kann deren Verwal-

23 In seiner Stellungnahme zum Gutachten von Rasch Fn. 1, siehe auch BGHZ 83, 137.
24 So Sonnenschein, Organschaft und Konzerngesellschaftsrecht S. 330.
25 So mit Recht Weber Fn. 1.
26 Bericht über die Verhandlungen der UKom. Tz. 1282ff.
27 Fn. 25 Tz 1287, ebenso Timm Fn. 20 S. 168.
28 Fn. 12 § 58 Anm. 8.

tung in eigener Kompetenz höchstens die Hälfte des Jahresüberschusses in Rücklage stellen. Sollen weitere Beträge der freien Rücklage zugeführt werden, bedarf es eines Beschlusses der Hauptversammlung der Gesellschaft. Da in dieser der Vorstand der Obergesellschaft ihre Aktionärsrechte ausübt, bestimmen in der Rechtswirklichkeit Vorstand und Aufsichtsrat der Obergesellschaft über die Bildung der weiteren Rücklagen. Durch ihre Zustimmung entziehen sie ihren Aktionären nicht nur an sich an die Obergesellschaft abzuführenden Gewinn und mindern damit deren Gewinnausschüttungsaussichten. Sie entziehen ihnen damit vielmehr zugleich Vermögenssubstanz in Gestalt von Rücklagen, die bei der Obergesellschaft hätten gebildet werden können, und erweitern über die Rücklagenbildung bei der Tochtergesellschaft den Raum, der ihnen bei der Obergesellschaft für die Bildung von Rücklagen nach § 58 Abs. 2 zusteht.

Nach dem „Holzmüller"-Urteil des Bundesgerichtshofs[29] sind die Aktionäre der Obergesellschaft an wichtigen Grundentscheidungen in der Tochtergesellschaft, die sich auf ihre eigene Rechtsstellung nachhaltig auswirken können, in denselben Formen und mit denselben Mehrheiten intern zu beteiligen, wie es für die entsprechenden Entscheidungen in der Obergesellschaft bestimmt ist, bevor sie in der Tochtergesellschaft verwirklicht werden. Es kann hier dahingestellt bleiben, ob dem sehr umstrittenen Urteil in jeder Beziehung gefolgt werden kann. Für die hier zur Diskussion stehende Frage, der Anwendung von § 58 Abs. 2 auf die Rücklagenbildung bei Gewinnabführungsverträgen, ist dies jedenfalls rückhaltlos zu bejahen. Andernfalls würden Geltung und Anwendung von § 58 Abs. 2 bei diesen Verträgen völlig ins Leere laufen, die Vorschrift stände nur auf dem Papier[30] für die Personengesellschaft.

Der Beschluß der Hauptversammlung der Tochtergesellschaft, über die Hälfte des Jahresüberschusses hinaus Beträge in freie Rücklage zu stellen (§ 58 Abs. 3) wird daher erst wirksam, wenn die Aktionäre der Obergesellschaft ihm in ihrer Hauptversammlung zugestimmt haben. § 58 Abs. 2 u. 3 sind insoweit nicht nur bei der Tochtergesellschaft, sondern auch hinsichtlich der Rücklagenbildung bei der Tochtergesellschaft entsprechend bei der Obergesellschaft anzuwenden. Nur auf diese Weise werden die Interessen der Aktionäre der Tochter- und der Obergesellschaft sachgerecht entsprechend dem von § 58 Abs. 2 u. 3 verfolgten Sinn und Zweck gewahrt.

b) Anrechnung der bei der Tochtergesellschaft gebildeten Rücklagen

Es bleibt die Frage, wie § 58 Abs. 2 bei der Obergesellschaft auf den bei ihr entstandenen Jahresüberschuß anzuwenden ist, die sog. „doppelte Anwendung" der Vorschrift, zuerst auf den bei der Tochtergesellschaft und nachher noch einmal auf den bei der Obergesellschaft entstandenen Jahresüberschuß.

Götz[31] (AG 1984, 93) hat sich mit dem Problem für den Konzern, nicht beschränkt auf durch Gewinnabführungsverträge verbundene Unternehmen

29 Fn. 21 S. 361ff., 364.

30 BGHZ 83, 122ff., 138, zur wissenschaftlichen Diskussion über dieses Urteil siehe H. P. Westermann ZGR 1984, 352ff. und die dort in Anm. 1 angegebene Literatur.

31 Siehe auch Lutter Fn. 21 S. 352, 361, Uwe Schneider Festschr. f. Bärmann S. 873/888.

befaßt. Auf den Gesamtgewinn[32] der Obergesellschaft und aller in ihrem Mehrheitsbesitz stehenden Konzerngesellschaften sollen § 58 Abs. 2 u. 3 angewandt werden. Über die eine Hälfte sollen Vorstand und Aufsichtsrat der Obergesellschaft in eigener Kompetenz (§ 58 Abs. 2 Satz 1) verfügen können, über die andere Hälfte soll die Hauptversammlung der Obergesellschaft im Rahmen der Gewinnverteilung beschließen (§ 58 Abs. 3 Satz 1). Ob und in welchem Umfang aus der Hälfte des Gesamtgewinns, die der Verwaltung zusteht, Beträge freien Rücklagen bei den Tochtergesellschaften zugeführt werden sollen, soll der Vorstand frei bestimmen können.

Die bei diesen gebildeten Rücklagen seien jedoch auf die der Verwaltung zur Verfügung überlassene Hälfte hälftig anzurechnen. Ein Verstoß dagegen soll zur Nichtigkeit des Jahresabschlusses gemäß § 256 Abs. 1 Nr. 4 führen.

Der Gedanke von Götz kann im Ausgangspunkt auf die hier zur Diskussion stehenden, durch einen Gewinnabführungsvertrag verbundenen Unternehmen übernommen werden. Sie bilden aufgrund des Vertrags und des § 291 Abs. 3 trotz rechtlicher Selbständigkeit eine wirtschaftliche Einheit. Diese gestattet es, den von ihnen erzielten Jahresüberschuß zusammenzurechnen, auf ihn § 58 Abs. 2 u. 3 anzuwenden und die aus dem Gesamtüberschuß in freie Rücklagen eingestellten Beträge zusammenzufassen. Im einzelnen dürfte, teilweise in Abweichung von Götz, wie folgt, zu verfahren sein.

Bei der Tochtergesellschaft und der Obergesellschaft ist der Überschuß der Erträge über die in den Posten Nr. 16–26 der Gewinn- und Verlustrechnung ausgewiesenen Aufwendungen zu ermitteln[33]. Von diesem tatsächlichen oder auch „fiktiven"[34] Jahresüberschuß jeder Gesellschaft sind etwaige Verlustvorträge und die in die gesetzliche Rücklage einzustellenden Beträge abzuziehen. Der verbleibende Betrag stellt den Jahresüberschuß jeder einzelnen Gesellschaft im Sinne von § 58 dar. Die Jahresüberschüsse der einzelnen Gesellschaften sind zusammenzurechnen. Erhalten außenstehende Gesellschafter feste Ausgleichszahlungen, sind diese von der Gesamtsumme abzuziehen. Denn sie kürzen den zur Verfügung stehenden Gesamtgewinn[35].

Auf den so ermittelten Gesamtgewinn ist § 58 Abs. 2 anzuwenden. Bis zu dessen Hälfte oder den in der Satzung bestimmten höheren Teil können Vorstand und Aufsichtsrat der Obergesellschaft in eigener Kompetenz Beträge in freie Rücklagen einstellen. Wünschen sie, daß weitere Beträge den freien Rücklagen zugeführt werden, müssen sie einen Beschluß der Hauptversammlung herbeiführen (§ 58 Abs. 3).

An Tochtergesellschaften können Vorstand und Aufsichtsrat aus dem Gesamtbetrag Beträge zur Rücklagenbildung nur zuführen, soweit die Verträge eine Rücklagenbildung vorsehen oder zulassen. Die Entscheidung darüber, bei welchen Gesellschaften und in welchem Umfang dies geschehen soll, können sie

32 Über seine Ermittlung siehe bei Götz Fn. 31.

33 Bei der Obergesellschaft entfällt der Ertragsposten Nr. 7, der von den Tochtergesellschaften abzuführende Gewinn steht wegen der noch offenen Rücklagenbildung noch nicht fest.

34 Wegen des Ausdrucks vgl. Havermann WPG 1966, 65, WPHdb 1981, 1512.

35 Variable Ausgleichszahlungen können in diesem Stadium noch nicht abgezogen werden, anders jedoch Götz. Ihre Beträge stehen wegen ihrer Abhängigkeit von der Dividende an die Aktionäre der Obergesellschaft noch nicht fest.

nach eigenem Ermessen treffen. Die Rücklagenbeträge dürfen jedoch die Hälfte des bei der einzelnen Gesellschaft tatsächlich erzielten Jahresüberschusses im Sinne von § 58 Abs. 2 nicht übersteigen, es sei denn, die Satzung der Tochtergesellschaft ermächtigt ihren Vorstand und Aufsichtsrat, gemäß § 58 Abs. 2 einen größeren Teil in freie Rücklagen einzustellen. Dann ist dieser Teil maßgebend[36]. Die Beschränkung von Vorstand und Aufsichtsrat auf diesen Betrag dient der Sicherung der Gewinnrechte der Aktionäre der Obergesellschaft. Sie haben zwar bei Abschluß des Gewinnabführungsvertrages durch ihre Hauptversammlung der Bildung von Rücklagen bei der Tochtergesellschaft zugestimmt, aber nur in den durch § 58 Abs. 2 gezogenen Grenzen. Jede weitere Rücklagenbildung mindert den an ihre Gesellschaft abzuführenden Gewinn und damit ihren Gewinnanspruch. Zur Einstellung weiterer Beträge in Rücklage bei der Tochtergesellschaft muß deshalb vorher die Zustimmung der Hauptversammlung der Obergesellschaft eingeholt werden[37].

Sollen bei der Obergesellschaft selbst aus dem von ihr erzielten Jahresüberschuß auch Beträge in Rücklage gestellt werden, können Vorstand und Aufsichtsrat diese in eigener Kompetenz nur der Hälfte des Jahresüberschusses entnehmen, wobei die bei den Tochtergesellschaften in Rücklage gestellten Beträge voll anzurechnen sind. Bei einer nur hälftigen Anrechnung[38] wird der sonst eintretende Effekt der doppelten Anwendung des § 58 Abs. 2 zugunsten der Verwaltung nicht vermieden.

Zur Einstellung weiterer Beträge in Rücklage bei der Obergesellschaft bedarf es eines Beschlusses ihrer Hauptversammlung (§ 58 Abs. 3).

Wird so verfahren, sind die Interessen aller Beteiligten gewahrt. Vorstand und Aufsichtsrat der Obergesellschaft können bei ihrer Gesellschaft und über die von ihnen abhängige Verwaltung der Tochtergesellschaft bei dieser im Rahmen des § 58 Abs. 2 in eigener Kompetenz Rücklagen bilden. Die Aktionäre der Obergesellschaft sind geschützt. Jede Rücklagenbildung sowohl bei den Tochtergesellschaften als auch bei ihrer eigenen über den durch § 58 Abs. 2 gezogenen Rahmen hinaus bedarf der Zustimmung ihrer Hauptversammlung. Die Interessen der außenstehenden Aktionäre der Tochtergesellschaft, die einen variablen Ausgleichsanspruch haben, sind mittelbar durch die Sicherung des Gewinnanspruchs der Aktionäre der Obergesellschaft, von deren Dividende ihr eigener Anspruch abhängt, gewahrt.

Eines besonderen Schutzes der Gläubiger[39] bedarf es nicht. Sie sind während des Bestehens des Gewinnabführungsvertrags durch § 302 (Verlustübernahme), nach dessen Beendigung durch § 303 (Sicherheitsleistung) hinreichend gesichert. Interessen der Arbeitnehmer[40] dürften in diesem Zusammenhang nicht in Betracht kommen.

Die hier geforderte Zustimmung der Hauptversammlung der Obergesellschaft zur Rücklagenbildung bei Tochtergesellschaften findet sich übrigens interessanterweise bereits in manchen Satzungen bzw. Gewinnabführungsverträgen. Es ist

36 A. M. Götz Fn. 31 unbeschränkt, sofern hälftige Anrechnung erfolgt.
37 Siehe oben S. 15 ff.
38 So Götz Fn. 31.
39 Siehe Lutter Fn. 21.
40 So Lutter Fn. 21 in Ausnahmefällen.

dort bestimmt, daß der Vorstand der Obergesellschaft verpflichtet ist, die Einwilligung seiner Hauptversammlung zur Ausübung der Gesellschafterrechte bei Tochtergesellschaften über die Feststellung des Jahresüberschusses einzuholen. Damit wird auf diese Weise den Beteiligten der gleiche Schutz, wie hier gefordert, gesichert.

II. Jahresüberschuß, Feststellung des Jahresabschlusses

§ 58 stellt bei der Kompetenzverteilung auf die Hälfte des Jahresüberschusses ab. Anscheinend ist unklar, was unter Jahresüberschuß bei Bestehen eines Gewinnabführungsvertrages mit Rücklagenbildung zu verstehen ist[41].

§ 301 bestimmt als Höchstbetrag der Gewinnabführung den ohne diese entstehenden Jahresüberschuß, vermindert um einen Verlustvortrag aus dem Vorjahr und um den Betrag, der nach § 300 in die gesetzliche Rücklage einzustellen ist. Ist nach dem Gewinnabführungsvertrag der gesamte Gewinn abzuführen, ist dieser Betrag abzuführen und in Nr. 27 der Gewinn- und Verlustrechnung auszuweisen[42]. Der Jahresüberschuß besteht dann nur noch aus dem in die gesetzliche Rücklage einzustellenden Betrag. Nach dessen Einstellung ist der Bilanzgewinn null.

Bei einem Gewinnabführungsvertrag mit Rücklagenbildung stellt der Höchstbetrag der Gewinnabführung nach § 301 den Jahresüberschuß im Sinne von § 58 dar. Von ihm können Vorstand und Aufsichtsrat bis zur Hälfte aus eigenem Recht in freie Rücklagen einstellen (§ 58 Abs. 2 Satz 1).

Wünschen Vorstand und Aufsichtsrat keine höhere Rücklagenbildung, können sie aus dem Überschuß der Erträge über die Aufwandsposten Nr. 16–26 die Einstellungen in die gesetzlichen Rücklage und in freie Rücklagen selbst errechnen und demgemäß den Jahresabschluß feststellen.

Sollen dagegen weitere Beträge den freien Rücklagen zugeführt werden, muß dies nach § 58 Abs. 3 von der Hauptversammlung der Tochtergesellschaft und nach der hier vertretenen Ansicht auch von der Obergesellschaft beschlossen werden.

Erst nachdem diese der Einstellung weiterer Beträge zugestimmt hat, steht die Höhe der in Rücklage einzustellenden Beträge und damit auch der an die Obergesellschaft abzuführende Gewinn fest. Vorher kann der Jahresabschluß der Tochtergesellschaft nicht festgestellt werden.

Damit sich die Hauptversammlung der Obergesellschaft bei weiteren Einstellungen in freie Rücklagen über die Auswirkungen ihrer Beschlußfassung auf den an die Obergesellschaft abzuführenden Gewinn ein Bild machen kann, ist ihr ein Vorabschluß[43] vorzulegen. In ihm ist unter dem Posten Nr. 27 noch kein abzuführender Gewinn, vielmehr unter Posten Nr. 28 der ohne die Gewinnabführung sich ergebende Gewinn auszuweisen. Beim Ausweis der in offene

41 Siehe hierzu Selchert DB 1977, 28 unter III.
42 Unklar Selchert Fn. 41, der auf den Bilanzgewinn abstellt.
43 So Sonnenschein Fn. 23 S. 323 unter I a. E., eine „Vorbilanz", so Scholz/Emmerich GmbHG 6. Aufl. Anh. II Anm. 223.

Rücklage einzustellenden Beträge (Posten Nr. 31) empfiehlt es sich, zur genauen Unterrichtung der Aktionäre den Posten Nr. 31 b zu unterteilen, und zwar unter aa) die Hälfte des Jahresüberschusses, die Vorstand und Aufsichtsrat in eigener Kompetenz einstellen, und unter bb) den Betrag, über dessen weitere Einstellung in Rücklage die Hauptversammlung beschließen soll.

Beschließt die Hauptversammlung antragsgemäß, kann der Jahresabschluß der Tochtergesellschaft endgültig festgestellt werden. Wird die Einstellung abgelehnt, kann nur der Betrag den freien Rücklagen zugeführt werden, den Vorstand und Aufsichtsrat in eigener Kompetenz in Rücklage stellen können.

Wegen der rechtlichen Selbständigkeit der Tochtergesellschaft müßte, da es sich um die Rücklagenbildung bei ihr handelt, zuerst ihre Hauptversammlung und sodann die Hauptversammlung der Obergesellschaft über die weitere Einstellung beschließen. In der Rechtswirklichkeit ist die Beschlußfassung der Tochtergesellschaft entbehrlich. Sie ist reine Formsache[44], auf die verzichtet werden kann. Entscheidend ist allein der Beschluß der Hauptversammlung der Obergesellschaft. Erst wenn sie, gleichgültig wie, beschlossen hat, kann der Jahresabschluß der Tochtergesellschaft festgestellt werden. Da bei ihr der Bilanzgewinn in jedem Fall null ist – der strittige Betrag ist entweder der Rücklage zu- oder als Gewinn an die Obergesellschaft abzuführen – entfällt bei ihr ein Beschluß über die Gewinnverwendung nach § 174 Abs. 1. Deshalb könnte auch im Vorstadium von einer Beschlußfassung der Tochtergesellschaft über den Vorabschluß abgesehen werden.

44 Siehe oben S. 15.

Das sog. Anwachsungsmodell – zur „Umwandlung" einer GmbH & Co. auf ihre Komplementär-GmbH durch Ausscheiden aller Kommanditisten –

Brun-H. Hennerkes und Mark K. Binz*

I. Einführung

In seinem Vortrag auf dem Fachkongreß der Steuerberater im Jahre 1965 in Köln[1] hatte unser 1978 verstorbener Seniorpartner Dr. Conrad Böttcher, der mit dem Jubilar jahrzehntelang in enger beruflicher und freundschaftlicher Verbindung stand, für die Übertragung des Handelsgeschäftes eines Personenunternehmens auf eine Kapitalgesellschaft – AG oder GmbH – ein neues Modell vorgestellt. In Abweichung von den bis dahin üblichen Wegen der Einbringung des Betriebsvermögens des Besitzunternehmens in die Kapitalgesellschaft oder der Einbringung der Beteiligungen an dem Personenunternehmen in die Kapitalgesellschaft sah dieses neue Modell den Eintritt der Kapitalgesellschaft in das Personenunternehmen und dann das Ausscheiden der übrigen Gesellschafter des Personenunternehmens vor. Bei einer derartigen Gestaltung kommt die Vorschrift des § 738 BGB zum Zuge, die eine sog. „Anwachsung" des Vermögens der Personengesellschaft auf die allein übrigbleibende Kapitalgesellschaft vorsieht und damit die zivilrechtlich notwendigen Übertragungsakte erheblich vereinfacht.

Obwohl in der Zwischenzeit rund 20 Jahre vergangen sind und das sog. Anwachsungsmodell in der Praxis weiter Verbreitung gefunden hat, ist seine steuerrechtliche Beurteilung bis heute nicht abschließend geklärt. Insbesondere gibt es keine einzige Entscheidung des BFH zur Frage, ob der Anwachsungsvorgang ergebnisneutral vollzogen werden kann oder ob eine Gewinnrealisierung zwingende Folge ist.

In dem folgenden Beitrag soll diesen Fragen näher nachgegangen und versucht werden, eine Art „Zwischenbilanz" zu ziehen.

II. Wege zur Umwandlung einer GmbH & Co. in eine Kapitalgesellschaft

Die Umwandlung einer GmbH & Co. in eine Kapitalgesellschaft kann erfolgen durch Betriebseinbringung (dazu unter 1.), aufgrund des Umwandlungsgesetzes (dazu unter 2.) und durch das Ausscheiden aller Kommanditisten (Anwachsungsmodell, dazu unter III.).

---

* Unter Mitwirkung von Herrn M. H. Sorg

1 Steuerberater-Jahrbuch 1965/66, S. 175, 189.

Zivil-, Steuer- und Unternehmensrecht
Hrsg.: Fachinstitut für Steuerberater e.V.

1. Betriebseinbringung

a) Handelsrecht

Bei einer Umwandlung durch Betriebseinbringung überträgt die GmbH & Co. das von ihr bisher betriebene Handelsgeschäft, genauer: Alle hierzu gehörenden Sachen und Rechte, insbesondere das Recht der Firmenfortführung gemäß § 22 HGB, im Wege der Einzelrechtsnachfolge auf eine Kapitalgesellschaft. Zivilrechtlich kann sich der Einbringungsvorgang auf zwei verschiedene Arten vollziehen.

Einmal ist es denkbar, daß die Gesellschafter der GmbH & Co. mit einer bereits bestehenden Kapitalgesellschaft einen Kaufvertrag schließen, der die entgeltliche Übertragung des Unternehmens, d.h. der einzelnen Aktiva und Passiva, zum Gegenstand hat. Zum anderen kann die Einbringung des Unternehmens natürlich auch im Zuge der Neugründung einer Kapitalgesellschaft (oder einer Kapitalerhöhung) erfolgen. In diesem Fall vereinbaren die Kommanditisten und Gründer der neuen Kapitalgesellschaft in deren Satzung bzw. im Kapitalerhöhungsbeschluß, daß das bisher von der GmbH & Co. betriebene Unternehmen in die Kapitalgesellschaft als Sacheinlage eingebracht werden soll.

b) Steuerrecht

Steuerrechtlich ist die Einbringung eines Handelsgeschäftes einer GmbH & Co. in eine Kapitalgesellschaft ohne Gewinnrealisierung nur nach Maßgabe des § 20 UmwStG möglich. Gehört zu dem eingebrachten Betriebsvermögen Grundbesitz, so unterliegt der Einbringungsvorgang der Grunderwerbsteuer. Ferner entsteht Gesellschaftsteuer in Höhe von 1% der Gegenleistung, also vom gemeinen Wert des übernommenen Betriebsvermögens.

Für die Umsatzbesteuerung des Einbringungsvorganges geht die Rechtsprechung[2] davon aus, daß sowohl eine Geschäftsveräußerung im ganzen (§ 10 Abs. 3 UStG) als auch ein tauschähnlicher Umsatz (§ 3 Abs. 12 UStG) vorliegt. Allerdings ist zu beachten, daß die von der aufnehmenden Kapitalgesellschaft im Zuge der Einbringung übernommenen Verbindlichkeiten des Einbringenden in der Regel keine umsatzsteuerbaren Leistungen i.S. von § 1 Abs. 1 Nr. 1 UStG, sondern Entgelt darstellen. Anders verhält es sich jedoch mit der Gewährung neuer Geschäftsanteile als solcher. Hierin liegt eine steuerbare, wenngleich gemäß § 4 Nr. 8e UStG steuerbefreite sonstige Leistung der aufnehmenden Gesellschaft an die neu eintretenden Gesellschafter[3].

---

2 Da es sich um einen im Gesellschaftsverhältnis begründeten und daher nicht umsatzsteuerbaren Vorgang handelt.

3 BFH BStBl. II 1976, S. 265 und USt-Rdsch. 1976, S. 187.

2. Umwandlung nach dem Umwandlungsgesetz

a) Handelsrecht

Aufgrund der §§ 46ff. UmwG kann eine GmbH & Co. in eine GmbH umgewandelt werden (jedoch nicht „auf" eine GmbH, so daß die Umwandlung nicht auf die bereits bestehende Komplementär-GmbH erfolgen kann). Die Umwandlung in eine Aktiengesellschaft ist gemäß den §§ 40ff. UmwG möglich.

b) Steuerrecht

Die Umwandlung einer GmbH & Co. in eine Kapitalgesellschaft führt nicht zur Aufdeckung stiller Reserven, sofern die umgewandelte Kapitalgesellschaft von dem ihr in § 20 UmwStG eingeräumten Wahlrecht Gebrauch macht und die bisherigen Buchwerte fortführt. Ist im Gesellschaftsvermögen Grundbesitz vorhanden, so entstehen durch den Übergang des Betriebsvermögens gemäß § 1 Abs. 1 Nr. 3 GrEStG 2% Grunderwerbsteuer auf den Verkehrswert des Grundbesitzes. Die Umwandlung einer GmbH & Co. in eine Kapitalgesellschaft unterliegt dagegen nicht der Gesellschaftsteuer, da die GmbH & Co. gesellschaftsteuerlich als Kapitalgesellschaft gilt und auf ihre Umwandlung die Befreiungsvorschrift des § 7 Abs. 3 Nr. 1 KVStG folglich unmittelbar anzuwenden ist[4].

Hingegen stellt die Umwandlung eine umsatzsteuerbare Geschäftsveräußerung im ganzen dar (§ 10 Abs. 3 UStG). Werden bei der Umwandlung der GmbH & Co. Wertpapiere in die Kapitalgesellschaft eingebracht, so unterliegt dieser Vorgang gemäß § 18 Abs. 2 Nr. 1 KVStG der Börsenumsatzsteuer, wobei diese Steuer neben der Gesellschaftsteuer erhoben wird (§ 26 KVStG).

III. Das Anwachsungsmodell

Die Überführung des von einer GmbH & Co. betriebenen Unternehmens auf ihre Komplementär-GmbH oder eine als Kommanditistin beteiligte Kapitalgesellschaft kann außer durch Einbringung oder durch Umwandlung nach dem Umwandlungsgesetz auch dadurch erfolgen, daß entweder sämtliche Gesellschafter mit Ausnahme der übernehmenden Kapitalgesellschaft – gegen oder unter Verzicht auf Abfindung – aus der GmbH & Co. ausscheiden und dabei vereinbaren, daß das Geschäft mit Aktiven und Passiven auf den verbleibenden Gesellschafter, d.h. die übernehmende Kapitalgesellschaft übergehen soll („klassisches" Anwachsungsmodell), oder daß die Kommanditisten ihre Kommanditanteile (Mitunternehmeranteile) im Wege der Sacheinlage in die aufnehmende Kapitalgesellschaft gegen Gewährung neuer Geschäftsanteile einbringen („erweitertes" Anwachsungsmodell, dazu unter 3.).

4 Ebenso Glade, DB 1980, S. 469; zum Wegfall des Erfordernisses der Vorlage einer Unbedenklichkeitsbescheinigung beim Handelsregister, vgl. FinMin Niedersachsen, BB 1980, S. 1571.

1. Handelsrechtliche Gestaltungsfragen

Die Vereinbarung, wonach sämtliche Gesellschafter mit Ausnahme der übernehmenden Kapitalgesellschaft aus der GmbH & Co. ausscheiden und das Geschäft mit Aktiven und Passiven auf den verbleibenden Gesellschafter übergehen soll, kann entweder ad hoc erfolgen (Übernahmevereinbarung) oder bereits im Gesellschaftsvertrag getroffen sein (Fortsetzungsklausel). In beiden Fällen wird die Gesellschaft mit dem Ausscheiden der Kommanditisten unter Ausschluß der Liquidation mit der Folge beendet, daß der Anteil der Ausgeschiedenen am Gesellschaftsvermögen der übernehmenden Kapitalgesellschaft kraft Gesetzes[5], d.h. ohne daß es hierzu besonderer Übertragungsakte wie Übereignung oder Auflassung bedarf, zuwächst[6].

Das Anwachsungsmodell läßt sich aber auch in den Fällen praktizieren, in denen zunächst nur eine gewöhnliche Personengesellschaft mit ausschließlich natürlichen Personen als Gesellschaftern besteht. In diesem Fall müssen die Gesellschafter zunächst eine Kapitalgesellschaft gründen, die alsdann in die KG als neuer Gesellschafter eintritt.

Handelsrechtlich hat das Anwachsungsmodell den Vorteil, daß bezüglich der einzelnen Gegenstände des Betriebsvermögens der „umgewandelten" GmbH & Co. Übertragungshandlungen weder nötig noch möglich sind. Insbesondere bedarf es keiner Auflassung der zum Gesellschaftsvermögen gehörenden Grundstücke; die ausscheidenden Gesellschafter haben lediglich der Berichtigung des Grundbuches zuzustimmen (vgl. § 894 BGB). Da eine Sacheinlage nicht vorliegt, entfällt auch die registergerichtliche Prüfung der angemessenen Bewertung des in die Kapitalgesellschaft einzubringenden Vermögens. Durch den Wegfall der Gründungsprüfung werden nicht nur Kosten erspart, sondern auch die Eintragung ins Handelsregister beschleunigt.

Dagegen liegt ein gewisser Nachteil des Anwachsungsmodells darin, daß im Gegensatz zur Betriebseinbringung oder zur Umwandlung nach dem Umwandlungsgesetz die Enthaftungsbestimmung des § 613a Abs. 2 BGB keine Anwendung findet[7]. Für die Nachhaftung der ausgeschiedenen Kommanditisten für Ansprüche aus Arbeitsverhältnissen der „umgewandelten" GmbH & Co. gelten also die allgemeinen Grundsätze[8].

2. Steuerrechtliche Beurteilung

a) Auswirkungen beim ausscheidenden Kommanditisten

Die mit dem Anwachsungsmodell verbundene ertragsteuerliche Problematik ist bis heute noch nicht abschließend geklärt. Rechtsprechung zu dieser Frage liegt,

5 § 738 BGB i.V.m. §§ 138, 142 HGB.
6 Vgl. BGHZ 32, S. 307.
7 Vgl. hierzu näher Hennerkes/Binz, Die GmbH & Co., 7. Aufl., München 1984, S. 477.
8 a.a.O., S. 94–119.

soweit ersichtlich, noch nicht vor. Einigkeit besteht lediglich insoweit, als auf die „Umwandlung" einer GmbH & Co. in eine Kapitalgesellschaft mittels des Anwachsungsmodells die Vorschriften des 6. Teils des Umwandlungssteuergesetzes keine Anwendung finden[9]; der Vorgang beurteilt sich vielmehr ausschließlich nach allgemeinen steuerrechtlichen Grundsätzen.

Damit ist die Frage gestellt, ob das Ausscheiden der Kommanditisten aus der GmbH & Co., das zu einer Anwachsung ihrer Anteile bei der übernehmenden Kapitalgesellschaft führt, als Gewinnrealisierungstatbestand zu werten ist. Wird diese Frage bejaht, stellt sich die weitere Frage, ob bei Fortführung der Buchwerte der GmbH & Co. durch die übernehmende Kapitalgesellschaft auf die Gewinnrealisierung verzichtet werden kann, wenn dafür die Anteile an der übernehmenden Kapitalgesellschaft als Betriebsvermögen ihrer Gesellschafter behandelt werden, so daß die Versteuerung der stillen Reserven im Fall jeglicher Veräußerung oder Entnahme der Anteile in das Privatvermögen gesichert ist.

aa) Gewinnrealisierung wegen Entnahme der Anteile?

Nach der ständigen Rechtsprechung des Bundesfinanzhofs[10] stellen die Anteile von Kommanditisten einer GmbH & Co. an der Komplementär-GmbH steuerlich notwendiges Sonderbetriebsvermögen der Kommanditisten dar, und zwar selbst dann, wenn die GmbH einen bedeutenden eigenen Geschäftsbetrieb unterhält. Wird nun die GmbH & Co. durch das Ausscheiden aller Kommanditisten in der Weise beendet, daß das von ihr betriebene Handelsgeschäft mit Aktiven und Passiven auf die Komplementär-GmbH im Wege der Anwachsung übergeht, so müssen unseres Erachtens die bisher zum notwendigen Sonderbetriebsvermögen der ausscheidenden Kommanditisten gehörenden GmbH-Anteile unter Ansatz des gemeinen Wertes (§ 6 Abs. 1 Nr. 4 EStG) und damit unter Einbeziehung der infolge des Anwachsens stattgefundenen Wertsteigerung als in das Privatvermögen überführt angesehen werden[11].

Indessen läßt sich die vorstehend aufgezeigte, mit der Überführung der Anteile an der Komplementär-GmbH in das Privatvermögen zwangsläufig verbundene Gewinnrealisierung leicht vermeiden. Die aufgezeigte Problematik stellt sich nämlich nur in denjenigen Fällen, in denen eine GmbH & Co. mit ihrer Komplementär-GmbH im Wege der Anwachsung verschmolzen werden soll. Anders verhält es sich dagegen, wenn die „Umwandlung" einer GmbH & Co. in eine Kapitalgesellschaft in der Weise gestaltet wird, daß sich der Übergang des Handelsgeschäftes mit Aktiven und Passiven auf eine eigens zu diesem Zweck neu gegründete Kapitalgesellschaft vollzieht. Beteiligt sich die Kapitalgesellschaft an der Kommanditgesellschaft lediglich als weiterer Kommanditist, findet die BFH-Rechtsprechung, wonach die Anteile an der Komplementär-GmbH zum notwendigen Sonderbetriebsvermögen der Kommanditisten rechnen, nämlich keine Anwendung. Eine Gewinnrealisierung wegen Entnahme der GmbH-Anteile entsteht folglich nicht.

---

9 Seithel, GmbH-Rdsch. 1978, S. 65 (66); Kramer, BB 1982, S. 1724; Krüger, NJW 1982, S. 2847.

10 BStBl. II 1968, S. 152; BStBl. II 1976, S. 188; BStBl. II 1980, S. 119; vgl. auch L. Schmidt, EStG, 3. Aufl., München 1984, § 15 Anm. 114.

11 So schon Thiel, WPg 1966, S. 43ff.; ähnlich auch Seithel, a.a.O., S. 67.

bb) Gewinnrealisierung wegen Betriebsveräußerung oder Betriebsaufgabe?

Sieht der Gesellschaftsvertrag vor, daß die ausscheidenden Gesellschafter ein Abfindungsguthaben nicht erhalten, oder verzichten die ausscheidenden Gesellschafter bei ihrem Ausscheiden auf das ihnen kraft Gesetzes oder Gesellschaftsvertrags zustehende Abfindungsguthaben gegenüber der Kommanditgesellschaft und ihren Mitgesellschaftern, so kommt weder die Annahme einer Betriebsveräußerung i. S. des § 16 EStG in Betracht, noch liegt eine Betriebsaufgabe i. S. des § 16 Abs. 3 Satz 1 EStG vor.

Scheiden demgegenüber die ursprünglichen Gesellschafter gegen Abfindung aus, dann entscheidet über die einkommensteuerrechtliche Auswirkung dieses Vorgangs die Höhe des Abfindungsguthabens[12]. Liegt das Abfindungsguthaben über dem Buchwert des Kapitalkontos, dann ist in Höhe der Differenz ein Veräußerungsgewinn realisiert, der nach den §§ 16 und 34 EStG dem ermäßigten Einkommensteuersatz unterliegt. Entspricht dagegen das Abfindungsguthaben der Höhe nach dem Buchwert des Kapitalkontos, so entsteht ein steuerbarer Veräußerungsgewinn nicht[13].

Eine Gewinnrealisierung unter dem Gesichtspunkt der Betriebsveräußerung oder Betriebsaufgabe entsteht folglich nicht, solange das Abfindungsguthaben den Buchwert nicht übersteigt.

cc) Gewinnrealisierung wegen Annahme eines Tausches?

Da unter einer Veräußerung jede gewinn- oder verlustverwirklichende entgeltliche Übertragung des wirtschaftlichen Eigentums auf eine andere Person zu verstehen ist, erfüllt grundsätzlich auch der Tausch den Begriff der Veräußerung i. S. des § 16 EStG[14]. Die Annahme eines Tausches setzt jedoch voraus, daß der ausscheidende Gesellschafter für den hingetauschten Gegenstand, nämlich für die Aufgabe seiner Beteiligung gegen Abfindung unter deren gemeinem Wert, von der verbleibenden Kapitalgesellschaft, auf die das Gesellschaftsvermögen im Wege der Anwachsung übergeht, eine über die Buchwertabfindung (= Entgelt) hinausgehende Gegenleistung erhält.

Daran fehlt es jedoch, da das Anwachsungsmodell lediglich zu einer Vermögensumschichtung in der Weise führt, daß sich der zuvor auf verschiedene Gesellschaften verteilende Beteiligungswert nach dem Ausscheiden auf die verbleibende, entsprechend werthaltigere Beteiligung an der Kapitalgesellschaft konzentriert. Die Werterhöhung der GmbH-Beteiligung ist aber keine Gegenleistung der Kapitalgesellschaft für das Ausscheiden des Gesellschafters aus der GmbH & Co.[15], so daß auch unter dem Gesichtspunkt des Tausches keine Gewinnrealisierung angenommen werden kann.

---

12 L. Schmidt, a. a. O., § 16 Anm. 80ff.
13 Ebenso Thiel, a. a. O., S. 43.
14 L. Schmidt, a. a. O., § 16 Anm. 4.
15 BStBl. III 1966, S. 110; BStBl. II 1975, S. 553.

dd) Gewinnrealisierung wegen verdeckter Einlage?

Scheiden die Gesellschafter unter Verzicht auf ein Abfindungsguthaben aus der GmbH & Co. aus, liegt in einem solchen Verzicht eine verdeckte Einlage[16]. Die Höhe der verdeckten Einlage bestimmt sich nach dem Betrag des Abfindungsguthabens, auf das der ausscheidende Gesellschafter nach dem Gesellschaftsvertrag Anspruch hatte. Insoweit wäre also eine Gewinnrealisierung gegeben.

Scheiden die Gesellschafter jedoch gegen Zahlung des gesellschaftsvertraglich vereinbarten Abfindungsguthabens aus der GmbH & Co. aus, kann eine verdeckte Einlage selbst dann nicht angenommen werden, wenn das Abfindungsguthaben den wirklichen Wert der Beteiligung des ausgeschiedenen Gesellschafters nicht erreicht. Dies folgt unmittelbar aus der Definition der verdeckten Einlage als Zuwendung eines Vorteils an die Kapitalgesellschaft, den ihr ein Nichtgesellschafter bei Anwendung der Sorgfalt eines ordentlichen Kaufmanns nicht eingeräumt hätte. Wenn gesellschaftsvertraglich die Buchwertabfindung ausscheidender Gesellschafter vereinbart ist, kann ein ausscheidender Gesellschafter eben nicht mehr als seine Buchwertabfindung verlangen; für die Annahme einer Vorteilszuwendung bleibt hier kein Raum[17].

Eine Gewinnrealisierung unter dem Gesichtspunkt der verdeckten Einlage ist demnach nicht gegeben, wenn die Gesellschafter gegen Zahlung des gesellschaftsvertraglich vereinbarten Abfindungsguthabens ausscheiden.

ee) Besteuerung bei Veräußerung der Anteile

Sind die Anteile an der übernehmenden Kapitalgesellschaft steuerrechtlich Privatvermögen – das ist dann der Fall, wenn die übernehmende Kapitalgesellschaft nicht Komplementär der GmbH & Co. ist –, werden sie durch das Ausscheiden der Gesellschafter aus der GmbH & Co. gegen Buchwertabfindung nicht zu deren Betriebsvermögen.

Da dieses Ausscheiden keine Gewinnrealisierung für den ausscheidenden Gesellschafter zur Folge hat, taucht die gelegentlich erörterte[18] Frage eines vorläufigen Verzichts auf die Besteuerung des realisierten Gewinns, eines Hinausschiebens dieser Besteuerung also, erst gar nicht auf; nur dieser vorläufige Verzicht rechtfertigt aber in den echten Umwandlungsfällen die Behandlung der Anteile an der übernehmenden Kapitalgesellschaft als sog. einbringungsgeborene Anteile und damit als Quasi-Betriebsvermögen.

ff) Zwischenergebnis

Der eigentliche Vorteil des Anwachsungsmodells liegt also darin, daß die Buchwerte fortgeführt werden und kein Gewinn realisiert wird. Diese Form der

---

16 Vgl. Kramer, a.a.O., S. 1724.

17 Etwas anderes könnte allenfalls dann gelten, wenn unter Änderung des Gesellschaftsvertrages kurze Zeit vor dem Ausscheiden anstelle einer höheren Abfindung die Buchwertabfindung vereinbart wurde.

18 z.B. Seithel, a.a.O., S. 66; Thiel, a.a.O., S. 44.

„Umwandlung" wird folglich erfolgsneutral behandelt[19]. Außerdem sind (mit den erwähnten Einschränkungen) die Anteile an der übernehmenden Kapitalgesellschaft steuerrechtlich Privatvermögen, so daß ihre Veräußerung nur im Rahmen des § 17 EStG der Besteuerung unterliegt.

b) Auswirkungen bei der übernehmenden GmbH

Der im Wege der Anwachsung unter Fortführung der steuerlichen Buchwerte der GmbH & Co. sich vollziehende Übergang der stillen Reserven im Betriebsvermögen der GmbH & Co. auf die übernehmende Kapitalgesellschaft führt bei dieser nicht zu steuerpflichtigen Einkünften. Dies gilt selbst dann, wenn man das Ausscheiden aus der GmbH & Co. gegen Buchwertabfindung – entgegen der hier vertretenen Ansicht – als Veräußerungsgeschäft des ausscheidenden Gesellschafters oder als verdeckte Einlage behandeln wollte[20].

c) Gesellschaftsteuer

aa) Ausscheiden gegen gesellschaftsvertraglich vereinbarte Abfindung

Beim Anwachsungsmodell ist gesellschaftsteuerlich die interessanteste Frage die, ob das Ausscheiden der Gesellschafter aus der GmbH & Co. gegen die gesellschaftsvertraglich vereinbarte Abfindung Gesellschaftsteuer nach § 2 Abs. 1 Nr. 4 KVStG („freiwillige Leistung") auslöst, weil im Zuge dieses Ausscheidens die Beteiligungen der ausscheidenden Gesellschafter auf die übernehmende Kapitalgesellschaft übergehen, ohne daß diese ein dem wirklichen Wert der übergehenden Beteiligungen entsprechendes Entgelt zu bezahlen hätte.

Die gesellschaftsrechtliche Abrede über die Abfindung ausscheidender Gesellschafter im Gesellschaftsvertrag der GmbH & Co. gilt für alle Gesellschafter, auch für die übernehmende Kapitalgesellschaft. Wenn sie dazu führt, daß das Abfindungsguthaben eines ausscheidenden Gesellschafters unter dem wirklichen Wert seiner Beteiligung liegt, werden folglich alle verbleibenden Gesellschafter im Verhältnis ihrer Beteiligung an der GmbH & Co. durch eine solche gesellschaftsrechtliche Abrede begünstigt. Da beim Abschluß des Gesellschaftsvertrages im allgemeinen nicht zu übersehen ist, welche Gesellschafter ausscheiden bzw. welche Gesellschafter durch dieses Ausscheiden begünstigt werden, kann in der Regel auch nicht gesagt werden, bereits in der Vereinbarung eines Abfindungsguthabens ausscheidender Gesellschafter unter dem wirklichen Wert liege eine freiwillige Leistung i. S. des § 2 Abs. 1 Nr. 4 KVStG an die übernehmende Kapitalgesellschaft.

Auch das Ausscheiden der Gesellschafter aus der GmbH & Co. und der damit verbundene Übergang ihrer Beteiligungen auf die übernehmende Kapitalgesell-

19 So Knobbe-Keuck, Bilanz- und Unternehmenssteuerrecht, 4. Aufl., Köln 1983, S. 513ff.; Krüger, a. a. O., S. 2849; anderer Ansicht L. Schmidt, a. a. O., § 16 Anm. 93; Widmann/Mayer, Umwandlungsrecht, Bonn 1984, RdNr. 7592.1.

20 Herrmann/Heuer/Raupach, EStG, Köln 1984, § 16 RdNr. 399; Böttcher, a. a. O., S. 194.

schaft ist keine freiwillige Leistung i.S. des § 2 Abs. 1 Nr. 4 KVStG. Diese Vorschrift unterwirft nur bestimmte freiwillige Leistungen der Gesellschaftsteuer, nämlich Zuschuß, Verzicht auf Forderungen, Überlassung von Gegenständen unter Preis und Übernahme von Gegenständen über Preis. Das Ausscheiden der Gesellschafter einer GmbH & Co. gegen die gesellschaftsvertraglich vereinbarte Abfindung und der damit verbundene Übergang ihrer Beteiligungen auf die übernehmende Kapitalgesellschaft fällt aber unter keinen dieser vier Tatbestände:

- Ein Zuschuß ist nicht gegeben, weil die ausscheidenden Gesellschafter bei ihrem Ausscheiden keine Geldleistungen an die Kapitalgesellschaft erbringen[21].
- Ein Verzicht auf Forderungen liegt nicht vor, da die ausscheidenden Gesellschafter über die gesellschaftsvertraglich vereinbarte Abfindung hinaus keinen Anspruch gegen die GmbH & Co. oder gegen die übernehmende Kapitalgesellschaft haben, der Gegenstand eines Verzichtes sein könnte[22].
- Eine Überlassung von Gegenständen unter Preis kann nicht angenommen werden, da die ausscheidenden Gesellschafter der übernehmenden Kapitalgesellschaft bei ihrem Ausscheiden keine Gegenstände überlassen; Gegenstände des Betriebsvermögens der GmbH & Co. gehören nicht den einzelnen Gesellschaftern zum Alleineigentum und die Mitgliedschaftsstellung geht als Rechtsfolge des Ausscheidens unter[23].

bb) Ausscheiden unter Verzicht auf die gesellschaftsvertraglich vereinbarte Abfindung

Ganz anders liegen die Dinge natürlich dann, wenn die ausscheidenden Gesellschafter zunächst gegen die gesellschaftsvertragliche Abfindung aus der GmbH & Co. ausscheiden, später aber gegenüber der übernehmenden Kapitalgesellschaft auf diese Abfindung verzichten. In einem solchen Fall ist selbstverständlich ein Verzicht auf eine Forderung i. S. des § 2 Abs. 1 Nr. 4 KVStG gegeben, der Gesellschaftsteuer auslöst[24].

cc) Gesellschaftsteuerbefreiung nach § 7 Abs. 3 Nr. 1 KVStG?

Nach der hier vertretenen Auffassung wird durch das Ausscheiden der Kommanditisten gegen Zahlung der gesellschaftsvertraglich vereinbarten Abfindung unter keinem rechtlichen Gesichtspunkt Gesellschaftsteuer ausgelöst[25]. Für die Gegenansicht[26], die den Tatbestand des § 2 Abs. 1 Nr. 4 KVStG als erfüllt ansieht,

21 Vgl. Boruttau/Schadeck, KVStG, S. 91.
22 a.a.O.
23 Zustimmend Böttcher/Zartmann/Kandler, Wechsel der Unternehmensform, 4. Aufl., Stuttgart, Wiesbaden 1982, S. 342.
24 Ebenso Seithel, a.a.O., S. 65; Krüger, a.a.O., S. 2847; Thiel, a.a.O., S. 44.
25 Ebenso Böttcher/Zartmann/Kandler, a.a.O.
26 z.B. Schürmann/Beyer, ZGR 1981, S. 73; Seithel, a.a.O.; Glade, GmbH-Rdsch. 1978, S. 210; Costede, GmbH-Rdsch. 1980, S. 45 Fn. 81.

stellt sich die Frage, ob möglicherweise die Steuerbefreiung nach § 7 Abs. 3 Nr. 1 KVStG eingreift, wonach der Erwerb von Gesellschaftsrechten von der Gesellschaftsteuer befreit ist, wenn und soweit dieser auf der Umwandlung einer Kapitalgesellschaft in eine Kapitalgesellschaft anderer Rechtsform „beruht", so daß dann im Ergebnis ebenfalls keine Gesellschaftsteuerpflicht entstünde.

Die Finanzverwaltung, die das Anwachsungsmodell als „Umwandlung eigener Art" früher als steuerfrei angesehen hat, steht nunmehr auf dem entgegengesetzten Standpunkt und will die Anwachsung nicht als Umwandlung i. S. des § 7 Abs. 3 Nr. 1 KVStG anerkennen[27]. Der BFH hat sich im Urteil vom 15. 2. 1984[28] dieser Ansicht im Ergebnis angeschlossen. Als Begründung führt er aus, daß § 7 Abs. 3 Nr. 1 KVStG lediglich eine EG-Richtlinie[29] in nationales Recht umsetze und bei richtlinienkonformer Auslegung dieser Bestimmung eine Umwandlung nur vorliege, wenn eine Gesellschaft neu gegründet werde, nicht dagegen, wenn Vermögen einer bereits bestehenden Kapitalgesellschaft anwachse. Gleichzeitig kommt der BFH jedoch zu dem Ergebnis, daß auch die Anwachsung ein „Übertragen" i. S. des § 9 Abs. 2 Nr. 3 KVStG darstelle und deshalb der Umwandlungsvorgang, auch soweit die Komplementär-GmbH selbst an der KG beteiligt sei[30], nur dem ermäßigten Steuersatz von 0,5% unterliege.

Wir können uns dieser Rechtsprechung des BFH jedoch nicht anschließen und sind vielmehr der Auffassung, daß sogar eine im Zuge des Ausscheidens von Kommanditisten vorgenommene Kapitalerhöhung bei der Komplementär-GmbH letztlich auf der Umwandlung (im weiteren Sinne) der GmbH & Co. in eine GmbH „beruht" und deshalb steuerfrei ist, so daß das bloße Ausscheiden – ohne gleichzeitige Erhöhung des Stammkapitals bei der Komplementär-GmbH – erst recht keine Gesellschaftsteuer auslösen kann[31].

d) Schenkungsteuer

Schenkungen unter Lebenden unterliegen nach § 1 Abs. 1 ErbStG der Schenkungsteuer. Die Anwachsung steht grundsätzlich dem Übergang einer Beteiligung gleich[32], allerdings mit der Besonderheit, daß es sich um „Zuwendungen" an eine Kapitalgesellschaft handelt, wobei zwischen „Zuwendenden" und Gesellschaftern Personenidentität besteht. Leistungen zwischen Kapitalgesellschaft und den Gesellschaftern haben ihre Grundlage regelmäßig in dem Gesellschaftsverhältnis. Bei freiwilligen Leistungen der Gesellschafter an die Kapital-

27 Wenn schon die Einbringung von Kommanditanteilen gegen Gewährung von Gesellschaftsrechten als reine Umorganisation und nicht als Umwandlung i. S. des § 7 Abs. 3 Nr. 1 KVStG beurteilt werde, müsse dies erst recht für eine Umorganisation durch Anwachsung gelten; Erlaß FinMin Nordrhein-Westfalen vom 9. 8. 1972, DB 1972, S. 1560. Vgl. auch Schürmann/Beyer, a. a. O., S. 74.

28 DB 1984, S. 967.

29 Art. IV Abs. 3 lit. a) der EG-Richtlinie vom 17. 7. 1969 betreffend die indirekten Steuern auf die Ansammlung von Kapital (69/335/EWG; ABl. vom 3. 10. 1969 Nr. L 249/25).

30 Vgl. hierzu Erlaß des FinMin Niedersachsen vom 8. 3. 1984, BB 1984, S. 662.

31 Gleicher Ansicht FG Hamburg, EFG 1980, S. 199; FG Niedersachsen, EFG 1983, S. 79.

32 Vgl. Kapp, Erbschaftsteuergesetz, Köln 1984, § 7 RdNr. 195.

gesellschaft erhöht sich im gleichen Maß der Wert der Gesellschaftsrechte, so daß eine steuerpflichtige Zuwendung nicht anzunehmen ist[33].

e) *Umsatzsteuer*

Der Übergang eines Handelsgeschäftes eines Personenunternehmens auf den letzten Gesellschafter im Wege der Anwachsung stellt gemäß den §§ 738 BGB, 142 HGB keinen Leistungsaustausch und damit auch keine umsatzsteuerliche Geschäftsveräußerung im ganzen dar. Durch die „Umwandlung" einer GmbH & Co. in eine Kapitalgesellschaft im Wege der Anwachsung entsteht folglich keine Umsatzsteuer[34].

f) *Grunderwerbsteuer*

Hat das untergehende Personenunternehmen Grundvermögen, dann löst dessen Übergang auf die Kapitalgesellschaft im Wege der Anwachsung Grunderwerbsteuer aus. Nach § 1 Abs. 1 Nr. 3 GrEStG unterliegt der Übergang des Eigentums an einem Grundstück auch dann der Grunderwerbsteuer, wenn kein den Anspruch auf Übereignung begründendes Rechtsgeschäft vorausgegangen ist und es auch keiner Auflassung bedarf[35].

Fraglich ist jedoch, nach welchem Maßstab sich in diesen Fällen die Höhe der Grunderwerbsteuer bestimmt. Nach § 8 GrEStG wird die Steuer vom Wert der Gegenleistung oder, wenn eine solche nicht vorhanden oder nicht zu ermitteln ist, vom Wert des Grundstücks, also von dem meist recht niedrig liegenden Einheitswert berechnet (§ 10 GrEStG). Unseres Erachtens kann die Frage der Entgeltlichkeit für die einzelnen Verkehrsteuerarten nur einheitlich beantwortet werden. Fehlt es umsatzsteuerrechtlich an einem Entgelt, so kann auch grunderwerbsteuerrechtlich nicht von einem Entgelt, geschweige denn von dem spezielleren Begriff der „Gegenleistung" ausgegangen werden.

Der BFH hat demgegenüber entschieden[36], daß die Grunderwerbsteuer in Anwachsungsfällen grundsätzlich vom Wert der Gegenleistung zu berechnen sei, wobei sich der Wert der Gegenleistung nach dem Wert der Abfindung der ausscheidenden Gesellschafter zuzüglich des Wertes der Gesellschaftsschulden und des Wertes des bisherigen Gesellschaftsanteils des übernehmenden Gesellschafters bemesse. Für den noch nicht entschiedenen Fall, daß die Gesellschafter auf eine Abfindung verzichtet haben, sind wir jedoch der Auffassung, daß die Grunderwerbsteuer generell nach dem Einheitswert des Grundstücks zu bemes-

---

33 Troll, Erbschaftsteuergesetz, München 1984, § 7 RdNr. 30 lit. a; Kapp, a.a.O., RdNr. 199.3.
34 BFH vom 12. 3. 1964, BStBl. III 1964, S. 290; Seithel, a.a.O.; Glade, a.a.O., S. 209; Krüger, a.a.O.
35 Vgl. Krüger, a.a.O.; Schürmann/Beyer, a.a.O., S. 74.
36 BStBl. II 1977, S. 671.

sen ist, sofern die ausscheidenden Gesellschafter zugleich Gesellschafter der übernehmenden Kapitalgesellschaft sind[37].

g) Börsenumsatzsteuer

Die Gesellschaftsanteile der Kommanditisten gehen mit deren Ausscheiden aus der Gesellschaft unter. Dieser Vorgang unterliegt nach einhelliger Ansicht nicht der Börsenumsatzsteuer, da es an einem Anschaffungsgeschäft über Wertpapiere i.S. des § 18 KVStG fehlt, wenn dieses nicht die Anschaffung, sondern den Untergang von Wertpapieren zum Inhalt hat[38].

Sind in dem Betriebsvermögen der GmbH & Co. Wertpapiere enthalten, so liegt in der Anwachsung des Betriebsvermögens ein Fall „automatischen Entgelts" vor, der gemäß § 18 Abs. 1 KVStG der Börsenumsatzsteuer unterliegt[39]. Legt man jedoch hinsichtlich der verkehrsteuerlichen Beurteilung der Anwachsung die Umsatzsteuerrechtsprechung des BFH zugrunde, wonach es in derartigen Fällen an einem entgeltlichen Leistungsaustausch fehlt, dann ist klar, daß auch für die Börsenumsatzsteuer ein „entgeltlicher" Vertrag nicht anzunehmen ist, eine Besteuerung also insgesamt entfällt.

3. Das „erweiterte" Anwachsungsmodell

Wegen der bislang noch nicht höchstrichterlich geklärten Frage der Gewinnrealisierung beim „klassischen" Anwachsungsmodell wird in der Literatur[40] vereinzelt empfohlen, das „klassische" Anwachsungsmodell dahin zu erweitern, daß die Kommanditisten ihre Kommanditanteile (Mitunternehmeranteile) im Wege der Sacheinlage in die aufnehmende GmbH gegen *Gewährung neuer Geschäftsanteile* einbringen (sog. erweitertes Anwachsungsmodell). In diesem Fall ist der Tatbestand des § 20 Abs. 1 UmwStG unstreitig erfüllt und damit die Erfolgsneutralität des Vorganges gesichert[41]. Nach § 20 Abs. 2 UmwStG kann die aufnehmende Kapitalgesellschaft nämlich die Buchwerte der auf sie übergehenden Wirtschaftsgüter fortführen und damit eine Gewinnrealisierung vermeiden.

Das erweiterte Anwachsungsmodell hat allerdings außer der Zusatzbelastung mit der auf die Kapitalerhöhung entfallenden Gesellschaftsteuer den Nachteil, daß es sich bei den im Zuge der Einbringung der Kommanditanteile in die GmbH neu geschaffenen Geschäftsanteilen um *einbringungsgeborene Anteile* i.S. des

---

37 Der Umstand allein, daß ihnen aus einer Kapitalerhöhung im Fall der Aktiengesellschaft junge Aktien und im Fall der GmbH neue Geschäftsanteile übertragen werden, kann schon deshalb eine Gegeleistung i.S. des § 8 GrEStG nicht begründen, weil mit der Ausgabe der Aktien bzw. Geschäftsanteile nichts aus dem Vermögen der übernehmenden Gesellschaft abfließt.

38 BFH vom 13. 2. 1980, DB 1980, S. 1197.

39 BFH vom 8. 5. 1974, BStBl. II 1974, S. 470.

40 Böttcher/Zartmann/Kandler, a.a.O., S. 245.

41 Böttcher/Zartmann/Kandler, a.a.O.; ebenso Knobbe-Keuck, a.a.O., S. 513.

§ 21 UmwStG handelt. Bei diesen wird ein später erzielter Veräußerungsgewinn – unabhängig von der Beteiligungsquote und davon, ob sich die Anteile im Privat- oder Betriebsvermögen befinden – der Einkommensteuer unterworfen.

Insgesamt bietet aber auch das „erweiterte" Anwachsungsmodell eine steuerlich durchaus interessante Möglichkeit der Umwandlung einer GmbH & Co. in eine Kapitalgesellschaft. Die Klassifizierung der neu geschaffenen Geschäftsanteile als einbringungsgeborene Anteile i. S. des § 21 UmwStG ist nämlich kein wirklicher Nachteil, da auch beim „klassischen" Anwachsungsmodell nach dem derzeitigen Stand der Diskussion eine analoge Anwendung von § 21 UmwStG nicht auszuschließen ist. Das „erweiterte" Anwachsungsmodell nimmt also möglicherweise nur das an Steuerbelastung vorweg, was dem „klassischen" Modell eines Tages ohnehin drohen könnte.

IV. Zusammenfassung

Die Umwandlung einer GmbH & Co. in eine Kapitalgesellschaft im Wege der Anwachsung stellt eine in jeder Hinsicht vorteilhafte Alternative zur Umwandlung durch Betriebseinbringung oder aufgrund des Umwandlungsgesetzes dar. Wie gezeigt wurde, stehen den zivilrechtlichen Vorteilen des Anwachsungsmodells auch steuerrechtliche Vorteile zur Seite, deren Umfang allerdings noch nicht höchstrichterlich abgesichert ist.

Zum „Dotierungsrahmen“ für die betriebliche Altersversorgung

Georg Heubeck*

1. Die Behandlung des „Dotierungsrahmens“ in der Rechtsprechung des BAG

Das BAG hat bekanntlich in den drei Grundsatzentscheidungen vom 12. 6. 1975 (3 ABR 13/74, 3 ABR 137/73 und 3 ABR 66/74, AP Nrn. 1 bis 3 zu § 87 BetrVG 1972 Altersversorgung mit Anmerkungen von Richardi, Steindorff und Blomeyer) klargestellt, daß der Arbeitgeber bei der Gestaltung der betrieblichen Altersversorgung in vierfacher Hinsicht frei ist, und zwar bei der Entscheidung,

- ob er finanzielle Mittel für eine betriebliche Altersversorgung zur Verfügung stellt,
- in welchem Umfang er dies ggf. tut,
- welche Versorgungsform er wählt und
- welchen Arbeitnehmerkreis er versorgen will.

In bezug auf diese vier „Parameter“ ist in der betrieblichen Altersversorgung ein Mitbestimmungsrecht des Betriebsrates nach § 87 BetrVG nicht gegeben. Der sog. „Dotierungsrahmen“ (der Dritte Senat, der diesen Ausdruck aus einer Entscheidung des Ersten Senates vom 13. 3. 1973, AP Nr. 1 zu § 87 BetrVG 1972 Werkmietwohnungen, übernommen hat, spricht auch von „finanzieller Grundausstattung“) betrifft offenbar mindestens die Frage, in welchem Umfang der Arbeitgeber, der sich zu Leistungen der betrieblichen Altersversorgung entschlossen hat, solche betrieblichen Versorgungsleistungen gewähren will. Diese Entscheidung ist, wie auch die Ausgangsentscheidung, ob er überhaupt Versorgungsleistungen in irgendeiner Form gewähren will, ausschließlich Sache des Arbeitgebers. Ebenso wird der Freiheitsgrad des Arbeitgebers, in welchem Umfang er finanzielle Mittel zur Verfügung stellen will, im 3. Leitsatz der BAG-Entscheidung 3 ABR 13/79 mit der Kurzbezeichnung „Dotierungsrahmen“ – gewissermaßen als terminus technicus – beschrieben, wenn es dort heißt: „Innerhalb des ... abgegrenzten Rahmens hat der Betriebsrat bei der Gestaltung der betrieblichen Altersversorgung mitzubestimmen. Dazu gehört auch die Gestaltung des ‚Leistungsplanes‘, soweit nicht durch den *Dotierungsrahmen* die Grundform der Altersversorgung und die Abgrenzung des begünstigten Personenkreises berührt werden.“ Das heißt insbesondere aber auch, daß die Gestaltung des Leistungsplanes, also die Frage, wie der vom Arbeitgeber festgelegte Rahmen im einzelnen ausgefüllt wird, dem ausdrücklichen Mitbestimmungsrecht des Betriebsrates unterliegt.

* Den Herren Dipl.-Math. Engbroks, Dr. rer. pol. Löcherbach und Dr. jur. Pauly danke ich sehr herzlich für ihre Mitarbeit.

Zivil-, Steuer- und Unternehmensrecht
Hrsg.: Fachinstitut für Steuerberater e. V.

In bezug auf den hier im folgenden näher zu untersuchenden „Dotierungsrahmen“ hat das BAG weiter klargestellt, daß auch das grundsätzlich anerkannte Initiativrecht des Betriebsrates (vgl. dazu den Beschluß 3 ABR 13/74 a. a. O., Blatt 245 R) nicht dazu führen kann, daß die seitens des Arbeitgebers mit seiner Entscheidung über den Umfang des „Dotierungsrahmens“ (oder den Kreis der begünstigten Arbeitnehmer) verfolgten Zwecke durch den Betriebsrat nach dessen Vorstellungen verschoben werden können. So ist der Betriebsrat gehalten, dem Arbeitgeber konkrete Vorschläge zu unterbreiten, will er sich für eine Änderung – etwa eine Umverteilung der vorgesehenen Versorgungsmittel – einsetzen. Eine teilweise (bei einzelnen Arbeitnehmergruppen) angestrebte Verbesserung kann Kürzungen an anderen Stellen des Leistungsplanes bedingen. Der Betriebsrat kann mithin nicht gegen den Willen des Arbeitgebers durch gezielte Änderungsanträge eine Ausdehnung eines vom Arbeitgeber vorgegebenen „Dotierungsrahmens“ erzwingen.

Die Frage nach dem „Dotierungsrahmen“ stellt sich in der Praxis demnach also dann, wenn das Mitbestimmungsrecht ausgeübt werden soll. Hierbei kommt es nicht auf die Bestimmung des „Dotierungsrahmens“ als absoluter Größe an, sondern auf den Vergleich der durch unterschiedliche Leistungspläne bewirkten finanziellen Auswirkungen.

Aus der zitierten BAG-Entscheidung (3 ABR 13/79) ergibt sich überdies ein Mitbestimmungsrecht lediglich im Rahmen des vom Arbeitgeber zu bestimmenden Durchführungsweges. Entsprechend stellt sich die Frage nach dem „Dotierungsrahmen“ nur innerhalb jeweils eines Durchführungsweges, d.h. nicht trägerübergreifend.

Zur Einschränkung einer bestehenden Altersversorgung hat das BAG schon in der Entscheidung 3 ABR 13/74 vom 12. 6. 1975 (AP Nr. 1 zu § 87 BetrVG 1972 Altersversorgung) zwar klar gesagt, daß diese, ausgehend von der grundsätzlichen Freiheit des Arbeitgebers bezüglich der Einführung einer betrieblichen Altersversorgung, auch der freien unternehmerischen Entscheidung unterliegt (gleiches gilt für die Erweiterung, die in der Regel jedoch keine Probleme aufwerfen dürfte). Die – als solche – mitbestimmungsfreie Reduktion des ursprünglich festgelegten, vom BAG nicht näher definierten „Dotierungsrahmens“ bedingt jedoch fast immer eine Änderung auch des Leistungsplanes, so daß im Endergebnis die Mitbestimmung des Betriebsrates aus § 87 BetrVG Platz greift.

Die Reduktion des „Dotierungsrahmens“ ist hierbei nicht explizit zu quantifizieren. Wie oben ist lediglich zu den, ob im Rahmen der Mitbestimmung angestrebte Leistungsplanänderungen die durch den Arbeitgeber vorgegebenen reduzierten finanziellen Rahmenbedingungen nicht überschreiten.

Allerdings besagt die eventuelle Mitbestimmungsfreiheit einer Änderungsmaßnahme noch nichts darüber, inwieweit sich aus allgemeinen arbeitsrechtlichen Gründen Grenzen bei der Einschränkung vorhandener betrieblicher Versorgungsordnungen ergeben können. Solche arbeitsrechtliche Begrenzungen für die einseitige Änderungsbefugnis betrieblicher Versorgungszusagen durch den Arbeitgeber ergeben sich insbesondere aus dem Gedanken des Vertrauensschutzes (Besitzstand) und dem in der höchstrichterlichen Rechtsprechung zunehmend betonten Entgeltcharakter betrieblicher Versorgungsleistungen, wie die

Rechtsprechung des BAG zum Widerruf von Versorgungszusagen und zur Zulässigkeit sog. ablösender Betriebsvereinbarungen zeigt (vgl. BAG vom 18. 5. 1977, Der Betrieb 1977, S. 1655, BAG vom 17. 1. 1980, Der Betrieb 1980, S. 1399, sowie BAG vom 8. 12. 1981, Der Betrieb 1982, S. 46ff.). Die Frage nach dem frei festlegbaren Dotierungsrahmen stellt sich hier also nicht mehr.

Wenngleich das Mitbestimmungsrecht des Betriebsrates trotz der grundsätzlichen Freiheit des Arbeitgebers in den genannten vier Grundentscheidungen auf dem Wege über die Mitwirkung im Rahmen der Gestaltung des Leistungsplanes oder aus Anlaß der gewählten Rechtsform der betrieblichen Versorgungsordnung durchaus zu beachten sein wird, so werden an anderen Stellen die Konsequenzen der vom BAG anerkannten Mitbestimmungsfreiheit bei der Einführung betrieblicher Versorgungssysteme deutlich: Da der Arbeigeber nicht nur frei ist in der ursprünglichen Festlegung des Kreises der von den Versorgungsleistungen begünstigten Arbeitnehmer, ist er auch berechtigt, die betriebliche Versorgungsregelung für Neuzugänge zu schließen. Bedenken im Hinblick auf den Gleichbehandlungsgrundsatz sind insoweit nicht anzuerkennen (so auch Blomeyer/Otto, Kommentar zum BetrAVG, 1984, Einleitung Anm. 370; Höfer/Abt, Kommentar zum BetrAVG, 1982, Arbeitsrechtlicher Grundriß Anm. 169, 212f.; Höhne in Heubeck/Höhne/Paulsdorff/Rau/Weinert, Kommentar zum BetrAVG, 1982, § 1 Anm. 234d). Das vom BAG schon vor den drei Grundsatzentscheidungen vom 12. 6. 1975 anerkannte Stichtagsprinzip (vgl. BAG vom 6. 6. 1974, AP Nr. 165 zu § 242 BGB Ruhegehalt sowie BAG vom 8. 12. 1977, AP Nr. 176 zu § 242 BGB Ruhegehalt) würde unterlaufen, wollte man diese Freiheit des Arbeitgebers unter Berufung auf den Grundsatz der Gleichbehandlung einschränken.

Ein den Sachverhalt vertiefender Aspekt tritt in der von Meilicke erstrittenen Grundsatzentscheidung (BVerfG, Beschluß vom 19. 10. 1983 – 2 BvR 298/81, Der Betrieb 1984, S. 190) zutage, nämlich die Frage, ob und inwieweit ein Dotierungsrahmen im Zeitablauf gültig bleiben muß und Bestand hat.

Auch ohne Änderung des konkreten Leistungsplanes und des gesetzlichen und rechtlichen Umfeldes ist der „Dotierungsrahmen", wenn man ihn als Summe finanzieller jeweils in der Zukunft liegender Auswirkungen versteht, eine zeitabhängige Größe, d.h. er ist vom Zeitpunkt seiner Feststellung abhängig. Dies ist auf die sich im Zeitablauf i.a. wandelnde Beurteilung wirtschaftlicher Gegebenheiten zurückzuführen.

Die praktische Relevanz der Frage nach dem „Dotierungsrahmen" einer bestehenden Versorgungseinrichtung bestätigt auch das BVerfG-Urteil vom 12. 3. 1975 (DB 1975, S. 598). Es erging für die gesetzliche Rentenversicherung und verpflichtete unter Beachtung der verfassungsrechtlichen Gleichberechtigungs- und Gleichbehandlungsgrundsätze (Art. 3 Abs. 2 und 3 GG) den Gesetzgeber, innerhalb von 10 Jahren bei der Hinterbliebenenversorgung die Witwer von rentenberechtigten Ehefrauen den Witwen von rentenberechtigten Ehemännern gleichzustellen. Vielfach wurde daraus geschlossen, daß auch eine gleichgünstige Hinterbliebenenversorgung für Witwer eingeführt werden müßte, wie sie für Witwen besteht. Bereits die Andeutungen über die Vorbereitungen der Gesetzeshelfer lassen erkennen, daß auch eine für beide Kategorien gleich*schlechte* Lösung das verfassungsrechtliche Erfordernis der Gleichberechtigung und das Petitum der Gleichbehandlung erfüllt. Wie viel mehr muß dies dann im

Bereich der betrieblichen Altersversorgung gelten, entgegen dem Urteil des LAG Hamburg vom 11. 1. 1984 (Az 4 Sa 113/83 – DB 1984, S. 1202), das zwar die Witwerrente für Versorgungsfälle vor dem 1. 1. 1985 ablehnt, weil sie bisher in der Versorgungsordnung der Firma nicht vorgesehen war, andererseits aber ausführt: „Die Beklagte ist jedoch darauf hinzuweisen, in ihrer Versorgungsordnung für alle ab dem 1. 1. 1985 eingetretenen Versorgungsfälle eine Witwerrente vorzusehen." Mitnichten! Dem Gleichbehandlungsgebot kann auch dadurch entsprochen werden, daß die Hinterbliebenenrente für beide Geschlechter abgeschafft oder durch Anrechnungsvorschriften soweit eingeschränkt wird, daß sie kaum mehr anfällt. In der gesetzlichen Rentenversicherung wird die Einführung der erweiterten Witwerrente unter dem Postulat der „Kostenneutralität" – gemeint ist die Konstanz der Kosten gegenüber den bisherigen Kosten der Hinterbliebenenversorgung –, also eines gleichbleibenden „Dotierungsrahmens", diskutiert. Weshalb nicht auch bei der betrieblichen Altersversorgung? Denn das berechtigte Interesse der Unternehmen an der Einhaltung des ursprünglichen „Dotierungsrahmens", d. h. an der Konstanz der aus der betrieblichen Altersversorgung resultierenden finanziellen Belastungen, ist nicht weniger schutzwürdig als das Interesse des Staates.

Der bestehende „Dotierungsrahmen" könnte zur Besitzstandswahrung durchaus mit einem völligen Wegfall der Hinterbliebenenrente und dafür einer Erhöhung der Leistungen für aktive Beschäftigte sowie Rentner aufrechterhalten werden. Dazu bedarf es wiederum der quantifizierenden Bewertung der bestehenden und einer eventuellen neuen Leistungsordnung. Dabei sollte klar sein – wie auch das Wort „Dotierungsrahmen" erkennen läßt –, daß finanzielle Maßstäbe anzulegen sind, also für subjektive qualitative Bewertungen vom Standpunkt des Leistungsempfängers aus kein Raum ist.

Nach alledem soll der im Zusammenhang mit Mitbestimmungsfragen verwendete Begriff „Dotierungsrahmen" ermöglichen, die finanziellen Auswirkungen unterschiedlicher Leistungspläne für jeweils *einen* Träger, *einen* Zeitpunkt und *einen* Personenkreis insoweit zu quantifizieren, daß entschieden werden kann, ob eine angestrebte Änderung eines Leistungsplanes den vorgesehenen „Dotierungsrahmen" einhält oder nicht.

Damit ist zugleich die Aufgabe für den Mathematiker umrissen.

2. Definition des Dotierungsrahmens

Demnach könnte man also sagen:

Der Dotierungsrahmen der betrieblichen Altersversorgung eines Unternehmens ist die Gesamtheit der finanziellen Auswirkungen der betrieblichen Altersversorgung auf das Unternehmen im Zeitablauf.

Der Dotierungsrahmen ist nach überprüfbaren Methoden zu bestimmen. Die subjektive Beurteilung verschiedener Leistungspläne durch den berechtigten Arbeitnehmer ist für die Bestimmung des Dotierungsrahmens rechtlich unerheblich (wenn auch für die Praxis sehr bedeutsam). In Abhängigkeit vom Träger der betrieblichen Altersversorgung ergeben sich der Art nach folgende finanzielle Auswirkungen:

a) bei unmittelbaren Pensionsverpflichtungen
Rentenzahlungen, PSV-Beitragszahlungen, Verwaltungskosten und ggf. Beiträge zu einer Risikorückdeckungsversicherung als liquiditätsverändernde Wirkungen,
Zuführung/Auflösung von Pensionsrückstellungen als liquiditätsneutrale (unbare) Erfolgswirkung,

b) bei Direktversicherung/Pensionskasse
Versicherungsbeitragszahlungen, Verwaltungskosten, Zinszahlungen und PSV-Beiträge bei Beleihung der Versicherungen abzüglich Darlehensänderung als liquiditätsverändende Wirkungen und Darlehensänderung selbst als liquiditätsneutrale Wirkung,

c) und bei Unterstützungskassen
Zuwendungen (abzüglich Darlehensveränderungen), PSV-Beitragszahlungen und Zinszahlungen für UK-Darlehen als liquiditätsverändernde Wirkungen sowie die Darlehensveränderung als liquiditätsneutrale Erfolgswirkung.

Neben diesen explizit in den Jahresabschlüssen des Unternehmens nachweisbaren finanziellen Auswirkungen ergeben sich mittelbare finanzielle Auswirkungen aufgrund der Beeinflussung der steuerlichen Bemessungsgrundlagen durch die vorstehend beschriebenen Positionen und wegen der durch diese bewirkten Änderung der Kapitalstruktur, die beispielsweise den Fremdkapitalbedarf (und damit Zinsaufwendungen) beeinflussen können.

Die Bestimmung des Dotierungsrahmens läuft demnach auf eine Prognose der erwähnten finanziellen Auswirkungen hinaus. Ergebnis dieser Prognose sind mehrere Zeitreihen, d.h. Beschreibungen der Verläufe dieser Auswirkungen in Abhängigkeit von der Zeit. Das Rüstzeug zur Bestimmung derartiger Zeitreihen liefert die Mathematik:

Die den Dotierungsrahmen darstellenden Zeitreihen sind, da sie vom Lebensschicksal der Berechtigten und von einer ganzen Reihe betriebsbezogener und externer Einflüsse abhängen, im Einzelfall ungewiß. Hinsichtlich der biometrischen Entwicklung der Bestände lassen sich bei Inanspruchnahme entsprechender versicherungsmathematischer und statistischer Methoden zuverlässige Prognosen der Bestandsentwicklung einschließlich zufallsbedingter Bandbreiten hierfür herleiten. Die übrigen internen und externen Prämissen sind bei der Darstellung des Dotierungsrahmens mit anzugeben und nach Möglichkeit in ihrer Bedeutung für die ermittelten Zahlenreihen zu erläutern (Sensitivitäts-Analyse).

Die Ermittlung des Dotierungsrahmens bezieht sich zunächst auf den am Beobachtungsstichtag vorhandenen Bestand; bei den für den künftigen Neuzugang offenen Versorgungswerken ist außerdem eine Einbeziehung der erwarteten künftigen Begünstigten angezeigt. In diesem Falle läßt sich die Darstellung des Dotierungsrahmens durch eine Analyse des sogenannten Beharrungszustandes abrunden, der gewissermaßen den Grenzwert der finanziellen Auswirkung beschreibt.

Bestandteil der Wahl des Trägers und damit mitbestimmungsfrei ist die Wahl der Finanzierungstechnik innerhalb eines Trägers. Hier ergeben sich für das Unternehmen Gestaltungsspielräume durch Bilanzierungswahlrechte, die Möglichkeit zum Abschluß von Rückdeckungsversicherungen, zur Beleihung des Deckungskapitals oder Darlehensnahme. Soweit diese Finanzierungstechniken dem Grunde nach leistungsplanabhängig sind, sind die durch eine angestrebte Leistungsplanänderung bewirkten Auswirkungen bei der Ermittlung des Dotierungsrahmens mit einzubeziehen (Beispiel: Änderung des Rückdeckungsbedarfs durch Änderung der Risikostruktur des Leistungsplans). Leistungsplanunabhängige Fragen der Finanzierungstechnik (Beispiel: Ausübung des Passivierungswahlrechts) dürfen in ihren Auswirkungen nicht mit den Auswirkungen einer Änderung des Leistungsplans vermischt werden.

Die verschiedenen Zeitreihen lassen erkennen, daß eine einzige Zahl (z.B. der Barwert der Leistungen* oder die versicherungstechnische Prämie oder die Rentenlast im Beharrungszustand) in der Regel den Dotierungsrahmen nicht ausreichend beschreibt.

3. Die Abhängigkeit des Dotierungsrahmens vom Durchführungsweg

Die unterschiedliche Gestalt des Dotierungsrahmens bei gleicher Leistung für den Berechtigten, aber unterschiedlichem Träger der betrieblichen Altersversorgung wird bereits aus der vergleichenden Darstellung der baren Belastung aus Renten- bzw. Beitragszahlungen und des Bruttoaufwandes deutlich (Tab. 1).

In der Tabelle ist für eine Verpflichtung zur Zahlung von Invaliden- und Altersrente von monatlich 100 DM gegenüber einem 40jährigen Anwärter der Verlauf von Aufwand und barer Belastung bei der Wahl verschiedener Träger dargestellt, wenn unterstellt wird, daß der Leistungsfall im Alter 65 eintritt und die Rente 15 Jahre lang (mittlere Lebenserwartung des 65jährigen) gezahlt wird.

Berücksichtigt sind folgende Gestaltungsformen:

a) Pensionszusage mit planmäßiger Rückstellungsbildung (nach versicherungsmathematischen Grundsätzen) nach 2 Variationen:
   (1) mit laufender Rückstellungsbildung
   (2) mit einmaliger Rückstellungsbildung (etwa bei steuerfreien Arbeitgebern)
b) Unterstützungskasse mit 3 Variationen der Finanzierung:
   (1) ohne jede Finanzierung während der Anwartschaftszeit
   (2) mit steuerlich zulässiger Zuwendung unter der Annahme der Kapitalanlage außerhalb des Unternehmens
   (3) mit laufender Beitragszahlung für eine kongruente Rückdeckungsversicherung
c) Pensionskasse, an die nur jeweils der versicherungstechnisch erforderliche laufende Beitrag entrichtet wird,
d) Direktversicherung nach dem Tarif einer Versicherungsgesellschaft.

Auf die Berücksichtigung von Überschüssen bei Pensionskasse und Direktversicherung wurde verzichtet bzw. ihre Verwendung zu Leistungserhöhungen unterstellt. Auch die Anpassung nach Rentenbeginn wurde in keinem Fall berücksichtigt, ebenso wurde der (geringe) PSV-Beitrag bei Pensionszusage,

* z.B. Ahrend in D. St. Z. 1983, S. 3337, unter Berufung auf Höfer/Küpper, BB 1982, S. 565ff.

Tabelle 1. Dotierungsrahmen. Vergleich von barer Belastung, Zuführung und Jahresaufwand für verschiedene Durchführungswege

	a)				b)			c)	d)
Jahr	Pensionszusage				Unterstützungskasse			Pensions-kasse	Direkt-vers.
	bare Bel.	Zuführung bei lfd. Rückst.-bildung	Aufwand bei lfd. Rückst.-bildung	Aufwand bei Einmalrückst.-bildung	ohne Voraus-finanz.	mit Voraus-finanz.	mit Rück-deck.-vers.		
			(1)	(2)	(1)	(2)	(3)		
1	0	256	256	3350	0	300	514	466	514
5	0	308	308	207	0	300	514	466	514
10	0	390	390	261	0	0	514	466	514
15	0	461	461	315	0	0	514	466	514
20	0	488	488	355	0	0	514	466	514
25	0	1015	1015	424	0	0	514	466	514
26	1200	−328	872	872	1200	13200*	0	0	0
30	1200	−328	872	872	1200	0	0	0	0
35	1200	−314	886	886	1200	0	0	0	0
40	1200	−5584	−4384	−4384	1200	0	0	0	0

* ggf. vermindert um die aufgezinste Summe der in den Jahren 1 bis 8 geleisteten Zuwendungen (bei Zins 6%: 13200 − 8476 = 4724).

Auswirkung der Durchführungswege
(Jahresaufwand)

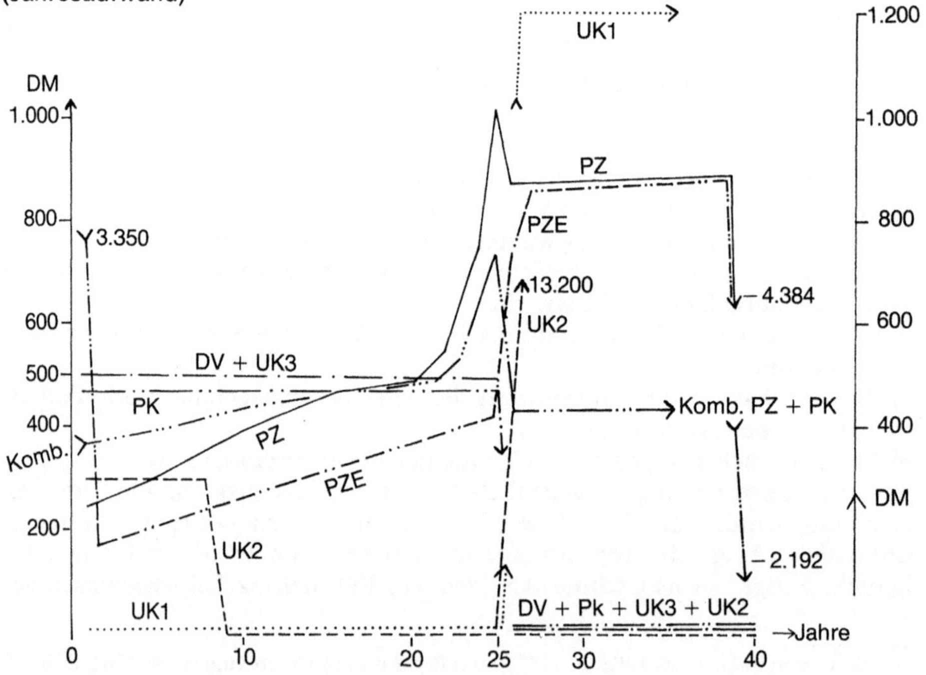

Unterstützungskasse und (eventuell beliehener) Direktversicherung vernachlässigt. Eine Übernahme der Lohnsteuer auf die Beiträge durch die Firma ist bei den Durchführungswegen c) und d) nicht vorgesehen.

Die Zahlen zeigen den typischen Anstieg des Aufwandes bei der Pensionsrückstellung in der Aktivitätszeit von 256 DM bis über 1000 DM jährlich und den anschließend nahezu konstanten Aufwand während der Rentenbezugsdauer (bis zu einer eventuellen Auflösung im Todesfall). Bei der Unterstützungskasse ist im Extremfall (1) während der Aktivitätszeit überhaupt kein Aufwand vorhanden und in der Rentenbezugszeit jeweils die Jahresrente von 1200 DM zu erbringen. Bei der Inanspruchnahme der steuerlich zulässigen Vorfinanzierung können der UK jährlich 25% der Rente (= 300 DM) zugewendet werden, bis das Doppelte der Jahresrente (= 2400 DM) erreicht ist. Dann sind zunächst keine Zuwendungen mehr möglich. (Auf den Effekt des Überschreitens der steuerlich zulässigen Finanzierungsgrenze durch die Zinswirkung soll hier nicht näher eingegangen werden.) Bei Rentenbeginn ist einmalig (oder verteilt) der Barwert der einsetzenden Rente zugewendet worden. Bei einer Pensionskasse als Träger ist der Aufwand auf den (konstanten) laufenden Beitrag während der Aktivitätszeit beschränkt. Das gleiche gilt für die Wahl der Direktversicherung und die Rückdeckungsversicherung bei der Unterstützungskasse. Der Beitragsunterschied zwischen PK und Versicherung beruht auf unterschiedlichen Rechnungsgrundlagen (vor allem Zins bei PK 3,5%, bei Versicherung 3%).

Wichtig für die Zahlenreihen ist noch, daß sich beim Aufwand für die Pensionsrückstellung und evtl. bei der UK mit Vorausfinanzierung (durch Darlehensvergabe an das Trägerunternehmen) (b2) in der Anwartschaftszeit keine bare Belastung ergibt, was dazu geführt hat, daß diese Finanzierungsform in der Vergangenheit bevorzugt wurde.

Das Kurvenblatt zu Tabelle 1 veranschaulicht mit der Verteilung der Kurven über die ganze Fläche die Vielfalt der Dotierungsrahmen bereits bei Beschränkung auf 2 Kennzahlen (barer und unbarer Aufwand) für eine einzige Leistungsart. Als eine der zahlreichen möglichen Kombinationen ist darin noch eingetragen, wie der Aufwand in Aktivitätszeit und Rentenbezugszeit verläuft, wenn je die Hälfte der Rente über Pensionsrückstellung und Pensionskasse finanziert werden (Kombination PZ und PK). Man nähert sich dadurch – wenn gewünscht – einer besseren Gleichverteilung des Gesamtaufwandes auf Aktivitäts- und Rentenbezugszeit. Ferner wurde noch der Fall aufgenommen, daß für den 40jährigen bei Erteilung der Pensionszusage eine Einmalrückstellung (von 3350 DM) – etwa von einem steuerfreien Arbeitgeber – vorgenommen wird. Dazwischen würde der Fall liegen, daß der Arbeitnehmer bereits 10 Dienstjahre zurückgelegt hat und dann die steuerlich zulässige Einmalrückstellung (Teilwert) entsprechend dieser Zusage vorgenommen wird.

Der verschiedenartige Kurvenverlauf (einschließlich erstjähriger Dotierung mit den erwähnten 3350 DM und weiteren in der Hauptsache Zins-Zuführungen, einsetzend im 2. Jahr mit 179 DM – Kurve PZE) läßt schon erkennen, daß die wirtschaftliche Auswirkung, dargestellt als Zeitreihe finanzieller Maßzahlen, immer nur in Verbindung mit dem Träger zu sehen ist. Die Wahl jedes Trägers hat spezielle finanzielle Konsequenzen. Der Dritte Senat des BAG hat also sicher gut daran getan, die Freiheit des Arbeitgebers in der Entscheidung über den

Dotierungsrahmen und die Wahl des Trägers als gleichberechtigte, dem Arbeitgeber ohne Priorität vorbehaltene Grundlage seiner betrieblichen Altersversorgung anzuerkennen.

Aus der Abhängigkeit des Dotierungsrahmens vom mitbestimmungsfrei zu wählenden Durchführungsweg ergibt sich weiterhin zwingend, daß bei Kombination mehrerer Durchführungswege die Festlegung eines Dotierungsrahmens je Durchführungsweg unterstellt werden muß; Änderungsbegehren des Betriebsrates haben dann je Träger den vorgegebenen Dotierungsrahmen zu beachten. Bei der Kombination mehrerer Träger kann demnach eine Aufblähung des Dotierungsrahmens eines Trägers auch nicht bei einer gleichzeitigen Reduktion des Dotierungsrahmens eines weiteren Trägers im Rahmen der Mitbestimmung begehrt werden, da ansonsten die Mitbestimmungsfreiheit der Wahl des Trägers unterlaufen würde. In diesem Sinne sieht u.E. auch das BAG die Zusammenhänge, wenn es schon in der Grundsatzentscheidung 3 ABR 13/74 unter II B 6 e) der Gründe die Mitbestimmungsfreiheit der Entscheidung über die Form der Versorgungsleistungen mit dem Hinweis auf deren wesentliche Bedeutung für die Finanzierung erklärt.

4. Beispiel für die Auswirkung verschiedener Leistungspläne auf den Dotierungsrahmen

Der Einfluß des Leistungsplanes auf den Dotierungsrahmen wird in Tabelle 2 durch Gegenüberstellung der Entwicklung einiger Zeitreihen für die unmittelbare Versorgungszusage an drei Beispielen für Leistungssysteme dargestellt:

(A) Zusage auf Invaliden- und Altersrente in Höhe von 10% des Gehaltes einschließlich einer Witwenrente von 60% der Mannesrente
(B) wie (A) mit einer Wartezeit von 20 Jahren und einer Rentenhöhe von 11%
(C) wie (A), jedoch ohne Witwenrente und mit einer Rentenhöhe von 13%.

Tabelle 2. Zeitreihen für einen Musterbestand (in TDM)

	Jährliche Belastung mit **baren** Renten			Jährliche Zuführungen			Liquiditätsgewinn		
Jahr nach Einrichtung	Version			Version			Version		
	A	B	C	A	B	C	A	B	C
10	8	–	8	247	241	254	150	149	154
20	46	–	45	723	678	749	440	430	456
30	183	95	187	1454	1475	1517	862	910	901
40	737	816	995	1633	1674	1603	737	788	674
50	1188	1395	1547	1484	1518	1374	450	**487**	**335**
60	1704	1682	1737	1345	1372	1252	265	**293**	**189**
Beharrungszustand	1776	1757	1762	1292	1316	1230	205	231	167

Als Zeitreihen werden untersucht
- Rentenzahlungen
- Zuführungen
- Liquiditätsveränderung nach Steuern.

Es wird ein Bestand aus jährlich 100 Neuzugängen des Alters 30 unterstellt, der sich nach den „Richttafeln" von Dr. Klaus Heubeck weiterentwickelt, eine Gehaltsdynamik von 5% p.a. und eine jährliche Anpassung laufender Renten um 3% p.a. sind berücksichtigt.

Die Leistungshöhe ist so gewählt (10%, 11%, 13%), daß die Rentenlast im Beharrungszustand bei allen Versionen nahezu übereinstimmt (Abweichung innerhalb 1%), doch ergeben sich im Zeitablauf deutliche Verschiebungen. Die jährlichen Zuführungen sind bei Version B im Beharrungszustand immerhin um 7% höher als in der Version C; der jährliche Liquiditätsgewinn liegt bei Version B sogar um 38% über dem der Version C, obwohl Version C zunächst besser als Version A und B abschneidet. Der Liquiditätsvorsprung der Version B setzt schon ein, bevor die Eintrittsgeneration das Pensionsalter erreicht hat, und überschreitet auf lange Zeit sogar 50% gegenüber C. Wer also dem Liquiditätsgewinn auf lange Sicht Priorität einräumt, wird der Version B und allenfalls A den Vorrang geben gegenüber C.

Die Gegenüberstellung verdeutlicht, wie unterschiedlich die Entwicklung der einzelnen Zeitreihen bei verschiedenen Leistungsplänen selbst dann sein kann, wenn letztlich nahezu eine übereinstimmende Rentenlast erwartet werden kann.

5. Maßstab zum Vergleich mehrerer Dotierungsrahmen

Zwei Dotierungsrahmen in ihrer Darstellung als jeweils mehrere Zeitreihen finanzieller Kenngrößen sind nicht unmittelbar vergleichbar im Sinne einer Rangfolge.

Wünschenswert ist eine Ordnungsrelation für Dotierungsrahmen, die jedem Dotierungsrahmen eine Maßzahl zuordnet und so den erwünschten Vergleich gestattet.

Üblicherweise werden über eine bestimmte zeitliche Entwicklung anfallende Zahlungsströme durch Diskontierung vergleichbar gemacht, man bestimmt also den Barwert der Zahlungsströme. Die Auswahl des Umfangs der Diskontierung (d.h. die Wahl geeigneter Zinssätze) einschließlich der Festlegung der Länge des in die Auswertung einzubeziehenden Zeitraumes liegt im Entscheidungsbereich des Unternehmers; sie wird sich orientieren an Daten der unternehmerischen Planung, an entsprechenden Fragestellungen der Investitionsrechnung und/oder der Unternehmensbewertung*.

Neben der Diskontierung zur Überwindung der zeitlichen Dimension ist als weiterer Bestandteil des Maßstabes für den Vergleich von Dotierungsrahmen eine Gewichtung der einzelnen finanziellen Komponenten (vgl. 2.) anzugeben.

* Heubeck-Löcherbach: Betriebliche Altersversorgung bei der Unternehmensbewertung, DB 1982, S. 913.

Die Gewichtung ist dabei für alle zu vergleichenden Dotierungsrahmen in gleicher Weise vorzunehmen. Auch hier wird der einzelne Unternehmer bestimmte Prioritäten zwischen z. B. baren und unbaren Aufwendungen, Kenngrößen vor und nach Steuern usw. setzen. Bei der Gewichtung ist ggf. die unterschiedliche Größenordnung der zu gewichtenden Werte zu berücksichtigen. In der Regel empfiehlt sich vorab eine Normierung. Darüber hinaus ist die Sensibilität der einzelnen Größen gegenüber einer Prämissenvariation zu beachten; weniger „sensiblen" Größen ist ggf. ein höherer Gewichtungsfaktor zuzuweisen. Schließlich ist das Gewicht der Erkenntnisse über die langfristige Entwicklung (Beharrungszustand) festzulegen.

Insgesamt ergibt sich demnach eine Kennzahl, die sich aus der gewichteten Summe einer Reihe von Barwerten sowie einer Kennzahl für den Beharrungszustand zusammensetzt.

6. Beispiel für Maßstäbe zum Vergleich von Dotierungsrahmen

Die Anwendung verschiedener Maßstäbe soll im folgenden anhand der in Tabelle 2 beschriebenen Dotierungsrahmen für die Leistungspläne A, B und C dargestellt werden.

Bei der Ermittlung der Kennzahlen wird zunächst eine Normierung der in Tabelle 2 angegebenen Ergebnisse (bzw. der daraus abgeleiteten Barwerte) auf jeweils das für das Unternehmen günstigste Ergebnis vorgenommen. Dem günstigsten Ergebnis je Merkmal wird dabei der Wert 1 zugeordnet, den übrigen Ergebnissen derjenige Wert zwischen 0 und 1, der dem relativen Abstand des jeweiligen Ergebnisses zum günstigsten Ergebnis entspricht.

Zum Beispiel Normierung der Werte aus Tabelle 2 für den Beharrungszustand:

An die Normierung schließt sich die Gewichtung an, durch die die endgültigen Kennzahlen festgelegt werden. Die Kennzahl ist also von der Gewichtung abhängig. Ein Vergleich von Kennzahlen, die auf einer unterschiedlichen Gewichtung beruhen, ist unzulässig. Entsprechend ist die absolute Höhe einer Kennzahl ohne Aussagekraft; die Kennzahlen bei einheitlicher Gewichtung gestatten lediglich die Angabe einer Rangordnung der Dotierungsrahmen verschiedener Versionen.

Zum Beispiel Kennzahlen für Tabelle 2 im Beharrungszustand, abgeleitet aus den normierten Werten lt. Tabelle 3:

Tabelle 3. Normierte Werte aus Tabelle 2 für den Beharrungszustand

		A	B	C
Merkmal				
Rentenlast	(R)	0,989	1	0,997
Zuführung	(Z)	0,952	0,935	1
Liquiditätsgewinn	(L)	0,890	1	0,723

Die bei Beschränkung der Analyse auf den Beharrungszustand günstigste Version ist jeweils in Abhängigkeit von der Gewichtung diejenige mit der höchsten Kennzahl (in der Tabelle 4 eingerahmt). „Günstigste" Version in diesem Sinne ist diejenige mit dem niedrigsten Dotierungsrahmen.

Tabelle 4. Kennzahlen

	Gewichtung R–Z–L	A	B	C
I	1–1–1	2,831	2,935	2,720
II	10–5–1	15,540*	15,675	15,693
III	3–3–1	6,713	6,805	6,714
IV	1–3–5	8,295	8,805	7,612

* 10 × 0,989 + 5 × 0,952 + 1 × 0,890 = 15,540

In analoger Weise gelangt man zu entsprechenden Kennzahlen, wenn die für die Jahre 5–60 in Tabelle 2 angegebenen Werte diskontiert, normiert und gewichtet werden. Auf eine ausführliche Darstellung wird hier, da es sich nur um Rechenarbeit handelt, verzichtet.

Unterstellt man einen bestehenden Leistungsplan A und die Forderung des Betriebsrates nach Abänderung in Leistungsplan B oder C, dann wäre nach den Kennzahlen aus Tabelle 4 unter Hinweis auf den Dotierungsrahmen bei Gewichtung (I) oder (IV) Plan C abzulehnen, weil die bestehende Version A in diesen Fällen mit 2,831 bzw. 8,295 eine höhere Kennzahl hat als C mit 2,720 bzw. 7,612 und damit ein Übergang auf C eine Ausweitung des Dotierungsrahmens bedeuten würde; bei Gewichtung (II) oder (III) käme keine Ablehnung in Betracht, da die bestehende Version A die kleinste Kennzahl, d.h. den höchsten Dotierungsrahmen hat.

7. Ausblick

Die Entscheidung des Arbeitgebers über den Dotierungsrahmen ist zwar mitbestimmungsfrei, nicht jedoch frei von Einwirkungen durch den Gesetzgeber und die Rechtsprechung. Dieser Umstand und die leidvolle Erfahrung, daß die Mehrbelastungen aus Anpassung und Unverfallbarkeit in vollem Umfang auf den Arbeitgeber abgewälzt wurden und so eine Aufblähung des Dotierungsrahmens bewirkt haben, hat sicher mit dazu beigetragen, daß die Ausweitung der betrieblichen Altersversorgung auch in den Bereichen ins Stocken geraten ist, in denen die wirtschaftliche Lage sie durchaus erlaubt hätte.

Bei den Unterstützungskassen wurde dies besonders deutlich, da hier trotz der Ausweitung der Verpflichtungen durch das BetrAVG eine Reduktion der Finanzierungsmöglichkeiten selbst im Bereich des Nominalismus vorgenommen wurde.

Bei der in der neueren Rechtsprechung festzustellenden starken Betonung des Entgeltcharakters der betrieblichen Altersversorgung erscheint es im Interesse einer ausgewogenen Behandlung geboten, diesen Charakter auch beim Dotierungsrahmen zu beachten. Das wäre der Fall, wenn der in früheren Pensionsordnungen übliche – aus den USA übernommene – Vorbehalt und die entsprechende Bestimmung bei Dotierung von Unterstützungskassen wieder Geltung erlangte etwa in der Formulierung:

„Die für die Versorgung planmäßig bereitgestellten Mittel (Teilwert-Soll) bleiben auch bei Widerruf der Versorgungsverpflichtung für den Versorgungszweck erhalten."

Der Entgeltcharakter der Deckungsmittel aus der rückliegenden Dienstzeit bliebe voll erhalten (und würde ebensowenig indiziert wie ein Sparguthaben oder eine Versicherungsleistung).

Im Sinne dieses Verständnisses könnte eine Grundsatzentscheidung des BAG – oder eine entsprechende Wertentscheidung des Gesetzgebers – zur Freiheit des Arbeitgebers bei der Festlegung des Dotierungsrahmens vertrauensfördernd wirken und dazu beitragen, das im Bericht der Deutschen Bundesbank* angesprochene Anliegen zu erfüllen, nämlich aus sozialpolitischen Gründen wie im Hinblick auf die gesamtwirtschaftliche Kapitalbildung den nötigen Ausbau der betrieblichen Altersversorgung dadurch zu unterstützen, daß der Gestaltungsspielraum des Unternehmens groß und die Belastung kalkulierbar gehalten wird.

* Monatsbericht der Deutschen Bundesbank, August 1984, S. 30ff.

Bilanz- und steuerrechtliche Auswirkungen der haftungsrechtlichen Behandlung kapitalersetzender Gesellschafterkredite?

Balduin Kamprad

I. Haftungsrechtliche Behandlung kapitalersetzender Gesellschafterkredite

Durch das GmbH-Reformgesetz vom 4. 7. 1980 wurden mit Wirkung vom 1. 1. 1981 an erstmals in den §§ 32a und 32b GmbHG Bestimmungen über die Sonderbehandlung kapitalersetzender Gesellschafterdarlehen geschaffen. Diese Bestimmungen sollen eingreifen, wenn durch die Gesellschafter-Fremdfinanzierung schutzwürdige Interessen der übrigen Gesellschaftsgläubiger tangiert werden. Dies ist der Fall, wenn die mit der Fremdfinanzierung verbundene Begrenzung des Kapitalrisikos des Gesellschafters im Hinblick auf eine zu knapp bemessene Eigenkapitalausstattung der Gesellschaft bei Abwägung der Interessenlage aller Beteiligten nicht mehr angemessen erscheint.

Vorausgegangen war eine jahrzehntelange Rechtsprechung der Zivil- und Steuergerichte zu Problemen, die sich bei der Fremdfinanzierung von Kapitalgesellschaften durch ihre Gesellschafter ergaben. Diese Finanzierungsart hatte sich im Wirtschaftsleben eingebürgert. Vor allem bei mittelständischen Unternehmen war und ist die Finanzierung von Kapitalgesellschaften durch ihre Gesellschafter, die über den Betrag ihrer Einlage hinaus der Gesellschaft zusätzlich Mittel als Kredit (in der Regel als Darlehen) zur Verfügung stellen, in erheblichem Umfang üblich. Solchen Gesellschaften, die meistens in der Rechtsform von Gesellschaften mit beschränkter Haftung oder auch von GmbH & Co. Kommanditgesellschaften betrieben werden, ist – schon im Hinblick auf ihren Geschäftsumfang und ihre Eigenkapitalausstattung – der Kapitalmarkt für langfristige Anleihen verschlossen, so daß sie bei langfristigem Kapitalbedarf auf die Unterstützung ihrer Gesellschafter angewiesen sind. Die Vorteile dieser Finanzierungsweise sind offenkundig. Sie bestehen für den kreditgebenden Gesellschafter darin, daß er die Verfügungsgewalt über diese Mittel im Rahmen der Kündigungsvereinbarungen behält, daß er regelmäßig unabhängig vom erwirtschafteten Jahresergebnis der Gesellschaft die vereinbarten Zinsen erhält und daß seine Gelder im Regelfall nicht zum Haftkapital der Gesellschaft gehören. Die Vorteile für die Gesellschaft liegen vor allem im steuerlichen Bereich. Die Kredite sind Betriebsschulden, die nicht der Vermögensbesteuerung unterliegen; die Zinsen mindern als Betriebsausgaben das steuerpflichtige Einkommen der Gesellschaft. Außerdem fällt bei der Kreditgewährung im Gegensatz zur Kapitalerhöhung keine Gesellschaftsteuer an. Da diese Vorteile im Wirtschaftsleben hier und da Gesellschaften und Gesellschafter zu Umgehungen und sogar zu Rechtsmißbräuchen verleitet haben, mußten sich frühzeitig schon die obersten Gerichte (Reichsgericht, Reichsfinanzhof, Bundesgerichtshof, Bun-

Zivil-, Steuer- und Unternehmensrecht
Hrsg.: Fachinstitut für Steuerberater e. V.

desfinanzhof u. a.) mit den Problemen der Gesellschafter-Fremdfinanzierung von Kapitalgesellschaften befassen[1].

Im zivilrechtlichen Bereich wurde dieses Problem vor allem unter dem Gesichtspunkt der Kapitalerhaltung gesehen und beurteilt. Im Bereich des Steuerrechts hatte früher die Rechtsprechung teilweise Gesellschafterdarlehen an Kapitalgesellschaften als verdeckte Einlagen behandelt und deshalb den Abzug als Betriebsschuld bei der Einheitswertfeststellung des Betriebsvermögens und den Abzug der Zinsen als Betriebsausgaben bei der Ermittlung des körperschaftsteuerpflichtigen Einkommens der Gesellschaft nicht zugelassen[2]. Seit der letzten hierzu ergangenen BFH-Entscheidung, die diese Umdeutung nur noch in ganz seltenen Ausnahmefällen zuließ[3], waren praktisch kaum noch Fälle verdeckten Kapitals im Sinne der früheren steuerlichen Rechtsprechung denkbar. Auch im Bereich des Gesellschaftsteuerrechts war die Besteuerung von Gesellschafterdarlehen seit der Streichung des § 3 KVStG vom 1. 1. 1972 an bedeutungslos geworden. Erst seit der Reform der Körperschaftsteuer im Jahre 1977 hat die Frage der Gesellschafter-Fremdfinanzierung für ausländische Anteilseigner, die von der Anrechnung der Körperschaftsteuer ausgeschlossen sind, wieder Bedeutung erlangt. Durch einen neu in das Körperschaftsteuergesetz einzufügenden § 8a soll die Umgehung der Körperschaftsteuerpflicht durch ausländische Anteilseigner verhindert werden[4]. Diese bevorzugen seit der Körperschaftsteuerreform statt der unmittelbaren gesellschaftsrechtlichen Beteiligung an deutschen Kapitalgesellschaften die stille Beteiligung oder die Hingabe partiarischer Darlehen, deren Erträge nicht mit Körperschaftsteuer belastet sind. Der Gesetzentwurf ist auf Kritik gestoßen[5].

1. Inhalt und Anwendungsbereich der §§ 32a und 32b GmbHG

§ 32a Abs. 1 und 2 GmbHG stellt darauf ab, daß Gesellschaftsdarlehen in einem Zeitpunkt gewährt worden sind, in dem „die Gesellschafter als ordentliche Kaufleute" ihrer Gesellschaft Eigenkapital zugeführt hätten[6]. Liegen diese Voraussetzungen vor, so kann der Gesellschafter sein Darlehen im Konkurs- und im Vergleichsverfahren der Gesellschaft weder als Forderung anmelden noch nach § 53 KO zur Aufrechnung stellen. Ein Zwangsvergleich oder ein im

1 Eine Zusammenstellung dieser Rechtsprechung bis 1980 gibt Kamprad, Gesellschafterdarlehen an die GmbH und GmbH & Co., 2. Aufl. S. 91 bis 95.

2 z.B. RFH-Urteil v. 31. 10. 1939, RStBl 1940, 35; BFH-Urteil v. 15. 7. 1960, BStBl III 1960, 400.

3 BFH-Urteil v. 10. 12. 1975, BStBl II 1976, 226.

4 Der Bundestag hat die Bundesregierung in der Entschließung vom 12. 6. 1980 – BT-Drucks. 8/4141 – aufgefordert, einen entsprechenden Gesetzesentwurf vorzulegen. Der Bundesminister für Finanzen hat daraufhin einen Referentenentwurf erstellt, der zur Zeit mit den Wirtschaftsverbänden diskutiert wird.

5 Faßnacht, Die Fremdfinanzierung von Kapitalgesellschaften durch deren Gesellschafter unter besonderer Berücksichtigung des Entwurfes eines § 8a KStG S. 31 ff.; Sarrazin, GmbH-Rdsch. 1983, 305 (313).

6 Zur Problematik dieses unbestimmten Rechtsbegriffes: Kamprad, a.a.O., S. 32; ferner: Scholz-Winter, GmbHG 6. Aufl. §§ 32a, 32b, Anm. 79ff.

Vergleichsverfahren geschlossener Vergleich wirkt, auch wenn er selbst nicht zugestimmt hat, für und gegen seine Forderung. Die Gewährung von Sicherheiten zur Absicherung seiner Forderung ist ebenso anfechtbar, wie Rückzahlungen anfechtbar sind, die er im letzten Jahr vor der Anfechtung oder der Konkurseröffnung erhalten hat (§ 32a KO, § 3b AnfG). Auch Kredite Dritter, für die ein Gesellschafter persönliche oder dingliche Sicherheiten geleistet hat, unterliegen Beschränkungen (§ 32b GmbHG). Der Kreditgeber muß im Konkurs- oder im Vergleichsverfahren der Gesellschaft zunächst die Sicherheiten in Anspruch nehmen und kann nur für den Restbetrag anteilige Befriedigung von der Gesellschaft verlangen. Soweit die Gesellschaft den Kredit im Jahr vor der Konkurseröffnung zurückgezahlt hat, muß der Gesellschafter der Gesellschaft den entsprechenden Wert seiner ursprünglich bestellten Sicherheit erstatten oder ihr wahlweise die Gegenstände zur Verfügung stellen, die dem Gläubiger als Sicherheit gedient hatten. Der Gesellschafter haftet somit in diesen Fällen bis zur Höhe des Wertes der von ihm gestellten Sicherheiten, und der gesellschaftsfremde Kreditgeber hat keine Möglichkeit, auf die Befriedigung aus diesen Sicherheiten zu verzichten, wenn er keine Verluste erleiden will.

Den Gesellschafterdarlehen gleichgestellt sind Rechtshandlungen der Gesellschafter, die der Darlehensgewährung wirtschaftlich entsprechen (§ 32a Abs. 3 und § 32b Satz 4 GmbHG). Der Tatbestand dieser Bestimmungen erfaßt auch gegen die Gesellschaft gerichtete gestundete Forderungen der Gesellschafter[7] und Dritter, die ein Gesellschafter erworben hat[8], sowie Beteiligungen an der GmbH als stille Gesellschafter. Auf Forderungen und Sicherheiten von Ehegatten und minderjährigen Kindern des Gesellschafters finden diese Bestimmungen keine Anwendung[9]. Dagegen sind sie auf Forderungen und Sicherheiten verbundener Unternehmen anzuwenden. Dies hat der Bundesgerichtshof bestätigt[10]. § 32a Abs. 5 RegE hatte verbundene Unternehmen im Sinne der §§ 15–19 AktG dem Gesellschafter gleichgestellt. Der Gesetzgeber wollte diesen Fall durch die Generalklausel des § 32a Abs. 3 GmbHG mit erfassen.

Die enumerative Aufzählung des Regierungsentwurfes, die diesen Tatbestand ausdrücklich nannte, wurde durch die umfassende Generalklausel ersetzt, um es der Rechtsprechung zu ermöglichen, alle wirtschaftlich vergleichbaren Fälle entsprechend zu behandeln[11] und damit die Rechtsfortbildung nicht zu behindern.

Die §§ 32a und 32b GmbHG finden neben der GmbH auf offene Handelsgesellschaften und auf Kommanditgesellschaften Anwendung, wenn zu den persönlich haftenden Gesellschaftern dieser Personenhandelsgesellschaften keine natürliche Person gehört (§§ 129a, 172a HGB). Bei der offenen Handelsgesellschaft sind sämtliche Gesellschafterdarlehen betroffen, die von den Gesellschaftern der persönlich haftenden Gesellschafter gegeben werden; bei der Komman-

7 Scholz-Winter, a.a.O., §§ 32a, 32b Anm. 68; kritisch: Gebhard, DB 1984, S. 1385.
8 Scholz-Winter, a.a.O., §§ 32a, 32b Anm. 77.
9 Kamprad, a.a.O., S. 44.
10 BGH-Urteil v. 21. 9. 1981, GmbH-Rdsch. 1982, 133 (135).
11 BT-Drucks. 8/3908 v. 16. 4. 1980, Bericht des Rechtsausschusses zu § 32a.

ditgesellschaft werden sowohl Darlehen der Kommanditisten als auch Darlehen von Gesellschaftern oder Mitgliedern der persönlich haftenden Gesellschafter erfaßt.

Der Bundesgerichtshof will die §§ 32a und 32b GmbHG unter bestimmten Voraussetzungen sinngemäß auch auf Aktiengesellschaften anwenden[12]. Die Rechtsgrundsätze, die schließlich zur Einfügung der neuen Bestimmung in das GmbHG führten, sollten verhindern, so führt das Gericht aus, daß die Schutzvorschriften zur Kapitalerhaltung durch die Hingabe von Gesellschafterdarlehen anstelle fehlenden Eigenkapitals unterlaufen werden. Sie könnten deshalb für die Aktiengesellschaft ebenso Bedeutung erlangen wie für die GmbH. Wegen der strukturbedingten Unterschiede sollen bei Aktiengesellschaften schärfere Anforderungen gelten. Darlehen eines Aktionärs sollen nur dann wie haftendes Kapital behandelt werden, wenn der Aktionär über eine wesentliche Beteiligung von mehr als 25% des Aktienkapitals verfügt, die ihm eine Sperrminorität sichert. Ein Aktienbesitz dieser Größenordnung gebe seinem Inhaber unter Umständen ein ausschlaggebendes Mitspracherecht in wichtigen Angelegenheiten, über die die Hauptversammlung nur mit qualifizierter Mehrheit beschließen könne. Aus dieser Einflußmöglichkeit leitet der BGH die Vermutung ab, daß dieser Aktionär ein entsprechendes Unternehmensinteresse habe. Ein Finanzbeitrag, den der Aktionär in Gestalt eines Darlehens leiste, sei regelmäßig eine unternehmerische Entscheidung, die darin bestehe, daß er sich zu diesem finanziellen Beitrag trotz des Risikos einer Inanspruchnahme als haftendes Kapital entschließe, anstatt von einer Finanzhilfe jeglicher Art abzusehen. Hierdurch werde unter Umständen eine für die Gläubiger günstigere sofortige Liquidation der Gesellschaft hinausgeschoben. Dies rechtfertigte im Konkurs- oder im Vergleichsverfahren der Gesellschaft gegebenenfalls die Inanspruchnahme seiner Darlehen als haftendes Kapital.

2. Weitergeltung der bisher entwickelten Rechtsgrundsätze

Die neuen Bestimmungen gelten für Darlehen, die seit dem 1. Januar 1981, dem Zeitpunkt, in dem sie in Kraft traten, gewährt wurden. Früher gegebene Darlehen werden davon nicht erfaßt[13]. Für diese Darlehen bleibt es bei den von der Rechtsprechung und der Rechtslehre entwickelten Grundsätzen, die das Problem kapitalersetzender Gesellschafterdarlehen aus dem Gesichtspunkt der Kapitalerhaltung durch Anwendung der §§ 30, 31 GmbHG gelöst haben. Diese Rechtsprechung sah zuletzt Gesellschafterdarlehen dann als kapitalersetzend an, wenn die Gesellschaft von dritter Seite im Zeitpunkt der Darlehensgewährung keinen Kredit zu marktüblichen Bedingungen erhalten hätte[14].

---

12 BGH-Urteil v. 26. 3. 1984 – II ZR 171/83 –, DB 1984, 1188.
13 RegE v. 15. 12. 1977, BT-Drucks. 8/1347 Begründung zu Art. 6 – Übergangsvorschriften, § 3.
14 BGH-Urteil v. 24. 3. 1980, DB 1980, 1159, GmbH-Rdsch. 1980, 179.

Die Frage, ob diese Grundsätze auch künftig neben den §§ 32a und 32b GmbHG Anwendung finden, war zunächst umstritten[15]. Dagegen wurde vor allem eingewandt, diese Grundsätze beruhten auf Richterrecht, das nur insoweit zulässig sei, als es an einer gesetzlichen Grundlage fehle. Durch die GmbH-Novelle sei die Behandlung kapitalersetzender Gesellschafterdarlehen geregelt worden; die bisherige Rechtsprechung sei deshalb nicht mehr anzuwenden, soweit sie über den durch die §§ 32a und 32b GmbHG gesteckten Rahmen hinausginge. Auch würde die konkurrierende Anwendung der §§ 30, 31 GmbHG zu widersprechenden Ergebnissen führen und die §§ 32a und 32b GmbHG in wichtigen Anwendungsbereichen praktisch bedeutungslos machen[16].

Der Bundesgerichtshof hat jedoch die Anwendung der bisherigen Rechtsprechung auf kapitalersetzende Gesellschafterdarlehen, die erst nach dem 1. 1. 1980 gewährt worden sind, bestätigt[17]. Nach seiner Auffassung decken sich die Regelungsbereiche der GmbH-Novelle und der Rechtsprechung nicht in einer Weise, daß daraus zwingend auf die ausschließliche Geltung der gesetzlichen Regelung zu schließen wäre. Die GmbH-Novelle weise außerdem wesentliche Lücken auf, die durch die Grundsätze der bisherigen Rechtsprechung im Interesse des Gläubigerschutzes geschlossen werden müßten. Mit dem Gesetzeszweck sei es unvereinbar, diese Grundsätze nicht mehr anzuwenden, weil dann der Schutz der Gesellschaftsgläubiger verschlechtert werde. Die weitere Anwendung der bisherigen Rechtsprechung neben den neuen Vorschriften widerspreche daher nicht der Wertung des Gesetzes, sondern verwirkliche im Gegenteil den auf besonderen Gläubigerschutz gerichteten Willen des Gesetzgebers.

Im Ergebnis führt diese Rechtsprechung nunmehr dazu, daß die §§ 32a und 32b GmbHG auch dann Anwendung finden, wenn ein Konkurs- oder Vergleichsverfahren über das Vermögen der GmbH mangels Masse nicht eingeleitet worden ist oder eine Anfechtung nach § 3b AnfG wegen der dort vorgesehenen Jahresfrist nicht mehr möglich ist. Die Fristenregelung des § 32b GmbHG von einem Jahr wird damit weitgehend außer Kraft gesetzt.

II. Überschuldungsstatus

Wenn die Voraussetzungen der §§ 32a und 32b GmbHG vorliegen, stellt sich die Frage, wie diese Darlehen bei der Überprüfung der zum Konkursantrag verpflichtenden Überschuldung der Gesellschaft zu berücksichtigen sind. Der Nachweis einer Überschuldung hängt unter Umständen davon ab, ob die Kredite in dem Überschuldungsstatus als Passivposten eingesetzt werden müssen oder nicht.

---

15 Im Schrifttum wurde die Anwendung überwiegend befürwortet: Fischer, GmbHG, 10. Aufl. 1983, § 32a Anm. 1; Lutter, DB 1980, 132; Geßler, BB 1980, 1391; Karsten Schmidt, ZGR 1980, 567; Kamprad, a. a. O., S. 47; aA.: Scholz-Winter, a. a. O., §§ 32a, 32b Anm. 14.

16 Urteil des OLG Düsseldorf v. 30. 6. 1983, Die AG 1983, S. 250ff.; Scholz-Winter, §§ 32a, 32b Anm. 13, 14.

17 BGH-Urteil v. 26. 3. 1984 – II ZR 14/84 –, BB 1984, 1067; kritisch hierzu: Kamprad, GmbH-Rdsch. 1984.

Hat die Gesellschaft mit dem darlehensgebenden Gesellschafter eine Vereinbarung über einen Rangrücktritt getroffen, oder hat der Gesellschafter einseitig erklärt, seine Darlehensforderung im Konkurs über das Vermögen der Gesellschaft oder im Vergleichsverfahren zur Abwendung des Konkurses nicht geltend machen zu wollen, so braucht die Gesellschaft die Darlehen bei der Ermittlung der Überschuldung nicht als Verbindlichkeit anzusetzen[18]. Durch seinen Rangrücktritt hat der Gesellschafter seine Darlehensforderung selbst für den Fall des Konkurs- oder Vergleichsverfahrens als haftendes Kapital eingestuft. Im Überschuldungsstatus sind sie ebenso wie das haftende Eigenkapital nicht zu berücksichtigen. Das gleiche gilt, wenn der Gesellschafter die Darlehen ausdrücklich zum Zwecke der Beseitigung einer Überschuldung der Gesellschaft gewährt hat. In diesem Fall erklärt er zugleich konkludent, seine Darlehen im Konkurs- oder im Vergleichsverfahren nicht zurückverlangen zu wollen. Er würde sich zu seinem Verhalten in Widerspruch setzen und damit gegen Treu und Glauben verstoßen, wenn er die Darlehen dennoch im Konkurs- oder Vergleichsverfahren geltend machen würde. Denn der Zweck seiner Kreditgewährung, die Beseitigung der Überschuldung, konnte und kann nur erreicht werden, wenn er bereit war und ist, seine Darlehensforderung in diesem Stadium wie haftendes Gesellschaftskapital zu behandeln[19].

Problematisch sind dagegen die Fälle, in denen Vereinbarungen oder Erklärungen dieses Inhalts nicht vorliegen. Hier erweist sich die Frage, ob die Gesellschaft kapitalersetzende Darlehen ihrer Gesellschafter in ihrem Überschuldungsstatus als Verbindlichkeit ausweisen muß, als ein Bewertungsproblem. In der Regel werden für alle Vermögensgegenstände und Schulden die Liquidationsveräußerungswerte anzusetzen sein, weil zugleich mit der Überschuldung auch Zahlungsunfähigkeit eingetreten ist. Gesellschafterdarlehen, die den Beschränkungen der §§ 32a und 32b GmbHG unterliegen, wären in diesem Status nicht zu berücksichtigen, soweit sie nicht gegen die Gesellschaft geltend gemacht werden können. Dennoch wird überwiegend die Auffassung vertreten, die Darlehensverbindlichkeiten seien, soweit ein Rangrücktritt nicht vereinbart oder nicht erklärt wurde, unter die Passivposten in den Überschuldungsstatus aufzunehmen[20]. Der Regierungsentwurf vom 15. 12. 1977[21] sah dies in § 32a Abs. 1 Satz 5 ausdrücklich für den Fall vor, daß der Darlehensgeber keine Rücktrittserklärung abgegeben hatte. Die Begründung zu diesem Regierungsentwurf weist darauf hin, daß andernfalls die Zweifel, ob die Gesellschafterdarlehen kapitalersetzenden Charakter haben – Fragen, die häufig nur in einem Rechtsstreit zu klären seien –, in die Prüfung der Überschuldung hineingetragen werden; damit würde der Gläubigerschutz, der mit der Konkursantragspflicht bei Überschuldung bezweckt werde, gefährdet werden.

---

18 BGH-Urteil v. 8. 3. 1982, BB 1982, 1014; Begründung z. RegE v. 15. 12. 1977, BT-Drucks. 8/1347, zu Nr. 15, § 32a; Scholz-Winter, a.a.O., §§ 32a, 32b Anm. 112; Kamprad, GmbH-Rdsch. 1969, 82.

19 Kamprad, Gesellschafterdarlehen, a.a.O., S. 35.

20 Scholz-Winter, a.a.O., §§ 32a, 32b Anm. 112; Kamprad, a.a.O., S. 35.

21 BT-Drucks. 8/1347.

Dieser Meinung ist zuzustimmen. Eine andere Praxis würde das Risiko der Konkursverschleppung auslösen und unter Umständen zu weiteren Vermögensverlusten der übrigen Gläubiger führen. Obwohl das Gesetz die ausdrückliche Regelung des Regierungsentwurfes nicht übernommen hat, ist davon auszugehen, daß – von Rangrücktrittserklärungen abgesehen – die Gesellschafterdarlehen im Überschuldungsstatus als Verbindlichkeiten auszuweisen sind. Hierbei handelt es sich aber nur um eine dem Gläubigerschutz dienende Verfahrensregelung. Durch sie wird Rechtsunsicherheit, die zu Lasten der übrigen Gesellschaftsgläubiger ginge, vermieden. Sofern sich bei der materiell-rechtlichen Prüfung später herausstellt, daß die Darlehen tatsächlich kapitalersetzenden Charakter haben und damit unter die §§ 32a und 32b GmbHG oder unter das Rückzahlungsverbot des § 31 GmbHG fallen, steht ex post fest, daß sie in den Überschuldungsstatus nicht hätten aufgenommen werden müssen. Für den Konkurs- oder Vergleichsantrag wird dieses Ergebnis nachträglicher materiellrechtlicher Prüfung in der Regel keine Bedeutung mehr haben. Seine Bedeutung liegt aber unter Umständen im strafrechtlichen Bereich. Hier ist die Frage zu untersuchen, ob ggf. die Tatbestände des Bankrottes (§§ 283ff. StGB), der Untreue (§ 266 StGB) oder ähnlicher Delikte vorliegen. Dabei kann das Fehlen einer materiellen Überschuldung sowohl im objektiven als auch im subjektiven Tatbestandsbereich entscheidend für die strafrechtliche Beurteilung sein[22].

III. Handelsbilanz

Die für den Überschuldungsstatus geltenden Bewertungsgrundsätze lassen sich nicht auf die Handelsbilanz anwenden, weil diese die Vermögens- und Ertragslage eines lebenden Unternehmens darstellt. Liquidationswerte einzelner Wirtschaftsgüter sind darin nur in Ausnahmefällen zu berücksichtigen. Wären Gesellschafterkredite in der Handelsbilanz als Eigenkapital zu behandeln, so würde dies wegen der Maßgeblichkeit der Handelsbilanz auch für die Ertragsteuerbilanz gelten. Dies hätte wiederum zur Folge, daß die Zinsen auf diese Darlehen keine abzugsfähigen Betriebsausgaben sind, sondern Gewinnausschüttungen, die als steuerpflichtiges Einkommen bei der Gesellschaft der Gewerbeertragsteuer und der Körperschaftsteuer unterlägen. In der Vermögensaufstellung der Gesellschaft wären diese Darlehen keine Betriebsschulden im Sinne des § 103 BewG und unterlägen damit der Vermögens- und Gewerbekapitalsteuer.

Die Bewertung erfolgt in der Handelsbilanz nach anerkannten, von der Betriebswirtschaftslehre entwickelten Bewertungsgrundsätzen, wie sie im Aktienrecht ihre gesetzliche Festlegung gefunden haben (§§ 153–156 AktG). Die Handelsbilanz soll einen möglichst sicheren Einblick in die Vermögens- und Ertragslage der Gesellschaft geben (§ 149 Abs. 1 AktG). Deshalb sind die Werte anzusetzen, welche den Wirtschaftsgütern, den Aktiven und Passiven, im Hinblick auf die Fortführung des Unternehmens beizumessen sind. Dabei ist im Interesse notwendiger Vergleichbarkeit der einzelnen Jahresabschlüsse auch

22 Richter, GmbH-Rdsch. 1984, 137ff.

eine Bewertungskontinuität erforderlich, weil anders – bei häufiger Änderung der Bewertungsmethoden – der gebotene Einblick in die Vermögens- und Ertragslage der Gesellschaft nicht gegeben ist. Die Wertansätze aller Wirtschaftsgüter werden durch das sog. Vorsichtsprinzip begrenzt, das auf dem Gedanken des Gläubigerschutzes beruht. Dies führt dazu, daß alle Aktiven höchstens mit ihrem Börsen- oder Marktpreis anzusetzen sind, wenn der – fortgeführte – Anschaffungswert höher ist, während alle Passiven mindestens mit dem Rückzahlungswert anzusetzen sind, auch wenn ihre ursprünglichen Anschaffungswerte niedriger sind (Imparitätsprinzip). Das gilt auch für Verbindlichkeiten, deren Einforderung durch den Gläubiger ungewiß ist oder die verjährt sind. Solange eine – auch nur sehr entfernte – Möglichkeit der Einforderung besteht, solange nicht feststeht, ob die Gesellschaft die Verjährungseinrede erheben wird, sind diese Verbindlichkeiten mit dem vollen Rückzahlungswert zu passivieren[23].

Im Schrifttum wird allerdings vereinzelt die Auffassung vertreten, die Grundsätze für die Behandlung und Bewertung der Gesellschafterdarlehen im Überschuldungsstatus hätten auch für die Handelsbilanz und damit zugleich auch für die steuerliche Ertragsbilanz Geltung[24]. Die Vertreter dieser Auffassung meinen, in der Handelsbilanz ein vornehmlich am Gläubigerschutz orientiertes Rechenwerk zu sehen, durch das der Kaufmann angehalten werden solle, sich über seine potentiellen Möglichkeiten der Schuldendeckung zu informieren. Deshalb seien die für den Überschuldungsstatus geltenden Bewertungsregeln auch für die Handelsbilanz anzuwenden. Kapitalersetzende Gesellschafterdarlehen, für die die Rechtsfolgen der §§ 31 a und 32 b GmbHG gelten, die dem Rückzahlungsverbot des § 31 GmbHG unterlägen oder die aufgrund von Rangrücktrittsvereinbarungen im Konkurs nicht geltend gemacht werden könnten, seien wie im Überschuldungsstatus auch in der Handelsbilanz nicht als Verbindlichkeiten zu berücksichtigen; sie gehörten zum Schuldendeckungspotential und damit zum Eigenkapital der Gesellschaft[25]. Zur Unterstützung dieser Rechtsmeinung wird auf die bilanzielle Behandlung von Genußrechten und Besserungsscheinen verwiesen, die Lasten verbrieften, welche nur aus künftigen Gewinnen zu tilgen und deshalb nicht zu passivieren seien[26]. Diese gelte auch für Gesellschafterdarlehen, die wegen Rangrücktrittes nur aus Gewinnen zu tilgen seien. Eine schon früher im Schrifttum vertretene Rechtsmeinung, die eine Passivierungspflicht von kapitalersetzenden Gesellschafterdarlehen verneinte, begründete dies rechtsdogmatisch damit, daß der tatsächliche Wert der Schulden, der nach § 40 Abs. 2 HGB maßgebend sei, nicht höher als der Realisierungswert für die Gläubiger sein könne[27].

23 Adler/Düring/Schmaltz, Rechnungslegung und Prüfung der Aktiengesellschaft, 4. Aufl. Bd. 1, § 152 Tz 170, 171.
24 Faßnacht, a.a.O., S. 150; Priester, DB 1977, 2429 (2434).
25 Faßnacht, a.a.O., S. 157, 158.
26 Priester, a.a.O., S. 2434.
27 Hirsch in Festschrift für Hueck, S. 307ff. (314).

All diese Begründungen verkennen die Bedeutung und den Zweck der Handelsbilanz. Sie dient keineswegs nur der Information über die Möglichkeiten der Schuldendeckung im Falle der Versilberung aller Vermögenswerte. Die durch sie vermittelte Information über das Unternehmen richtet sich an alle interessierten Kreise, den Kaufmann selbst, der seine Disposition danach trifft, seine Gesellschafter, den Fiskus, die Gläubiger und – soweit Publizitätsvorschriften Anwendung finden – die Öffentlichkeit im allgemeinen. Diese Kreise sollen über die Vermögens- und Ertragsstruktur des am Wirtschaftsverkehr teilhabenden Unternehmens während einer Geschäftsperiode informiert werden. Der Gesichtspunkt des Schutzes der Gläubiger hat dabei besonderes Gewicht, weil dieser Kreis naturgemäß ein starkes Vermögensinteresse an der Solidität des Unternehmens hat. Rechtlich begründete Ansprüche jeder Art, die sich gegen das Unternehmen richten, sind deshalb immer mit ihrem vollen Rückzahlungsbetrag in der Handelsbilanz zu passivieren, auch wenn sie temporär nicht geltend gemacht werden können. Sie sind Faktoren, welche die Vermögens- und Ertragsstruktur des Unternehmens unter dem Blickwinkel seiner Fortführung beeinflussen. Ihr Weglassen würde zu einer unvollständigen, verschleierten Darstellung der Vermögens- und Ertragslage führen. Denn Gesellschafterkredite sind, solange die Gläubiger nicht endgültig auf ihre Rückzahlung verzichtet haben, zivilrechtlich Gläubigerrechte, die sich gegen die Gesellschaft richten. Dies gilt auch, wenn sie fehlendes Eigenkapital ersetzen. Während des Konkurs- und Vergleichsverfahrens stellen sie zwar für die Gesellschaft keine Belastung dar. Möglicherweise erlöschen diese Darlehensverbindlichkeiten mit der Liquidation der Gesellschaft. Bis zu diesem Zeitpunkt sind und bleiben sie jedoch Verbindlichkeiten, deren Rückzahlungspflicht nur temporär ausgesetzt ist. Wenn die Gesellschaft die Krisis überwindet und saniert ist, unterliegen sie in der Regel keinen Beschränkungen mehr und müssen – im Rahmen getroffener Vereinbarungen – zurückgezahlt werden. Dem Bundesfinanzhof ist deshalb zuzustimmen, wenn er in der haftungsrechtlichen Behandlung kapitalersetzender Gesellschafterdarlehen – unabhängig davon, auf welchen Rechtsgründen der Rangrücktritt beruht – lediglich die Anordnung einer Rückzahlungsmodalität sieht[28].

Es ist auch unerheblich, auf welche Weise und aus welchen Mitteln die Rückzahlung erfolgt. Darin liegt der Unterschied zu der Verpflichtung aus Besserungsscheinen und Genußrechten. Diese Ansprüche sind nach ihrem rechtlichen Inhalt nur auf Anteile an künftigen Gewinnen gerichtet. Eine Passivierungspflicht besteht insoweit nicht, weil ein Anspruch nur entsteht, wenn Gewinne erzielt werden. Darauf kommt es bei kapitalersetzenden Gesellschafterdarlehen nicht an. Werden diese nach Wegfall der Beschränkung zurückgezahlt, wird kein Gewinnanteil ausgeschüttet, sondern eine gegen die Gesellschaft gerichtete Forderung getilgt, welche die Vermögenssubstanz der Gesellschaft wirtschaftlich belastet.

Der Realisierungswert, den die Forderung für die Gläubiger hat, ist für die Frage der Passivierungspflicht dieser Verbindlichkeit beim Schuldner ohne

28 BFH-Urteil v. 10. 12. 1975, BStBl II 1976, 226.

Bedeutung. Ein Spiegelbildsystem dieser Art ist dem geltenden Bilanzrecht unbekannt; es wäre mit dem Imparitätsprinzip nicht zu vereinbaren. Während der Gläubiger zweifelhafte Forderungen nach ihrem wahrscheinlichen Wert ansetzen und uneinbringliche Forderungen abschreiben muß (§ 40 Abs. 3 HGB), bleibt der Schuldner dieser Verbindlichkeit dennoch verpflichtet, sie in seiner Handelsbilanz mit dem vollen Rückzahlungswert zu passivieren[29].

Gesellschafterdarlehen sind deshalb in jedem Fall – bis zu ihrem endgültigen Erlöschen als Verbindlichkeit durch Tilgung, Aufrechnung oder Verzicht – in der Handelsbilanz der Gesellschaft zu passivieren.

IV. Steuerliche Auswirkungen?

1. Körperschaftsteuer

Soweit für Gesellschafterkredite Passivierungspflicht in der Handelsbilanz der Gesellschaft besteht, gilt dies wegen des Maßgeblichkeitsgrundsatzes auch für die steuerliche Erfolgsbilanz. Auch dort sind diese Verbindlichkeiten mit dem vollen Rückzahlungswert anzusetzen, solange eine – auch nur sehr entfernte – Möglichkeit der Einforderung besteht.

Unbeschadet ihrer Bilanzierung hatte der Reichsfinanzhof in Einzelfällen Gesellschafterkredite aufgrund „wirtschaftlicher Betrachtungsweise" als verdecktes Kapital angesehen und den Abzug der Kreditzinsen als Betriebsausgaben bei der Ermittlung des steuerpflichtigen Einkommens der Gesellschaft nicht zugelassen[30]. Diese Rechtsprechung wurde aber später vom Reichsfinanzhof und vom Bundesfinanzhof so stark eingeschränkt, daß ihr keine praktische Bedeutung mehr zukommt. Die Gerichte lassen seitdem eine Umdeutung von Gesellschafter-Fremdkapital in Eigenkapital nur noch zu, wenn die Finanzbehörden den Nachweis erbringen, daß im Einzelfall eine andere als die gewählte Rechtsform zwingend gewesen sei[31]. Es sind kaum Fälle denkbar, in denen der Finanzverwaltung dieser Nachweis gelingen könnte.

Auf die Ertragsbesteuerung der Gesellschaft durch die Körperschaftsteuer und die Gewerbeertragsteuer hat somit die zivilrechtliche Behandlung der Gesellschafterkredite keine Bedeutung, solange in der Bilanz Passivierungspflicht besteht.

2. Vermögensteuer

Bei der Ermittlung des Einheitswertes des Betriebsvermögens hatten der Reichsfinanzhof und anfangs auch der Bundesfinanzhof Gesellschafterkredite in erheb-

29 Anm. 22.

30 RFH-Urteil v. 27. 9. 1938, RStBl 1939, 173; RFH-Urteil v. 31. 10. 1939, RStBl 1940, 35; RFH-Urteil v. 29. 9. 1942, RStBl 1942, 1075.

31 Zuletzt: BFH-Urteil v. 10. 12. 1975, BStBl II 1976, 226.

lich größerem Umfang als bei der Körperschaftsteuer als verdecktes Kapital behandelt und deshalb ihren Abzug der Betriebsschuld nach § 103 BewG versagt. Die Gerichte haben dabei anders als bei der Körperschaftsteuer vor allem auf objektive Gesichtspunkte abgestellt und gefragt, ob im Einzelfall die Zufuhr weiterer Mittel an die Gesellschaft objektiv notwendig und das Einspringen des Gesellschafters im Wege der Darlehenshingabe deshalb zwingend war, weil das erforderliche Kapital nicht durch Aufnahme von Fremdkrediten hätte beschafft werden können[32]. Diese unterschiedliche Rechtsprechung führte dazu, daß Gesellschafterkredite häufig zwar bei der Körperschaftsteuer als Betriebsschulden anerkannt, aber bei der Ermittlung des Einheitswertes des Betriebsvermögens als verdecktes Kapital behandelt wurden, und ihr Abzug als Betriebsschulden nach § 103 BewG deshalb versagt worden ist[33]. Offenbar unter dem Eindruck dieses unbefriedigenden Rechtszustandes hat der Bundesfinanzhof schließlich im Jahre 1972 seine frühere Rechtsprechung zur Einheitswertfeststellung des Betriebsvermögens aufgegeben und sich der Rechtsprechung zur Körperschaftsteuer angeschlossen[34]. Die zivilrechtliche Behandlung der Gesellschafterkredite hat somit auch für die Vermögensteuer und die Gewerbekapitalsteuer keine Bedeutung, solange eine – auch nur sehr entfernte – Möglichkeit der Einforderung besteht und diese Darlehen deshalb mit dem vollen Rückzahlungswert in der Handels und Ertragsteuerbilanz zu passivieren sind. Mit dem vollen Rückzahlungswert sind sie auch in der Vermögensaufstellung als Betriebsschuld abzuziehen.

3. Gesellschaftsteuer

Steuerliche Auswirkungen könnten sich für den Bereich der Gesellschaftsteuer ergeben, wenn kapitalersetzende Gesellschafterdarlehen im Sinne der §§ 32a und 32b GmbHG oder Darlehen, die dem Rückzahlungsverbot des § 31 GmbHG unterliegen, als Gesellschaftskapital oder als Leistungen anzusehen wären, die im Gesellschaftsverhältnis begründet oder geeignet sind, den Wert der Gesellschaftsrechte zu erhöhen. Solche Fälle würden unter Umständen Steuerpflicht nach § 2 Abs. 1 Nr. 1, Nr. 2 oder Nr. 4 KVStG auslösen. Im Schrifttum wird vereinzelt die Auffassung vertreten, diese Darlehen erhielten im Konkurs- oder Vergleichsverfahren den Charakter von Haftkapital und seien somit Gesellschaftsrechte im Sinne des § 6 Abs. 1 Nr. 1 KVStG[35].

Soweit kapitalersetzende Gesellschafterdarlehen den §§ 32a und 32b GmbHG oder dem Rückzahlungsverbot des § 31 GmbHG unterliegen, hat dies ausschließlich haftungsrechtliche Bedeutung[36]. Der Rechtsgrund liegt im Gläubigerschutz.

---

32 z.B. RFH-Urteil v. 24. 6. 1943, RStBl 1943, 765; BFH-Urteil v. 15. 7. 1960, BStBl III 1960, 400, u.a.

33 Im Schrifttum wurde diese unterschiedliche Rechtsprechung mit Recht kritisiert, u.a. von Meilicke, BB 1964, 143 (144), der sie als ein wenig erfreuliches Gegeneinanderspiel zweier Senate des BFH bezeichnete.

34 BFH-Urteil v. 10. 3. 1972, BStBl II 1972, 518.

35 Hicks, DVR 1983, 106 (107), einschränkend auch Held, DVR 1984, 67 (68).

36 Hierzu: Kamprad, StbJb 1983/84, S. 246 (263).

Diese Vorschriften sollen verhindern, daß die Gesellschafter der Gesellschaft vorzeitig Vermögenswerte entziehen, wenn die Gesellschaft notleitend wird oder wenn hierdurch die Gefahr einer solchen Situation entstehen könnte, obwohl die Gesellschafter dies ursprünglich durch die Kreditgewährung verhindern wollten. Dieses Ziel wird nicht durch Umdeutung der Darlehen in Gesellschaftskapital erreicht. Die rechtliche Qualität der Darlehen bleibt unberührt. Der Darlehensgeber kann die Darlehen lediglich im Konkurs- und im Vergleichsverfahren nicht geltend machen und muß unter Umständen der Gesellschaft vorzeitig zurückgezahlte Beträge erstatten; insoweit ist er eine Zeitlang in seinen Rechten eingeschränkt. Hierdurch werden aber aus den Darlehen keine Gesellschaftsrechte im Sinne des § 6 KVStG. Es handelt sich auch nicht um Leistungen des Gesellschafters aufgrund einer im Gesellschaftsverhältnis begründeten Verpflichtung (§ 2 Abs. 1 Nr. 2 KVStG) oder um freiwillige Leistungen, die geeignet wären, den Wert der Gesellschaftsrechte zu erhöhen (§ 2 Abs. 1 Nr. 4a KVStG). Eine Verpflichtung zur Kreditgewährung besteht für den Gesellschafter nicht, diese erfolgt freiwillig. Der Wert der Gesellschaftsrechte wird nicht erhöht, weil die Darlehen solange Gläubigerrechte für den Gesellschafter und damit Verbindlichkeiten für die Gesellschaft bleiben, bis der Gesellschafter ggf. darauf verzichtet. Die Darlehen haften lediglich temporär wie das gesellschaftliche Eigenkapital den übrigen Gesellschaftsgläubigern für die Schulden der Gesellschaft. Dies führt aber nicht zu einer Werterhöhung der Gesellschaftsrechte[37].

Auch eine Rangrücktrittserklärung führt zu keiner anderen rechtlichen Beurteilung. Diese Erklärung hat nur haftungsrechtliche Bedeutung. Sie führt dazu, daß die Gesellschafterdarlehen im Überschuldungsstatus nicht als Verbindlichkeiten zu berücksichtigen sind, weil anders eine etwa durch sie ausgelöste Überschuldung nicht zu beseitigen wäre. Zivilrechtlich sind solche Darlehen weiterhin Verbindlichkeiten der Gesellschaft, in deren Handelsbilanz sie zu passivieren sind. Erst im Falle des Konkurs- oder Vergleichsverfahrens werden sie haftungsrechtlich dem Eigenkapital gleichgestellt mit der Folge, daß hierdurch die Quote der übrigen Gläubiger erhöht wird. Auf den Wert der Gesellschaftsrechte hat dies keinen Einfluß. Entweder bleibt dieser Wert trotz Rangrücktritt negativ – wenn die übrigen Gläubiger Ausfälle erleiden – oder der Rangrücktritt erlischt – soweit die übrigen Gläubiger voll befriedigt worden sind. Im zweiten Fall lebt das volle Forderungsrecht des Gesellschafters, falls seine Darlehen nicht zur Haftung für Gesellschaftsschulden herangezogen wurden, wieder auf. Der Wert der Gesellschaftsrechte bleibt in beiden Fällen unverändert. Gesellschaftsteuerpflicht wird nicht ausgelöst[38].

---

37 Ebenso: Merkert, DB 1983, 2487 (2488).

38 Held, a.a.O., versucht Fälle der Versteuerung über § 42 AO zu konstruieren. Praktische Bedeutung dürfte dieser Versuch kaum haben.

V. Zusammenfassung

Die §§ 32a und 32b GmbHG, die durch das Reformgesetz vom 4. 7. 1980 neu in das Gesetz eingefügt wurden, bleiben ebenso wie § 31 GmbHG, der weiterhin konkurrierend auf Gesellschafterdarlehen Anwendung findet, in ihrer Auswirkung im wesentlichen auf das Gebiet des Haftungsrechts beschränkt. Das gilt auch, soweit diese Bestimmungen sinngemäß auf Aktiengesellschaften anzuwenden sind. Nur wenn der Gesellschafter als Darlehensgläubiger eine Rangrücktrittserklärung abgegeben hat, sind die Darlehensverbindlichkeiten nicht in den Überschuldungsstatus der Gesellschaft aufzunehmen. In der Handelsbilanz sind sie dagegen immer mit dem vollen Rückzahlungsbetrag zu passivieren, solange sie nicht als Verbindlichkeiten erloschen sind. Steuerliche Auswirkungen ergeben sich aus der zivilrechtlichen Behandlung der Gesellschafterdarlehen nicht, weil diese Darlehen weiterhin Schulden der Gesellschaft bleiben, die nur temporär durch haftungsrechtliche Beschränkungen überlagert sind. Sie sind nicht Eigenkapital der Gesellschaft und beeinflussen nicht den Wert der Gesellschaftsrechte.

Die erbschaftsteuerlichen Auswirkungen von Eheverträgen im Sinn des § 1408 Abs. 1 BGB

Reinhard Kapp

1. Allgemeines

Das Rechtsgebiet der erbschaftsteuerlichen Auswirkung von Eheverträgen als Güterstandsregelung ist, wenn man berücksichtigt, daß es dazu noch keine grundlegende Entscheidung des Bundesfinanzhofs gibt, praktisch als Neuland anzusehen. Das Betreten dieses Neulandes setzt voraus, daß der das Erbschaftsteuerrecht beherrschende Grundsatz der Maßgeblichkeit des bürgerlichen Rechts gewissermaßen als tabu anerkannt wird[1]. Das heißt im Klartext:

Die Finanzverwaltung muß erbschaftsteuerlich jede familien- oder erbrechtliche Regelung anerkennen, die zivilrechtlich zulässig ist. Nur auf diese Weise wird ein Ergebnis erzielt, das gleichzeitig auch dem Bereicherungsprinzip des Erbschaftsteuerrechts entspricht.

Es ist auch entscheidend zu berücksichtigen, daß eine Bereicherung nicht in Betracht kommt, wenn der Zahlungsempfänger auf das ihm Zugewendete einen Anspruch hat.

2. Gegenstand des Ehevertrages

Die Ehegatten können ihre güterrechtlichen Verhältnisse durch Vertrag (Ehevertrag) regeln, insbesondere auch nach Eingehung der Ehe den Güterstand aufheben oder ändern (§ 1408 BGB). Sie sind dabei nicht an die Ausgestaltung des jeweiligen Güterstandes gebunden, wie der Gesetzgeber ihn geregelt hat. Der das eheliche Güterrecht beherrschende Grundsatz der Vertragsfreiheit gibt den Ehegatten die Möglichkeit, den Inhalt des Güterstandes nach Maßgabe ihrer eigenen Vorstellungen zu ändern. Die einzige gesetzliche Beschränkung der Vertragsfreiheit besteht darin, daß der Güterstand nicht durch Verweisung auf ein nicht mehr geltendes oder auf ein ausländisches Gesetz bestimmt werden darf[2]. Nach der Rechtsprechung[3] kann ein Verzicht auf den Zugewinnausgleich

1 Nach dem allerdings nrk Urt. FG München v. 9. 6. 1983, EFG 1984, 75, kann eine zivilrechtliche Norm für das Erbschaftsteuerrecht nur insoweit maßgebend sein, als sie nach ihren Voraussetzungen selbst Wirkungen entfaltet. Es handelt sich in diesem Urteil um die Frage der Widerlegbarkeit der Vermutung des § 1377 Abs. 3 BGB. Vgl. dazu das BFH-Urt. v. 8. 2. 1984, BStBl. II 1984.

2 § 1409 BGB.

3 Vgl. Beschl. OLG Köln v. 5. 2. 1981, DNotZ 1981, 444 mit Anm. Hornhardt.

Zivil-, Steuer- und Unternehmensrecht
Hrsg.: Fachinstitut für Steuerberater e. V.

sittenwidrig sein, wenn Umstände vorliegen, die dem Rechtsgeschäft ein Gepräge geben, das dem Anstandsgefühl aller billig und gerecht Denkenden widerspricht.

Gegenstand eines Ehevertrags kann nur die Regelung der güterrechtlichen Verhältnisse der Ehegatten sein. Es kommt entscheidend darauf an, ob die vertragliche Regelung das Güterrecht als solches verändert. Ein Ehevertrag liegt z. B. in folgenden Fällen vor:

- Aufhebung des gesetzlichen Güterstandes
- Wiederherstellung des gesetzlichen oder vertraglichen Güterstandes nach seiner Ausschließung oder Änderung
- Änderung des Inhalts des gesetzlichen Güterstandes durch Vereinbarung einer anderen Ausgleichsquote als der Hälfte, durch Änderung der Bestimmungen über das Anfangsvermögen oder durch Festlegung eines anderen Zeitpunkts für die Bewertung des Anfangsvermögens.

Ein Vertrag, der die Ordnung der vermögensrechtlichen Verhältnisse der Ehegatten für die Zeit nach Auflösung der Ehe betrifft, ist kein Ehevertrag.

Auch eine Vereinbarung, die eine konkrete Einzelregelung für die bevorstehende Liquidation eines Güterstandes enthält und die gegenstandslos wird, wenn es nicht zu der ins Auge gefaßten Beendigung des Güterstandes – durch Scheidung der Ehe – kommt, stellt keinen Ehevertrag dar; es fehlt an dem Erfordernis der allgemeinen Regelung der güterrechtlichen Verhältnisse einer Ehe. Es handelt sich vielmehr um eine typische Auseinandersetzungsvereinbarung[4].

Wenn auch das Prinzip der Gleichberechtigung der Vertragsfreiheit keine Grenzen setzt, so darf es doch nicht durch Ehevertrag in einer Weise beiseite geschoben werden, daß ein Ehepartner in eine unwürdige wirtschaftliche Unselbständigkeit gerät, die mit dem Wesen der Ehe nicht in Einklang zu bringen ist[5].

3. Auffassung der Finanzverwaltung

Die Finanzverwaltung erkennt ehevertragliche Abweichungen vom Gesetz nicht an[6].

Diese Auffassung ist mit dem Gesetz nicht vereinbar, weil nach § 5 Abs. 1 ErbStG der Betrag steuerfrei bleibt, den der überlebende Ehegatte – wenn er die güterrechtliche Lösung verfolgen würde – fordern könnte. Zur Berechnung der – fiktiven – Ausgleichsforderung des überlebenden Ehegatten bedarf es demgemäß der Berücksichtigung der ehevertraglichen Vereinbarungen[7]. Diese Beurteilung steht in Übereinstimmung mit dem unter 1. behandelten Grundsatz der

4 Vgl. das BGH-Urt. v. 29. 4. 1970, NJW 1970, 1183, und die Kritik an diesem Urteil durch Reinicke, NJW 1970, 1657.
5 RGRK Scheffler, § 1408 Anm. 20.
6 Vgl. Ziff. 2.1 a) ErbStErl 1976, BStBl. I 1976, 145.
7 Vgl. Knobbe-Keuk, Bilanz und Unternehmenssteuerrecht. 2. Aufl. 1979, S. 540.

Maßgeblichkeit des bürgerlichen Rechts für das Erbschaftsteuerrecht und darüber hinaus auch mit dem Bereicherungsgrundsatz des Erbschaftsteuerrechts.

Der Maßgeblichkeitsgrundsatz gilt nicht nur für Vorgänge, die sich unmittelbar aus dem Gesetz ergeben; er gilt gleichermaßen auch für solche Vorgänge, die die Ehegatten durch Ehevertrag herbeigeführt haben.

Die Finanzverwaltung verstößt gegen den Grundsatz der Einheit der Rechtsordnung, wenn sie eine güterrechtliche Regelung, die zivilrechtlich zulässig ist, erbschaftsteuerlich nicht anerkennt. Es muß damit gerechnet werden, daß die Finanzverwaltung ihre einheitlich ablehnende Haltung nur unter dem Druck eines diesen Grundsätzen entsprechenden Bundesfinanzhof-Urteils aufgeben würde.

Wenn der Bundesfinanzhof dem bürgerlichen Recht die Bedeutung beimißt, die ihm für das Erbschaftsteuerrecht beigemessen werden muß, dann müßte die Entscheidung des Bundesfinanzhofs nach meiner festen Überzeugung im obigen Sinn ergeben.

4. Gesichtspunkt der Bereicherung des anderen Ehegatten

Vereinbarungen unter Ehegatten hinsichtlich ihrer güterrechtlichen Verhältnisse haben zwar in der Regel eine Vermögensmehrung (Bereicherung) zu Lasten des anderen Ehegatten zur Folge. Nach der Rechtsprechung[8] handelt es sich aber gleichwohl nicht um freigebige Zuwendungen, weil ihr eigentlicher Zweck nicht auf die Übertragung von Vermögenswerten, sondern lediglich auf die rechtliche Ordnung der ehelichen Lebensgemeinschaft gerichtet ist und daher der Bereicherungswille fehlt (Rechtsanspruch)[9].

5. Vereinbarung des Güterstandes der Gütertrennung

Das Wesen der Gütertrennung besteht darin, daß sich die Ehegatten in vermögensrechtlicher Beziehung wie Unverheiratete gegenüberstehen[10].

Gütertrennung tritt ein:

- Bei Ausschließung des gesetzlichen Güterstandes der Zugewinngemeinschaft im Ehevertrag vor der Eheschließung, ohne daß Gütertrennung ausdrücklich vereinbart zu sein braucht (§ 1414 Satz 1 BGB).
- Bei Aufhebung des gesetzlichen Güterstandes der Zugewinngemeinschaft, ohne daß im Ehevertrag ein anderer Güterstand vereinbart wurde (§ 1414 Satz 1 BGB).

---

8 RFH-Urt. v. 12. 5. 1942, RStBl. 1942, 580, und BFH-Urteile v. 2. 10. 1957, BStBl. III 1957, 449, v. 25. 5. 1966, BStBl. III 1966, 521, und v. 28. 11. 1967, BStBl. II 1968, 239 (242).

9 Gesetzliche Ausnahme § 7 Abs. 1 Nr. 4 ErbStG, wonach die Bereicherung die ein Ehegatte bei Vereinbarung der Gütergemeinschaft (§ 1415 BGB) erfährt, in jedem Fall als Schenkung gilt.

10 BFH-Urt. v. 31. 5. 1972, BStBl. II 1972, 837.

- Bei ehevertraglicher Ausschließung des „Ausgleichs des Zugewinns", wenn die Ehegatten im gesetzlichen Güterstand der Zugewinngemeinschaft leben. Durch diesen Ausschluß entfällt die der Zugewinngemeinschaft eigentümliche vermögensrechtliche Gemeinschaft (§ 1414 Satz 2 BGB)[11].
- Wenn die Ehegatten zwar den Zugewinnausgleich ausschließen, jedoch erklären, an den Verfügungsbeschränkungen der §§ 1365, 1369 BGB festhalten zu wollen, so liegt eine unzulässige Anleihe bei einem anderen Güterstand vor[12].

Der gesetzliche Güterstand wird in der Praxis vor allem in folgenden Fällen ausgeschlossen:

- Die Ehegatten gehen irrtümlich[13] davon aus, daß beim Güterstand der Zugewinngemeinschaft eine echte Vermögensgemeinschaft mit den entsprechenden haftungsrechtlichen Folgen entsteht. Sie berücksichtigen nicht, daß Ehegatten auch beim gesetzlichen Güterstand so zu behandeln sind, als wären sie unverheiratet. Dieser Irrtum wäre nicht entstanden, wenn der Gesetzgeber dem gesetzlichen Güterstand die Bezeichnung „Güterstand des Zugewinnausgleichs" gegeben hätte[14].
- Der Gesellschaftsvertrag einer Firma, an der ein Ehegatte beteiligt ist, schreibt den Ausschluß des Güterstandes der Zugewinngemeinschaft vor.

Bei der Vereinbarung des Güterstandes der Gütertrennung bzw. beim Eintritt dieses Güterstandes können sich erbschaftsteuerliche Folgen nur ergeben, wenn in Zusammenhang mit dem Übergang vom Güterstand der Zugewinngemeinschaft zum Güterstand der Gütertrennung Vermögensübertragungen stattfinden.

6. Übergang von Gütertrennung zu Zugewinngemeinschaft

Es ist zu prüfen, ob in diesem Wechsel des Güterstandes eine Schenkung zu erblicken ist. Diese Frage kann nur zutreffend beurteilt werden, wenn man sich vor Augen hält, aus welchem Grunde der Wechsel erfolgt.

- Die Ehegatten haben erkannt, daß ihre Vorstellung, beim Güterstand der Zugewinngemeinschaft entstehe eine echte Vermögensgemeinschaft mit den entsprechenden haftungsrechtlichen Folgen[15], auf einem Irrtum beruhte. Bei dieser Sachlage stellt die nunmehr erfolgende Vereinbarung des Güterstands der Zugewinngemeinschaft lediglich die Korrektur eines Fehlers dar und verhilft den Ehegatten zu dem Güterstand, den der Gesetzgeber für den normalen hält. Der Ehefrau werden nunmehr die Rechte eingeräumt, auf die sie grundsätzlich Anspruch hat. In dem Übergang zur Zugewinngemeinschaft kann also schon begrifflich keine Schenkung liegen.

---

11 Vgl. Palandt BGB, § 1408, Anm. 1.
12 Staudinger a.a.O., § 1408, Anm. 70.
13 Ein solcher Irrtum war in den ersten Jahren nach dem Inkrafttreten des Gleichberechtigungsgesetzes durchaus verständlich.
14 Vgl. Kapp, StbJb 1957/58, S. 226.
15 Vgl. Fußn. 12.

- Die Ehegatten haben den Güterstand der Gütertrennung bei der Einführung des gesetzlichen Güterstandes der Zugewinngemeinschaft im Jahre 1958 nicht zuletzt im Hinblick auf das für den Fall einer Ehescheidung drohende Gespenst des Zugewinnausgleichsanspruchs beibehalten. In der Folgezeit sind sie aber zu der Überzeugung gekommen, daß der für die Beibehaltung des Güterstandes der Gütertrennung maßgebende Gesichtspunkt im Hinblick auf ihr fortschreitendes Alter praktisch bedeutungslos geworden ist, und vereinbaren nunmehr – oft kurze Zeit vor dem Tode eines der Ehegatten – den Güterstand der Zugewinngemeinschaft. Auch in diesem Fall liegt keine Schenkung vor. Es handelt sich um eine Neuregelung der güterrechtlichen Verhältnisse, also um die rechtliche Ordnung der ehelichen Lebensgemeinschaft.

Es ist für die erbschaftsteuerliche Beurteilung ohne jede Bedeutung, ob die Ehegatten bei der Vereinbarung des Güterstandes der Zugewinngemeinschaft – eventuell sogar vordergründig – daran gedacht haben, daß sie dadurch erbschaftsteuerliche Vorteile erlangen könnten; denn die höchstrichterliche Rechtsprechung ist im Laufe der letzten Jahrzehnte dazu übergegangen, in Fällen dieser Art den Gesichtspunkt einer mißbräuchlichen Gestaltung des bürgerlichen Rechts völlig beiseite zu schieben.

Es kommt allein darauf an, ob die vertragliche Regelung zivilrechtlich zulässig ist.

7. Übergang von Zugewinngemeinschaft zu Gütertrennung

In der Regel haben Ehegatten keine Veranlassung, den gesetzlichen Güterstand der Zugewinngemeinschaft aufzugeben und zum Güterstand der Gütertrennung überzugehen.

Etwas anderes gilt aber z.B. in den Fällen, in denen ein Ehegatte als Gesellschafter einer Personengesellschaft nach dem Gesellschaftsvertrag verpflichtet ist, den Güterstand der Gütertrennung zu vereinbaren. Dadurch soll vermieden werden, daß die Liquidität der Firma bei einer Ehescheidung durch den Ausgleichsanspruch beeinträchtigt wird.

Für den Fall des Übergangs zur Gütertrennung bestehen drei Möglichkeiten[16]:

a) Der berechtigte Ehegatte macht die ihm nach dem Gesetz zustehende Ausgleichsforderung nicht geltend, d.h. er verzichtet darauf und läßt sich auch von dem verpflichteten Ehegatten für diesen Verzicht keine Abfindung gewähren.
b) Der berechtigte Ehegatte läßt sich von dem verpflichteten Ehegatten eine Abfindung für den Verzicht auf die Geltendmachung des entstandenen Zugewinnausgleichsanspruch gewähren.
c) Der Zugewinnausgleichsanspruch wird geltend gemacht, aber zinslos bis zum Tode des verpflichteten Ehegatten gestundet.

16 Vgl. Kapp, ErbStG, § 5 Rz. 63.

Zu a)

Bei einem Verzicht ohne Abfindung nimmt die Finanzverwaltung den Standpunkt ein, daß darin eine Schenkung unter Lebenden an den verpflichteten Ehegatten liegen könne, sofern Bereicherung und Bereicherungswille vorlägen[17]. Diese Beurteilung widerspricht den Grundsätzen des Erbschaftsteuerrechts. Bei dem Verzicht auf die Geltendmachung der Ausgleichsforderung fehlt es an dem Bereicherungswillen, weil es sich bei dem Abschluß des die Gütertrennung herbeiführenden Ehevertrages regelmäßig um eine die rechtliche Ordnung der ehelichen Lebensgemeinschaft betreffende Vereinbarung handelt. Die Ehegatten wollen mit dem Übergang zum Güterstand der Gütertrennung störende Elemente aus ihrem Güterstand beseitigen[18].

Wenn der Gesetzgeber der Auffassung gewesen sein sollte, daß beim Übergang zur Gütertrennung in dem Verzicht auf die Geltendmachung der Ausgleichsforderung eine Schenkung zu erblicken sei, so hätte er dieser Auffassung durch eine dem § 7 Abs. 1 Nr. 4 ErbStG entsprechende Regelung Ausdruck verleihen müssen. Vgl. in diesem Sinne auch das den Verzicht auf die Realisierung des Zugewinnausgleichs behandelnde Urteil des Finanzgerichts Münster vom 24. 1. 1962[19].

Zu b)

Bei einem Verzicht gegen Abfindung ist davon auszugehen, daß die Abfindung an die Stelle der Ausgleichsforderung tritt und deshalb wie diese steuerfrei ist. Voraussetzung für diese Beurteilung ist aber der einwandfreie Nachweis, daß die als Abfindung bezeichnete Zuwendung auch tatsächlich für den Verzicht auf die entstandene Ausgleichsforderung gedacht ist. Es ist zu berücksichtigen, daß die Abfindung nicht allein für den Verzicht auf die Ausgleichsforderung, sondern auch für den Verzicht auf den Pflichtteilsanspruch gewährt wird. Daraus ergibt sich, daß die Abfindung aufgegliedert werden muß in den Betrag, der den Verzicht auf die entstandene Ausgleichsforderung betrifft und in den Betrag, der sich auf den entstandenen Pflichtteilsanspruch bezieht[20]. Eine solche Aufgliederung ist bei einer im Zuge eines Ehescheidungsverfahrens gewährten Abfindung nur solange erforderlich, als die Ehe noch nicht rechtskräftig geschieden ist. Nach Scheidung der Ehe besteht kein Pflichtteilsanspruch mehr.

Zu c)

Es ist von erheblicher praktischer Bedeutung, daß die Zugewinnausgleichsforderung beim Übergang vom Güterstand der Zugewinngemeinschaft zum Güterstand der Gütertrennung gem. § 5 Abs. 2 ErbStG nicht nach den Steuerwerten, sondern nach den wirklichen Werten berechnet wird.

17 ErbStErl. 1976, 2.2.1.
18 Vgl. Petzoldt, ErbStG, § 5 Anm. 23.
19 EFG 1962, 356.
20 Vgl. Kapp, ErbStG, § 5 Rz. 69.

Soweit in einem früheren Stadium der Ehe Schenkungen erfolgt sind und darauf Schenkungsteuer entrichtet ist, werden diese Schenkungen nach § 1380 BGB auf die Ausgleichsforderung angerechnet. Die gezahlte Schenkungsteuer wird nach § 29 Abs. 1 Nr. 3 ErbStG erstattet. Vgl. hierzu auch das zur Grunderwerbsteuer ergangene BFH-Urteil vom 16. 3. 1977[21].

Bei einem Verzicht auf die sofortige Entrichtung der Ausgleichsforderung und Einverständniserklärung mit einer zinslosen Stundung besteht der Vorteil, daß der Erwerb von Todes wegen um den nach § 5 Abs. 2 ErbStG, also ohne Begrenzung auf den Steuerwert, berechneten Zugewinnausgleichsanspruch, gemindert wird, obgleich im Zeitpunkt des Todes Gütertrennung bestand. Diese zivilrechtliche Gestaltung muß auch erbschaftsteuerlich anerkannt werden.

In dem Verzicht auf Zinsen ist aber eine Schenkung des anspruchsberechtigten Ehegatten gegenüber dem verpflichteten Ehegatten zu erblicken[22], wobei zu beachten ist, daß die Zinslosigkeit zum Bestandteil des entgeltlichen Zugewinnausgleichsanspruchs und damit steuerfrei gemacht werden kann.

8. Vereinbarungen beim Güterstand der Zugewinngemeinschaft

Es muß sich um Vereinbarungen im Rahmen des Güterstandes der Zugewinngemeinschaft handeln, die der Regelung der güterrechtlichen Verhältnisse dienen, nicht dagegen um Vereinbarungen, die sich aus den persönlichen Ehewirkungen ergeben[23].

Die Ehegatten handeln aber, auch wenn eine güterrechtliche Maßnahme als gegeben anzusehen ist, nicht mehr im Rahmen der Zugewinngemeinschaft, wenn sie die tragende Stütze der Zugewinngemeinschaft, nämlich den Ausgleich des Zugewinns, ausschließen[24]. In diesem Fall tritt unabhängig von dem Willen der Ehegatten Gütertrennung ein.

Folgende Abweichungen von der gesetzlichen Regelung sind als zulässig anzusehen:

- Vertragliche Abwandlung der gesetzlich auf ½ festgelegten Quote, mit der jeder Ehegatte an dem Mehrvermögen des anderen Ehegatten teilnimmt[25].
- Verschiedene Höhe der für jeden Ehegatten festgesetzten Quote[26].
  Eine Regelung über die Höhe der Ausgleichsforderung, die einen Ehegatten in erheblichem Maß schlechter stellt als den anderen, wird regelmäßig zu der Prüfung Anlaß bieten, ob noch Übereinstimmung mit dem Wesen der Ehe, d.h. zugleich mit den guten Sitten gegeben ist[27].

21 BStBl. II 1977, 648.
22 Vgl. Kapp, ErbStG, § 7 Rz. 397.
23 Vgl. §§ 1353–1362 BGB
24 Vgl. § 1414 BGB und Staudinger/Felgentraeger BGB § 1408, Anm. 70.
25 Vgl. grundlegend Knur, DNotZ 1957, 451–483 (472).
26 Vgl. Staudinger, a.a.O.
27 Vgl. Zöllner, FamRZ 1965, 119ff.

- Beschränkung der Ausgleichsforderung eines oder beider Ehegatten auf einen bestimmten Höchstbetrag zwecks Ausschließung der mannigfachen Gefahren des Zugewinnausgleichs[28].
- Herausnahme des Betriebsvermögens einer Firma aus der Berechnung des Zugewinnausgleichs[29].
- Vereinbarung, daß statt des Verkehrswerts des Anfangsvermögens, z.B. der vermögensteuerliche Wert, d.h. bei Grundstücken der Einheitswert, anzusetzen ist.
- Rückdatierung des Zeitpunkts für die Berechnung des Anfangsvermögens.

Diesem Punkt kommt in der Praxis erhebliche Bedeutung zu. Nach § 1376 BGB wird der Berechnung des Anfangsvermögens der Wert zugrunde gelegt, den das beim Eintritt des Güterstandes vorhandene Vermögen in diesem Zeitpunkt hatte. Im Hinblick auf die Vertragsfreiheit können die Ehegatten aber als Zeitpunkt für die Berechnung des Anfangsvermögens und damit auch für die Berechnung des späteren Zugewinns durch Ehevertrag einen anderen Zeitpunkt als den Beginn des Güterstandes der Zugewinngemeinschaft vereinbaren. Sie können den Zeitpunkt der Eheschließung als maßgebend behandeln.

Für eine solche Abweichung vom Gesetz können die verschiedensten Gründe vorliegen. Der Zivilrichter hat keine Veranlassung, im Streitfall anders zu entscheiden; er muß die ehevertragliche Regelung anerkennen. Wenn das aber der Fall ist, dann muß auch der Steuerrichter dem folgen. Ein typischer Fall ist der folgende:

Der Ehemann war vor Beginn der jetzigen Ehe schon einmal verheiratet und hatte bei der Ehescheidung vor allem durch den Ausgleich des Zugewinns erhebliche Schwierigkeiten. Es ist verständlich, daß er bei Eingehung der zweiten Ehe auf Gütertrennung drängt. Es ist aber ebenso verständlich, daß er seiner Ehefrau vorschlägt, den Güterstand der Zugewinngemeinschaft zu vereinbaren, wenn er erkannt hat, daß eine erneute Ehescheidung voraussichtlich nicht in Betracht kommen würde.

Ich weise aber ausdrücklich darauf hin, daß die bürgerlich-rechtlich zulässige Vereinbarung der Rückwirkung auf den Tag der Eheschließung im Hinblick darauf, daß die Vorschrift des § 1408 BGB auf dem Grundsatz der Vertragsfreiheit beruht, erbschaftsteuerlich auch dann anerkannt werden muß, wenn die Ehegatten für die „verspätete" Vereinbarung des Güterstandes der Zugewinngemeinschaft keine besonderen oder keine zwingenden Gründe hatten.

Das Oberlandesgericht Hamburg hat diese wichtige Frage in dem Urteil vom 25. 2. 1964[30] eindeutig im Sinne dieser Ausführungen entschieden.

Es braucht nicht besonders erwähnt zu werden, daß die Finanzverwaltung die Rechtslage grundlegend anders beurteilt.

---

28 Vgl. Staudinger, a.a.O.

29 Vgl. Knobbe-Keuk, a.a.O., S. 536 und Kohler, BB 1959, 929 (933) – Beschränkung des Zugewinnausgleichs für den Fall der Scheidung auf das Privatvermögen.

30 NJW 1964, S. 1076.

- Begrenzung des Zugewinnausgleichs auf einen bestimmten Betrag.
  Wenn der Zugewinnausgleichsanspruch ehevertraglich begrenzt ist, dann hat der anspruchsberechtigte Ehegatte zivilrechtlich nur Anspruch auf den vertraglich festgesetzten Betrag. Auch erbschaftsteuerlich kann der Zugewinnausgleichsanspruch dann nur mit diesem Betrag berücksichtigt werden. In der Praxis sind gegenüber diesem Fall aber Varianten möglich, die eine andere Beurteilung rechtfertigen. Die anspruchsberechtigte Ehefrau hat z.B. neben ihrem Erbanspruch als Alleinerbin Anspruch auf eine Lebensversicherung. Wenn die Summe des ehevertraglich festgesetzten Ausgleichsanspruchs und der Lebensversicherungssumme unter 25% des Nachlasses liegt, dann besteht kein Grund, die Steuerfreiheit auf den echten Ausgleichsanspruch zu beschränken. Es muß dann eine Abänderung der ursprünglich getroffenen Vereinbarung über die Höhe des Zugewinnausgleichsanspruchs angenommen werden. Es muß davon ausgegangen werden, daß die Ehegatten, wenn ihnen das erst nach dem Tode erkennbar gewordene Zahlenspiel schon bei Lebzeiten klar gewesen wäre, eine entsprechende ehevertragliche Vereinbarung dergestalt getroffen hätten, daß die Lebensversicherungssumme bis zu der 25%-Grenze neben dem ehevertraglich festen Ausgleichsanspruch wie ein echter Ausgleichsanspruch zu behandeln ist. Es ist kein Grund ersichtlich, zusätzliche Beträge, wenn sie sich im Rahmen der zulässigen Ausgleichsforderung halten, der Erbschaftsteuer zu unterwerfen.
- Ausschluß des Zugewinnausgleichs für den Fall der Ehescheidung bei Belassung des Zugewinnausgleichs im Todesfall nach § 1371 BGB.

9. Aufklärungspflicht des Notars

Kohler[31] hat bereits im Jahre 1959 zutreffend darauf hingewiesen, daß es zur einwandfreien Rechtswirksamkeit der Abweichungen von der gesetzlichen Regelung der Aufklärung aller Beteiligten über die Auswirkungen bedürfe.

Kohler schlägt mit Recht vor, die Tatsache dieser Aufklärung in das notarielle Protokoll aufzunehmen, das für Eheverträge dieser Art erforderlich ist[32].

10. Zusammenfassung

Bei der Prüfung der Frage der erbschaftsteuerlichen Auswirkungen von Eheverträgen sind folgende Grundsätze zu beachten:
- Ein Ehevertrag im Sinne des § 1408 Abs. 1 BGB liegt nur vor, wenn es sich um die Regelung der güterrechtlichen Verhältnisse handelt.
- Mit der Regelung güterrechtlicher Verhältnisse ist zwar in der Regel eine Vermögensmehrung (Bereicherung) zu Lasten des anderen Ehegatten verbunden. Es handelt sich aber gleichwohl nicht um eine freigebige Zuwendung,

31 Vgl. Fn. 26.
32 Vgl. §§ 1410, 2276 und 2348 BGB.

weil ihr eigentlicher Zweck nicht auf die Übertragung von Vermögenswerten, sondern lediglich auf die rechtliche Ordnung der ehelichen Lebensgemeinschaft gerichtet ist und daher der Bereicherungswille fehlt.

- Bei der erbschaftsteuerlichen Beurteilung von Eheverträgen – wie überhaupt im Erbschaftsteuerrecht – gilt der Grundsatz der Maßgeblichkeit des bürgerlichen Rechts. Was zivilrechtlich zulässig ist, muß auch erbschaftsteuerlich anerkannt werden.
- Abweichungen von der gesetzlichen Regelung der Berechnung des Zugewinnausgleichsanspruchs, die zivilrechtlich zulässig sind, müssen auch erbschaftsteuerlich anerkannt werden.

Praktische Fragen und Probleme der Rechtsstellung des Aufsichtsratsvorsitzenden und seines Stellvertreters einer AG oder GmbH

Martin Luther und Isolde Rosga

I. Vorwort

Aus Anlaß der Vollendung des 80. Lebensjahres des Jubilars soll mit diesem Festschriftbeitrag einer gemeinsamen beruflichen Beziehung gedacht werden, die mit der Referendarzeit in einem großen Berliner Anwaltsbüro begonnen hat. Während des weiteren Berufslebens fanden im Laufe der Jahre immer wieder Zusammentreffen mit dem Jubilar statt, wenn auch meistens unterschiedliche Positionen zu vertreten waren.

Mit seinem Beitrag über fehlerhafte Aufsichtsratsbeschlüsse in der Festschrift für Walter Schmidt[1] ist Meilicke die Darstellung der Rechtslage bei fehlerhaften Aufsichtsratsbeschlüssen in überzeugender Weise gelungen. In Anknüpfung an diesen Themenkomplex liegt eine Betrachtung der Rechtsstellung des Aufsichtsratsvorsitzenden nahe, die ihren Ausgang in einer eher beiläufigen Bemerkung des Jubilars in jenem Beitrag nehmen soll. Danach setzen Verlautbarungen des Aufsichtsrats einer Aktiengesellschaft mit dem Vorsitzenden des Aufsichtsrates als *Sprecher* (nicht als Vertreter) einen wirksamen Aufsichtsratsbeschluß voraus, um Rechtswirkungen zu entfalten[2]. Der folgende Beitrag kann und soll nicht in Konkurrenz treten zu der bemerkenswerten, umfassenden Dissertation über die Stellung des Aufsichtsratsvorsitzenden von Egon A. Peus[3]. Wir möchten uns an dieser Stelle auf die Darstellung von ausgewählten Problemkreisen beschränken, die aus Erfahrung in der gesellschaftsrechtlichen Praxis zu Kontroversen führen können.

II. Überblick über die Rechte und Pflichten des Aufsichtsratsvorsitzenden

Ausgehend von der oben zitierten Bemerkung des Jubilars, der Aufsichtsratsvorsitzende sei *Sprecher* des Aufsichtsrates, wird dem Aufsichtsratsvorsitzenden sicherlich die Funktion eines Sprachrohres für den Aufsichtsrat zuzubilligen

---

1 1959, S. 71f.
2 Meilicke, Festschrift für Walter Schmidt, 1959, S. 71, 75.
3 Der Aufsichtsratsvorsitzende, 1983; vgl. dazu die – positive – Rezension von Peltzer, WM 1984, 1044; vgl. auch die Rezension von Gäbelein, ZHR 1984, Bd. 148, 371f.

Zivil-, Steuer- und Unternehmensrecht
Hrsg.: Fachinstitut für Steuerberater e.V.

sein. Allein hierin erschöpft sich die Bedeutung eines Sprechers nicht. Man denke nur beispielsweise an die Stellung eines „Sprechers" in anderen Lebensbereichen, wie z.B. in der Schule des Klassensprechers, der in eigener Verantwortung sowohl Fürsprache- als auch Interessenvertretungsfunktionen für die Gemeinschaft, in der Schule die Klasse, wahrzunehmen hat.

Wenn das Aktienrecht in § 107 Abs. 1 AktG die Wahl eines Aufsichtsratsvorsitzenden zwingend vorschreibt, der ebenso wie der gewählte Stellvertreter von dem Vorstand zum Handelsregister anzumelden ist, liegt der Schluß nahe, daß der Gesetzgeber dem Aufsichtsratsvorsitzenden gegenüber anderen Aufsichtsratsmitgliedern, mehr noch als es das Wort „Sprecher" zum Ausdruck bringt, eine Sonderstellung zugedacht haben könnte. Diese scheint auch dadurch dokumentiert zu werden, daß der Aufsichtsratsvorsitzende gemäß § 80 Abs. 1 Satz 1 AktG auf allen Geschäftsbriefen der Aktiengesellschaft namentlich zu bezeichnen ist.

In der Praxis hat sich die Stellung des Aufsichtsratsvorsitzenden in mancher Hinsicht faktisch verselbständigt. Eine ähnliche Entwicklung hat sich im Hinblick auf die Stellung eines Ehrenvorsitzenden des Aufsichtsrates vollzogen, den das Gesetz überhaupt nicht erwähnt. Angesichts der überzeugenden Darlegungen von Marcus Lutter[4] zu den Befugnissen des Ehrenvorsitzenden soll von näheren Ausführungen hierzu abgesehen werden[5].

Trotz der dem Aufsichtsratsvorsitzenden durch die Vorschriften der § 107 Abs. 1, § 80 Abs. 1 AktG eingeräumten Sonderstellung ist zunächst festzuhalten, daß er kein besonderes Organ der AG, sondern lediglich ein Mitglied des Kollektivorganes „Aufsichtsrat" ist. Die Stellung des Aufsichtsratsvorsitzenden ist gesetzlich nicht exakt und abschließend normiert. Eine allgemeine, die Aufgaben des Aufsichtsratsvorsitzenden umfassend regelnde Vorschrift fehlt. Zur Lösung einzelner Problemkreise werden ihm lediglich gegenüber anderen Aufsichtsratsmitgliedern besondere Rechte und Pflichten zugewiesen, die im folgenden kurz dargestellt werden sollen.

1. Rechte und Pflichten des Aufsichtsratsvorsitzenden eines gesetzlich vorgeschriebenen Aufsichtsrates einer AG oder GmbH

Zunächst werden dem Aufsichtsratsvorsitzenden durch §§ 107 bis 110 AktG Aufgaben und Befugnisse eingeräumt, denen im Hinblick auf das Kollegium „Aufsichtsrat" Geschäftsordnungscharakter beizumessen ist. Durch § 110 Abs. 1 Satz 1 AktG ist ihm das Recht zur Einberufung des Aufsichtsrates zugewiesen. Nach § 107 Abs. 2 Satz 1 AktG hat er die Niederschrift über die Aufsichtsratssitzungen zu unterzeichnen und dadurch für ihre Richtigkeit und Vollständigkeit die Verantwortung zu tragen. In diesen, die innere Ordnung des Aufsichtsrats betreffenden gesetzlich geregelten Verfahrensvorschriften er-

4 ZIP 1984, 645f.

5 Vgl. zum Ehrenvorsitzenden auch Janberg/Oesterlink, Die AG 1960, 242; Obermüller/Werner/Winden, DB 1964, 1327; Braunbehrens, BB 1981, 2100; Geßler, Geßler/Hefermehl/Eckardt/Kropff, Komm. z. AktG, § 107 Rdn. 25, 26; Jüngst, BB 1984, 1583ff.

schöpfen sich die Geschäftsordnungsbefugnisse des Aufsichtsratsvorsitzenden jedoch nicht.

Nach allgemeiner Ansicht stehen ihm darüber hinaus, soweit Satzung und Geschäftsordnung nichts Gegenteiliges vorsehen, kraft Amtes sämtliche Befugnisse zu, die zur Vorbereitung und Leitung der Aufsichtsratssitzungen sowie zur Koordinierung der Arbeit der einzelnen Aufsichtsratsausschüsse erforderlich sind[6]. Der innere Grund hierfür liegt darin, daß dem Aufsichtsratsvorsitzenden als Leiter des Kollegiums die Aufgabe zukommt, durch interne Maßnahmen die Willensbildung des Aufsichtsrates in Form der nach § 107 AktG vorgesehenen Beschlußfassung vorzubereiten, damit das Plenum die ihm als Gesellschaftsorgan zugewiesenen Rechte und Pflichten erfüllen kann.

Darüber hinaus gewährt § 109 Abs. 2 AktG dem Aufsichtsratsvorsitzenden das Recht, Aufsichtsratsmitglieder von der Teilnahme an Ausschußsitzungen auszuschließen, wenn sie diesem Ausschuß nicht angehören. Nach überwiegender Ansicht kann eine derartige von dem Aufsichtsratsvorsitzenden gemäß § 109 Abs. 2 AktG getroffene Entscheidung weder von dem Gesamtaufsichtsrat noch von der Hauptversammlung wieder aufgehoben werden[7]. Neuerdings hat allerdings das Landgericht München[8] die Regelung in einer Geschäftsordnung des Aufsichtsrates, die ein Teilnahmerecht eines Nichtausschußmitgliedes vorsah, gebilligt[9] und somit entgegen dem klaren Wortlaut des § 109 Abs. 2 AktG die Entscheidungskompetenz des Aufsichtsrates als Plenum in den Vordergrund gestellt. Auch Peus vertritt im Anschluß an die Entscheidung des Landgerichts München einen ähnlichen Standpunkt und folgert aus der Personalhoheit des Aufsichtsrates über seine Ausschüsse (§ 107 Abs. 3 Satz 1 AktG), daß der Aufsichtsrat die von dem Aufsichtsratsvorsitzenden angeordnete Ausschließung wieder aufheben könne[10]. Es bleibt abzuwarten, ob die dem Aufsichtsratsvorsitzenden nach überwiegender Ansicht in Übereinstimmung mit dem Gesetzeswortlaut ausschließlich zugestandene Entscheidungsbefugnis Bestand haben wird. Sollte sich der gegenteilige Standpunkt durchsetzen, so wird dieses sicherlich zu einem Kompetenz- und Prestigeverlust des Aufsichtsratsvorsitzenden führen, wenn dessen Entscheidungen im nachhinein von dem Aufsichtsratsplenum wieder aufgehoben werden dürfen.

Auch bei der Empfangnahme und Weiterleitung von Informationen des Vorstandes der Gesellschaft gegenüber den übrigen Aufsichtsratsmitgliedern nimmt der Aufsichtsratsvorsitzende eine Sonderstellung ein, die sowohl für die

---

6 Mertens, Kölner Komm. z. AktG, § 107 Rdn. 32; Eberhard Vetter, Beiträge zur inneren Ordnung des Aufsichtsrates der mitbestimmten Aktiengesellschaft, 1982, S. 92; Raiser, Recht der Kapital-Gesellschaften, 1983, S. 85.

7 Geßler, a.a.O. (Fn. 5), § 109 AktG Rdn. 23; Godin/Wilhelmi, Komm. z. AktG, 4. Aufl., § 109 Anm. 7; Mertens, Kölner Komm., a.a.O. (Fn. 6), § 109 AktG Rdn. 20; Meyer/Landrut, Großkomm. z. AktG, 3. Aufl., § 109 Anm. 5; Kruse, Organisation des Entscheidungsprozesses des Aufsichtsrates in der Aktiengesellschaft, 1972, S. 148; a.A.: Peus, a.a.O. (Fn. 3), S. 59, 60.

8 Die AG 1980, 165, 166, 167.

9 Die Berufungsentscheidung des OLG München, DB 1981, 1077f., hatte sich mit diesem Teil des erstinstanzlichen Urteils nicht mehr auseinanderzusetzen.

10 a.a.O. (Fn. 3), S. 58f.

Kontrolle der Geschäftsführung als auch für die Kooperation mit dem Vorstand von erheblicher praktischer Bedeutung ist. So sind die aus wichtigem Anlaß zu erstellenden Berichte des Vorstandes für den Aufsichtsrat, sogenannte Eilberichte, dem Aufsichtsratsvorsitzenden gemäß § 90 Abs. 1 AktG zuzuleiten. Da es sich bei der Empfangszuständigkeit des Aufsichtsratsvorsitzenden für derartige Eilberichte nicht um eine abschließende Regelung im Sinne von § 23 Abs. 5 AktG[11] handelt, entnimmt die herrschende Meinung dieser Bestimmung, daß der Aufsichtsratsvorsitzende auch bei der Annahme von anderen Berichten, die zur Vorbereitung von Aufsichtsratssitzungen durch den Vorstand schriftlich erstattet sind, den Aufsichtsrat als Adressaten vertreten darf. Hat der Vorstand schriftlich Bericht zu erstatten, so genügt er also seiner Berichtspflicht, wenn er die Schriftstücke dem Aufsichtsratsvorsitzenden zukommen läßt[12].

Ferner obliegt dem Aufsichtsratsvorsitzenden eine wichtige Aufgabe für die Herstellung der Kommunikation zwischen den übrigen Aufsichtsratsmitgliedern und der Geschäftsführung. Nach § 90 Abs. 5 Satz 3 AktG trifft den Aufsichtsratsvorsitzenden die Pflicht, die Aufsichtsratsmitglieder über die ihm aus wichtigem Anlaß erstellten Berichte des Vorstandes der Gesellschaft in der nächsten Aufsichtsratssitzung zu unterrichten. Diese Verpflichtung ist gesetzlich lediglich für die Eilberichte vorgeschrieben. Im Hinblick auf die Weiterleitung der Informationen des Vorstandes an die anderen Aufsichtsratsmitglieder hat der Vorsitzende einen nicht unerheblichen Ermessensspielraum[13], dessen Ausmaß in der Praxis von seiner Persönlichkeit und seinem Ansehen im Aufsichtsrat abhängen wird. Er kann darüber entscheiden, wie und in welchem Umfang er die Aufsichtsratsmitglieder über den wesentlichen Inhalt ihm zugegangener Vorstandsberichte informiert, damit diese zutreffend beurteilen können, ob sie schriftlich erstattete Berichte des Vorstandes einsehen oder sich aushändigen lassen wollen[14]. Der Ermessensspielraum des Aufsichtsratsvorsitzenden wird praktisch lediglich durch das nach § 116 i.V.m. § 93 Abs. 1 AktG bestehende Haftungsrisiko begrenzt für den Fall, daß ihm der Vorwurf nicht ordnungsgemäßer Sorgfalt bei der Übermittlung von Informationen gemacht werden kann[15].

Die aufgezeigten aktienrechtlichen Befugnisse des Aufsichtsratsvorsitzenden werden durch das MitbestG 1976[16] erheblich erweitert[17]. Neben der dem Aufsichtsratsvorsitzenden durch § 27 Abs. 3 MitbestG eingeräumten Befugnis, dem ständigen Ausschuß anzugehören, ist die Einräumung des Zweit-Stimmrechtes nach § 29 Abs. 2 und § 31 Abs. 4 MitbestG von grundlegender Bedeutung.

---

11 Vgl. dazu Martin Luther, Freundesgabe für Hans Hengeler, 1972, S. 167, 175f.

12 Allgemeine Auffassung: Baumbach/Hueck, Komm. z. AktG, 13. Aufl., § 90 Anm. 3; Geßler, a.a.O. (Fn. 5), § 107 AktG Rdn. 31; Meyer-Landrut, a.a.O. (Fn. 7), § 90 AktG Anm. 6; Lutter, Information und Vertraulichkeit im Aufsichtsrat, 2. Aufl., 1984, S. 55.

13 Mertens, Kölner Komm., a.a.O. (Fn. 6), § 107 AktG Rdn. 30.

14 Peus, a.a.O. (Fn. 3)., S. 153.

15 Vgl. Meyer/Landrut, a.a.O. (Fn. 7), § 90 AktG Anm. 12.

16 Mitbestimmungsgesetz 1976 vom 4. Mai 1976 (BGBl. I S. 1153).

17 Die aktienrechtlich normierten Einzelbefugnisse des Aufsichtsratsvorsitzenden gelten grundsätzlich gleichermaßen auch für die dem MitbestG unterliegende AG und GmbH (§ 25 Abs. 1 Nr. 1 und 2 MitbestG), ausführlich hierzu Peus, a.a.O. (Fn. 3), S. 221f., 425f.

Danach wird dem Aufsichtsratsvorsitzenden ein Sonderrecht eingeräumt, das nicht mehr lediglich Geschäftsordnungs- oder Kooperationsfunktionen betrifft, sondern auf der wesentlich bedeutsameren Ebene der Entscheidungskompetenz des Aufsichtsrates als Gesellschaftsorgan, beispielsweise bei so wichtigen Entscheidungen wie der Zustimmung zu einzelnen Geschäftsführungsmaßnahmen, anzusiedeln ist.

Dagegen enthalten weder das Montan-MitbestG 1951[18], das Mitbestimmungsergänzungsgesetz 1951[19] noch das BetrVG 1952[20] ausdrückliche Spezialregelungen über den Aufsichtsratsvorsitzenden. Er ist in diesen Gesetzen überhaupt nicht genannt. Bei den diesen Mitbestimmungsgesetzen unterliegenden Gesellschaften beurteilt sich demnach die Stellung des Aufsichtsratsvorsitzenden nach den Vorschriften des Aktienrechtes[21].

2. Aufgaben und Befugnisse des Aufsichtsratsvorsitzenden eines fakultativen Aufsichtsrates einer GmbH

Die Regelung des § 52 Abs. 1 GmbHG eröffnet die Möglichkeit, in GmbH-Satzungen die Bestellung eines Aufsichtsrates oder aufsichtsratsähnlicher Gremien, wie Verwaltungsrat, Beirat etc. vorzunehmen. Die Zusammensetzung, Aufgaben und Befugnisse dieser Gremien, die in der Praxis vielfach beratende Funktion mit Zustimmungs- oder Genehmigungsbefugnissen gegenüber der Geschäftsleitung haben, werden in erster Linie durch den Gesellschaftsvertrag oder durch Verweis auf die entsprechenden Vorschriften des AktG geregelt[22].

Ähnliches gilt für die Stellung des Aufsichtsratsvorsitzenden. Da § 52 GmbHG nicht auf § 107 AktG verweist, bleiben Regelungen über die innere Ordnung des fakultativen Aufsichtsrates dem Gesellschaftsvertrag oder einer Geschäftsordnung überlassen, in der Einzelheiten der Sitzungsvorbereitung und -leitung vorgesehen werden können. Im übrigen bestimmen sich die Rechte und Pflichten des Aufsichtsratsvorsitzenden nach den entsprechend anwendbaren aktienrechtlichen Vorschriften[23]. Entsprechend der aktienrechtlichen Regelung in § 80 Abs. 1 Satz 1 AktG schreibt § 35a Abs. 1 Satz 1 GmbHG vor, daß der Aufsichtsratsvorsitzende auf allen Geschäftsbriefen der GmbH zu bezeichnen ist, wenn die Gesellschaft einen Aufsichtsrat gebildet hat und ein Vorsitzender gewählt wurde.

---

18 Montan-Mitbestimmungsgesetz 1951 vom 21. Mai 1951 (BGBl. I S. 347).

19 Mitbestimmungsergänzungsgesetz vom 7. August 1956 (BGBl. I S. 707).

20 Betriebsverfassungsgesetz 1952 vom 11. Oktober 1952 (BGBl. I S. 681), mit Ausnahme der §§ 76 bis 77a, 81, 85, 87 außer Kraft getreten gemäß § 129 Abs. 1 BetrVG vom 15. Januar 1972 (BGBl. I S. 13).

21 Vgl. ausführlich Peus, a. a. O. (Fn. 3), S. 218f.; Dietz/Ricardi, Komm. z. BetrVG, 6. Aufl., § 76 BetrVG 1952 Rdn. 46; Fitting/Auffarth/Kaiser, Komm. z. BetrVG, 14. Aufl., § 76 BetrVG 1952 Rdn. 122.

22 Vgl. Schneider, Scholz, Komm. z. GmbHG, 6. Aufl., § 52 Rdn. 2; Rutenfranz, Der „Beirat" im Gesellschaftsrecht, NJW 1965, 238, 239.

23 Schneider, Scholz, a. a. O. (Fn. 22), § 52 GmbHG Rdn. 221f.

III. Sonderstellung des Aufsichtsratsvorsitzenden im Bereich der organschaftlichen Vertretungsmacht des Aufsichtsrates nach § 112 AktG

Unabhängig von den oben dargestellten spezialgesetzlich geregelten Befugnissen sieht sich die Praxis häufig genug vor die Frage gestellt, ob und inwieweit der Aufsichtsratsvorsitzende allein aufgrund seiner Sonderstellung gegenüber den übrigen Aufsichtsratsmitgliedern die von dem Kollegialorgan gefaßten Beschlüsse bekanntgeben und etwaige Erklärungen für den Aufsichtsrat entgegennehmen darf. Besondere Bedeutung gewinnt dieser Problemkreis immer dann, wenn aufgrund der organschaftlichen Vertretungsmacht des Aufsichtsrates gemäß § 112 AktG die Rechtsstellung von Vorstandsmitgliedern betroffen ist, so z. B. bei Widerruf der Organstellung, Kündigung des Anstellungsvertrages, Kündigung eines Darlehensvertrages, Abschluß von Grundstückskaufverträgen. In der Praxis wird üblicherweise ohne weiteres von einer Legitimation des Aufsichtsratsvorsitzenden zur Bekanntgabe der gefaßten Beschlüsse gegenüber dem Vorstandsmitglied sowie zur Entgegennahme von Erklärungen ausgegangen. Im folgenden sollen Fälle dargestellt werden, in denen diese praktische Handhabung zu Problemen führen kann.

1. Abgabe von Erklärungen und Kundgabe von Beschlüssen des Aufsichtsrates durch den Aufsichtsratsvorsitzenden

Es fehlt eine ausdrückliche gesetzliche Bestimmung, die vorsieht, daß der Aufsichtsratsvorsitzende befugt ist, Erklärungen des Aufsichtsrates abzugeben. Vielmehr beschränken sich die Vorschriften des Aktiengesetzes, die Erklärungen des Aufsichtsrates behandeln, darauf, dem Aufsichtsrat als *Gesamtheit* organschaftliche Vertretungsmacht zuzuweisen. Satzungsbestimmungen, die die organschaftliche Vertretungsmacht des Aufsichtsrates auf den Aufsichtsratsvorsitzenden übertragen wollen, sind nichtig[24]. Davon zu unterscheiden ist die weitere Frage, welche Rechtsstellung dem Aufsichtsratsvorsitzenden bei einer Übermittlung der vom Aufsichtsrat beschlossenen Willenserklärungen beizumessen ist.

a) Der Aufsichtsratsvorsitzende als Erklärungsvertreter

Die Vorschrift des § 107 Abs. 3 Satz 1 AktG zeigt, daß der Aufsichtsrat die ihm zugewiesenen Aufgaben nur in engen Grenzen delegieren kann. Schon die Übertragung von Entscheidungen auf einen Ausschuß setzt einen Beschluß des Aufsichtsrates voraus. Daraus folgt, daß sich die Willensbildung im Plenum des Aufsichtsrates selbst bzw. gemäß § 107 Abs. 3 AktG im Ausschuß zu vollziehen

24 Vgl. BGHZ 41, 282, 285; OLG Stuttgart, Die AG 1967, 237; OLG Frankfurt, Die AG 1975, 18; Baumbach/Hueck, a. a. O. (Fn. 12), § 112 AktG Anm. 2; Godin/Wilhelmi, a. a. O. (Fn. 7), § 112 AktG Anm. 2; Mertens, Kölner Komm., a. a. O. (Fn. 6), § 107 AktG Rdn. 42; Meyer/Landrut, a. a. O. (Fn. 7), § 112 AktG Anm. 4; Peus, a. a. O. (Fn. 3), S. 171 f.

hat[25]. Da der Akt der Willensbildung durch Beschluß des Aufsichtsrates nicht notwendigerweise mit der Kundgabe des Beschlusses an den Erklärungsempfänger zeitlich korrespondieren muß, ist noch nichts für die Entscheidung der Frage gewonnen, ob der Aufsichtsratsvorsitzende „kraft seines Amtes" zur Bekanntmachung der gefaßten Aufsichtsratsbeschlüsse befugt ist. Im Gegensatz zu der Rechtsstellung eines Testamentsvollstreckers oder Konkursverwalters, die von der Rechtsprechung als Inhaber eines privaten Amtes angesehen werden[26] und die das ihnen zugewiesene Amt aus eigenem Recht selbständig ausüben, muß man sich im aktienrechtlichen Bereich vergegenwärtigen, daß der Aufsichtsratsvorsitzende bei der organschaftlichen Vertretung des Aufsichtsrates seine Befugnisse nur von dem Kollegium ableitet. Zur Kundgabe derartiger Beschlüsse des Aufsichtsrates bedarf dieser demnach wie jeder andere Dritte einer Auftragserteilung[27].

Entsprechend den rechtlichen Ausgestaltungen, die das bürgerliche Recht bei einer Auftragserteilung zur Übermittlung von Erklärungen vorsieht, wird einerseits die Auffassung vertreten, der Aufsichtsratsvorsitzende handele bei der Kundgabe eines gefaßten Aufsichtsratsbeschlusses als Bote[28], andererseits wird angenommen, er sei weisungsgebundener Erklärungsbevollmächtigter[29]. Obwohl der Aufsichtsratsvorsitzende den Aufsichtsrat nicht bei der Willensbildung vertreten darf und deshalb grundsätzlich keinen eigenen Entscheidungsspielraum hat – ähnlich einem „Vertreter mit gebundener Marschroute" –, liegt es letztendlich wohl näher, den Aufsichtsratsvorsitzenden als Erklärungsvertreter und nicht als Boten anzusehen. Bereits das Reichsgericht hat entschieden, daß auch die bloße Mitteilung von Beschlüssen rechtsgeschäftlichen Charakter hat[30]. Das spricht in der Tat eher für eine Stellvertretung als für eine auf einem Realakt beruhende Botentätigkeit.

b) *Formerfordernis für die Erklärungen des Aufsichtsratsvorsitzenden und für den Nachweis seiner Vertretungsmacht*

Diese Einordnung erscheint zunächst begriffsjuristisch, weil die Vorschriften des Stellvertretungsrechtes auf die Einschaltung eines Boten entsprechende Anwendung finden[31]. Die Gesellschaft würde also durch eine Erklärung des Aufsichtsratsvorsitzenden, für die ein Beschluß des Aufsichtsrats fehlt, entsprechend den §§ 177 ff. BGB in keinem Fall gebunden. Bedeutung gewinnt die zuvor skizzierte Frage jedoch für die Beachtung von Formerfordernissen für die abzugebende Willenserklärung.

25 Vgl. BGHZ 41, 282, 285; Peus, a.a.O. (Fn. 3), S. 171.

26 Vgl. zum Testamentsvollstrecker BGHZ 25, 275, 279; Edenhofer, Palandt, Komm. z. BGB, 43. Aufl., vor § 2197 Anm. 1.

27 Vgl. BGHZ 12, 327, 334–336; 41, 282, 285.

28 So: Godin/Wilhelmi, a.a.O. (Fn. 7), § 107 AktG Anm. 3; Düringer/Hachenburg/Lehmann, Das Handelsgesetzbuch, 3. Aufl., § 250 Anm. 41.

29 So: Meyer/Landrut, a.a.O. (Fn. 7), § 112 AktG Anm. 3; Mertens, Kölner Komm., a.a.O. (Fn. 6), § 107 AktG Rdn. 35; Heim, Die AG 1970, 191; vgl. auch Kruse, a.a.O. (Fn. 7), S. 175f.

30 RGZ 66, 369, 375/376; vgl. auch Luther/Happ, Formularkommentar, Handels- und Wirtschaftsrecht, Bd. I, Form. 1.419 Anm. 71.

31 Vgl. Thiele, Münchener Komm. z. BGB, vor § 164 Anm. 55f.

Wird angenommen, daß der Aufsichtsratsvorsitzende lediglich als Bote tätig wird, so müßte konsequenterweise bereits der Beschluß des Aufsichtsrates einer gesetzlich oder rechtsgeschäftlich vorgeschriebenen Form genügen. Der Bote gibt keine eigene Willenserklärung ab, sondern übermittelt lediglich diejenige seines Auftraggebers. Dagegen hat der Stellvertreter, der ja eine eigene Erklärung abgibt, die Formvorschriften selbst einzuhalten[32]. Die rechtliche Qualifizierung des Aufsichtsratsvorsitzenden als Erklärungsvertreter des Aufsichtsrates hat daher zur Folge, daß es grundsätzlich ausreichend ist, wenn die von dem Aufsichtsratsvorsitzenden abzugebende Erklärung des Aufsichtsrates einer etwa erforderlichen Formvorschrift genügt[33].

Darüber hinaus bedarf aber auch die Vollmachtserteilung selbst nach einigen spezialgesetzlichen Regelungen gegenüber Behörden und Gerichten eines formgebundenen Nachweises, wie z. B. gemäß §§ 29, 30 GBO, § 12 Abs. 2 HGB, § 80 ZPO. So wäre es für den Verkauf eines Grundstückes der Gesellschaft an ein Vorstandsmitglied etwa erforderlich, daß der Aufsichtsratsvorsitzende seine Vollmacht zur Stellung eines Eintragungsantrages im Grundbuch gemäß §§ 29, 30 GBO durch öffentliche oder öffentlich beglaubigte Urkunden nachweist[34]. In diesem Zusammenhang stellt sich die Frage, ob der Nachweis durch die Vorlage einer Satzung erbracht werden kann[35], die, wie in der Praxis vielfach üblich, eine Bestimmung enthält, wonach Willenserklärungen des Aufsichtsrates und seiner Ausschüsse namens des Aufsichtsrates durch den Vorsitzenden abgegeben werden[36]. Dabei ist zunächst in Betracht zu ziehen, daß in der Literatur die Wirksamkeit einer solchen Satzungsbestimmung wegen der gesetzlichen Zuständigkeitsregelungen für die Organe der AG im Hinblick auf § 23 Abs. 5 AktG umstritten ist[37]. Aber auch wenn sich derartige Satzungsbestimmungen in der Praxis durchgesetzt haben, ist für den Nachweis einer Vollmacht zu berücksichtigen, daß sich aus solchen allgemein gefaßten Bestimmungen die Befugnis zur Vornahme des konkreten durch den Aufsichtsrat beschlossenen Geschäftes

---

32 Vgl. Thiele, Münchener Komm., a. a. O. (Fn. 31), vor § 164 BGB Anm. 44.

33 Mertens, Kölner Komm., a. a. O. (Fn. 6), § 107 AktG Rdn. 38 f.; Pöschl, BB 1966, 804, 805; Peus, a. a. O. (Fn. 3), S. 174; a. A.: Godin/Wilhelmi, a. a. O. (Fn. 7), § 107 AktG Anm. 3, der den Aufsichtsratsvorsitzenden aber als Boten ansieht und daher die Formbedürftigkeit für den Beschluß des Aufsichtsrates bejaht.

34 Vgl. Meyer-Landrut, a. a. O. (Fn. 7), § 112 AktG Anm. 5; Geßler, a. a. O. (Fn. 5), § 112 AktG Rdn. 24; Heim, Die AG 1967, 4, 6; a. A.: Pöschl, BB 1966, 804, 805, der das Grundbuchamt nur dann für berechtigt ansieht, weitere Nachweise zu verlangen, wenn Zweifel an der Eigenschaft als Aufsichtsratsvorsitzender oder an der Gültigkeit des Beschlusses des Aufsichtsrates bestehen, dies unter Hinweis auf einen Beschluß des BayObLG vom 29. 12. 1961, DNotZ 1962, 312 f., der zum Wohnungseigentumsgesetz ergangen war.

35 So: Heim, Die AG 1967, 4, 6; Geßler, a. a. O. (Fn. 5), § 112 AktG Rdn. 24.

36 Vgl. hierzu Luther/Happ, a. a. O. (Fn. 30), Form. 1.419 und zu einer Geschäftsordnung des Aufsichtsrates Form. 1.447.

37 Für die Wirksamkeit einer solchen Satzungsregelung: Heim, Die AG 1972, 229, 230; 1970, 191; Baumbach/Hueck, a. a. O. (Fn. 12), § 107 AktG Anm. 9; Möhring/Schwarz/Rowedder/Haberland, De Aktiengesellschaft und ihre Satzung, 2. Aufl., S. 143, 144; Geßler, a. a. O. (Fn. 5), § 112 AktG Rdn. 17; Kruse, a. a. O. (Fn. 7), S. 176; a. A.: generelle Ermächtigung nur in der Geschäftsordnung des Aufsichtsrates zulässig: Meyer/Landrut, a. a. O. (Fn. 7), § 112 AktG Anm. 4; vgl. Godwin/Wilhelmi, a. a. O. (Fn. 7), § 112 AktG Anm. 2; Hueck, Festschrift für E. Bötticher, 1969, S. 197, 199.

gerade nicht entnehmen läßt. Die Festlegung genereller Vertretungsmacht des Aufsichtsratsvorsitzenden zur Bekanntgabe der vom Aufsichtsrat beschlossenen Erklärungen in der Satzung oder in der Geschäftsordnung des Aufsichtsrats bezweckt, daß der Aufsichtsratsvorsitzende aus Praktikabilitätsgründen nicht in jedem Einzelfall erneut durch Beschluß des Aufsichtsrates ausdrücklich zur Vertretung ermächtigt werden muß. Auch diese generelle Vertretungsmacht besteht aber nur insoweit, als ihr ein das konkrete Rechtsgeschäft betreffender Aufsichtsratsbeschluß zugrundeliegt. Da Formvorschriften der Rechtssicherheit dienen sollen, wird zum Nachweis der Vollmacht die Vorlage eines konkreten Beschlusses des Aufsichtsrates erforderlich sein, der den Aufsichtsratsvorsitzenden zur Abgabe der entsprechenden Erklärungen ermächtigt[38].

c) *Übermittlung eines einseitigen Rechtsgeschäftes durch den Aufsichtsratsvorsitzenden*

Eine ähnliche Problematik besteht für den Fall, daß der Aufsichtsratsvorsitzende Erklärungen des Aufsichtsrates zur Vornahme eines einseitigen Rechtsgeschäftes abgeben soll. Dazu gehören beispielsweise die Bekanntgabe von Erklärungen des Aufsichtsrates bezüglich des Widerrufs der Bestellung eines Vorstandsmitgliedes, der Kündigung oder Anfechtung seines Anstellungsvertrages, oder eines mit ihm abgeschlossenen Darlehensvertrages sowie der Anfechtung eines Grundstückskaufvertrages mit einem Vorstandsmitglied. Der praktisch bedeutsamste Fall dürfte dabei die Kündigung des Anstellungsvertrages sein.

Nach § 174 BGB kann die Vornahme eines einseitigen Rechtsgeschäftes durch einen Vertreter mit der Folge der Unwirksamkeit zurückgewiesen werden, wenn nicht gleichzeitig eine Vollmacht vorgelegt wird[39]. Veröffentlichte Stellungnahmen dazu, ob diese Vorschrift auch für den Fall eines durch den Aufsichtsrat beschlossenen und von dem Aufsichtsratsvorsitzenden erklärten einseitigen Rechtsgeschäftes Anwendung findet, sind nicht ersichtlich.

Die Regelung des § 174 BGB zielt darauf ab, daß der Erklärungsempfänger bei einseitigen Rechtsgeschäften, deren Vornahme er nicht verhindern kann, wenigstens Sicherheit darüber verlangen darf, ob der Vertreter mit Vollmacht handelt. Eine ähnliche Interessenlage besteht für ein Vorstandsmitglied dann, wenn ein von dem Aufsichtsrat beschlossenes einseitiges Rechtsgeschäft durch den Aufsichtsratsvorsitzenden bekanntgegeben wird, beispielsweise die Kündigung seines Anstellungsvertrages. Auch das Vorstandsmitglied hat dann ein schutzwürdiges Interesse daran, Sicherheit darüber zu erhalten, daß die von dem Aufsichtsratsvorsitzenden abgegebenen Erklärungen von einem entsprechenden Aufsichtsratsbeschluß gedeckt sind, der Vorsitzende also nicht etwa als Vertreter ohne Vertretungsmacht handelt.

Ob die Zurückweisungsmöglichkeit nach § 174 BGB an seiner in Satz 2 normierten Einschränkung – das Vorstandsmitglied hatte von der Bevollmächti-

---

38 So: Mertens, Kölner Komm., a.a.O. (Fn. 6), § 107 AktG Rdn. 38f.; Meyer/Landrut, a.a.O. (Fn. 7), § 112 AktG Anm. 5; Godin/Wilhelmi, a.a.O. (Fn. 7), § 112 AktG Anm. 3.

39 Vgl. BAG, NJW 1981, 2374; BGH, NJW 1981, 1210.

gung des Aufsichtsratsvorsitzenden für die Übermittlung des einseitigen Rechtsgeschäftes Kenntnis – oder dem Grundsatz von Treu und Glauben scheitert[40], wird nach Lage des jeweiligen Einzelfalles zu entscheiden sein. Allein die Stellung des Aufsichtsratsvorsitzenden wird aus den oben genannten Gründen eine derartige Einschränkung allerdings nicht rechtfertigen können. Auch im Falle des Ausspruchs einer Kündigung durch den Aufsichtsratsvorsitzenden besteht zu einer Kündigung durch den Leiter einer Personalabteilung[41], gegen die der Einwand aus § 174 Satz 1 BGB rechtswirksam nicht erhoben werden kann, keine vergleichbare Rechtslage. Dem Personalleiter ist regelmäßig Prokura oder Handlungsvollmacht gerade im Hinblick auf sämtliche personellen Maßnahmen erteilt worden. Die Willensbildung und die Abgabe der entsprechenden Erklärungen liegen in einer Hand. Demgegenüber sieht § 112 AktG lediglich vor, daß dem Aufsichtsrat als Kollegium die rechtsgeschäftliche Vertretung gegenüber Vorstandsmitgliedern obliegt, ohne gleichzeitig dem Aufsichtsratsvorsitzenden „Verkündungsmacht" für die Beschlüsse des Aufsichtsrates einzuräumen.

Wenn das Bundesarbeitsgericht die Vorschrift des § 174 BGB auf die Gesamtvertretung zweier Geschäftsführer einer GmbH, von denen nur einer allein eine Willenserklärung abgibt, für anwendbar erklärt[42], liegt dieses auch im Hinblick auf das Gesamtvertretungsorgan Aufsichtsrat für den Fall nahe, daß das vom Aufsichtsrat beschlossene einseitige Rechtsgeschäft von dem Aufsichtsratsvorsitzenden vollzogen wird. Eine höchstrichterliche Entscheidung zu dieser Rechtsfrage bleibt abzuwarten.

2. Passivvertretung des Aufsichtsratsvorsitzenden

Während für den Vorstand in § 78 Abs. 2 Satz 2 AktG vorgesehen ist, daß eine Willenserklärung nur einem Vorstandsmitglied zuzugehen braucht[43], damit diese gegenüber der Gesellschaft Rechtswirkungen entfaltet, sieht das Gesetz für den Aufsichtsrat keine Regelung vor. Nach allgemeiner Auffassung genügt im Hinblick auf die Zustellung einer Klage, bei der der Aufsichtsrat die Aktiengesellschaft vertritt, daß diese nur einem Aufsichtsratsmitglied zugestellt wird[44].

Im Bereich der rechtsgeschäftlichen Vertretung des Aufsichtsrates wird nach überwiegender Ansicht aus dem allgemeinen Rechtsgedanken des § 28 Abs. 2 BGB hergeleitet, daß eine Willenserklärung nur einem Aufsichtsratskollegiums-

40 Vgl. allgemein zu einer Kündigungserklärung LG Aachen, NJW 1978, 1387.

41 Vgl. hierzu BAG, AP, § 174 BGB Nr. 1 = DB 1972, 1680, 1683; anders für einen Sachbearbeiter einer Personalabteilung BAG, DB 1978, 2082.

42 BAG, NJW 1981, 2374, 2375.

43 Vgl. auch § 125 Abs. 2 Satz 3 HGB für die oHG; § 35 Abs. 2 Satz 3 GmbHG für die GmbH und § 25 Abs. 1 Satz 2 GenG für die Genossenschaft.

44 RGZ 107, 161, 164; BGHZ 32, 114, 119; OLG Frankfurt, WM 1984, 209, 211; Hueck, Festschrift für E. Bötticher, a. a. O. (Fn. 37), S. 197, 205; Zöllner, Kölner Komm. z. AktG, § 246 AktG Rdn. 64 m. w. N.; vgl. auch § 171 Abs. 3 ZPO.

mitglied zuzugehen braucht[45]. Aber auch die Autoren, die eine Passivvertretungsberechtigung jedes Aufsichtsratsmitgliedes verneinen, halten jedenfalls den Aufsichtsratsvorsitzenden aufgrund seines Vorsitzes im Kollegium und seiner daraus resultierenden Sonderstellung zum Empfang von Erklärungen für berechtigt, die an den Aufsichtsrat gerichtet sind.

3. Zurechenbarkeit der Kenntnis des Aufsichtsratsvorsitzenden von rechtserheblichen Tatsachen

Der Passivvertretungsbefugnis des Aufsichtsratsvorsitzenden ist das weitere Problem verwandt, ob bereits seine Kenntnis von rechtserheblichen Tatsachen dem Aufsichtsrat als Gesellschaftsorgan zugerechnet werden darf oder ob sämtliche Aufsichtsratsmitglieder über diese Kenntnis verfügen müssen. Praktische Bedeutung gewinnt diese Frage immer dann, wenn sich die Rechtsfolgen von Rechtsgeschäften, rechtsgeschäftsähnlichen Handlungen oder Tathandlungen danach richten, ob einer der Beteiligten bestimmte Tatsachen kennt oder kennen muß[46]. Auch für den Beginn von Anfechtungsfristen nach §§ 121, 124 BGB, z.B. bei der Anfechtung des Anstellungsvertrages mit dem Vorstandsmitglied oder eines mit diesem abgeschlossenen Grundstückskaufvertrages, bei der Kündigungsfrist nach § 626 Abs. 2 BGB sowie bei Verjährungsfristen stellt sich dieses Problem.

Über die Zurechnung des Wissens oder Wissenmüssens Dritter enthält das Recht der Stellvertretung in § 166 Abs. 1 BGB, § 2 Abs. 3, § 19 VVG ausdrückliche Bestimmungen. In den übrigen Fällen, z.B. der Frage der bei einer Übereignung im Rahmen von § 932 BGB bedeutsamen Bösgläubigkeit, wird nach Zurechnungsnormen gesucht, die es gerechtfertigt erscheinen lassen, dem Geschäftsherrn das Wissen und Wissenmüssen des Dritten zuzurechnen. Im Körperschaftsrecht hat sich daher der allgemeine Grundsatz herausgebildet, daß das Wissen eines Organmitgliedes wegen seiner organschaftlichen Stellung der Körperschaft selbst zuzurechnen ist[47]. Diese Grundsätze über die Wissenszurechnung für die gesetzlichen Vertretungsorgane sind offenbar in Parallele zu den gesetzlichen Vorschriften über die Passivvertretung entwickelt worden[48].

Auch wenn weder Passivvertretungsbefugnis noch Wissenszurechnung für den Aufsichtsrat gesetzlich geregelt sind, liegt die Anwendung der allgemeinen körperschaftsrechtlichen Grundsätze auf den Aufsichtsrat nahe. Dies hätte zur

---

45 Geßler, a.a.O. (Fn. 5), § 112 AktG Rdn. 15; Fitting/Wlotzke/Wissmann, Komm. z. MitbestG, 2. Aufl., § 27 Rdn. 23; Passivvertretungsberechtigung anderer Aufsichtsratsmitglieder nur bei ausdrücklicher Bevollmächtigung: Mertens, Kölner Komm., a.a.O. (Fn. 6), § 107 AktG Rdn. 41; vgl. Godin/Wilhelmi, a.a.O. (Fn. 7), § 107 AktG Anm. 2; differenzierend danach, ob die Erklärung von einem außenstehenden Dritten oder von einem Vorstandsmitglied abgegeben wird: Peus, a.a.O. (Fn. 3), S. 176f.

46 z.B. §§ 460, 464, 626, § 640 Abs. 2, §§ 819, 892 Abs. 1 Satz 1, §§ 932, 990 BGB, ferner §§ 30, 31 KO.

47 BGHZ 41, 282, 287 m.w.N.; Hefermehl, Geßler/Hefermehl/Eckardt/Kropff, a.a.O. (Fn. 5), § 76 AktG Rdn. 5.

48 Vgl. Wiesner, BB 1981, 1533, 1536.

Folge, daß die Kenntniserlangung des Aufsichtsratsvorsitzenden im Rahmen derjenigen Angelegenheiten, für die der Aufsichtsrat gesetzliches Vertretungsorgan ist (§ 112 AktG), grundsätzlich als rechtserhebliches Wissen dem Aufsichtsrat und damit der AG zuzurechnen wäre[49].

Es ist unklar, ob die höchstrichterliche Rechtsprechung diesen Zurechnungsgrundsatz konsequent anwenden und beibehalten wird. In einer späteren Entscheidung hat der Bundesgerichtshof diesen Ansatz im Falle einer fristlosen Kündigung eines Vorstandsmitgliedes eines VVaG nicht aufgegriffen[50]. In dieser Entscheidung ging es um die Frage, ob durch die Kenntniserlangung eines Aufsichtsratsmitgliedes die für die fristlose Kündigung bestehende Zwei-Wochenfrist aus § 626 Abs. 2 BGB in Lauf gesetzt wird. Der Bundesgerichtshof war der Auffassung, daß für diesen Fristbeginn *jedenfalls* die Unterrichtung der übrigen Aufsichtsratsmitglieder über den maßgeblichen Sachverhalt in einer unverzüglich ordnungsgemäß einberufenen und beschlußfähigen Aufsichtsratssitzung ausreichend sei[51]. Dies hat der Bundesgerichtshof neuerlich im Falle einer fristlosen Kündigung eines Vorstandsmitgliedes einer Genossenschaft indirekt bestätigt: „Wenn die Generalversammlung einer Genossenschaft über die Kündigung zu beschließen hat, ist danach deren Kenntnis maßgebend"[52]. Der Bundesgerichtshof relativiert diese Aussage allerdings sogleich, indem er darauf abstellt, daß „sich die Genossenschaft nach dem Grundsatz von Treu und Glauben (§ 242 BGB) entgegenhalten lassen" muß, wenn der über den kündigungsrelevanten Sachverhalt informierte Aufsichtsrat seiner in § 38 GenG normierten Pflicht zur Einberufung der Generalversammlung nicht nachkommt. Entscheidend für den Fristbeginn sei in diesem Fall der Zeitpunkt, in dem die Generalversammlung informiert worden wäre, wenn der Aufsichtsrat seiner Einberufungspflicht nachgekommen wäre[53].

Im Ergebnis weist diese Rechtsprechung gewisse Parallelen mit der Regelung in § 90 Abs. 5 Satz 3 AktG auf, wonach der Aufsichtsratsvorsitzende über „Eilberichte" des Vorstandes aus wichtigem Anlaß „spätestens in der nächsten Aufsichtsratssitzung zu unterrichten" hat. Diese Rechtsprechung läßt jedoch viele Fragen offen. Das Verlangen, die maßgebliche Frist erst auf eine Unterrichtung in einer „ordnungsgemäß einberufenen und beschlußfähigen Sitzung" beginnen zu lassen, kann im Einzelfall zu einer erheblichen Benachteiligung im Rechtsschutz des betroffenen Vorstandsmitgliedes führen. Die Rechtsprechung wird daher den – auch in § 626 Abs. 2 BGB zum Ausdruck kommenden –

---

49 Vgl. BGHZ 41, 282, 287 m.w.N.

50 BGH, DB 1980, 1984.

51 BGH, DB 1980, 1984, a.A. früher: OLG Stuttgart, DB 1979, 884, 885; vgl. auch Krieger, Personalentscheidungen des Aufsichtsrates, 1981, S. 178; Meyer/Landrut, Festschrift für Robert Fischer, 1979, S. 477, 484 Fn. 31; derselbe, a.a.O. (Fn. 7), § 84 AktG Anm. 41.

52 BGH, WM 1984, 1120, 1121; vgl. auch für den Verwaltungsrat einer Sparkasse OLG Düsseldorf, DB 1983, 1036, 1037; BAG, NJW 1978, 723, 724 hinsichtlich des Aufsichtsrates einer Genossenschaft, der allerdings nicht zuständiges Organ zum Ausspruch einer Kündigung war, sondern die nach § 38 GenG der Generalversammlung oblag.

53 BGH, WM 1984, 1120, 1122; zur Parallelproblematik für die Kenntnis der Gesellschafter bei der GmbH: BGH, BB 1980, 1177; Schneider, Scholz, a.a.O. (Fn. 22), § 35 GmbHG Rdn. 189.

Schutzzweck berücksichtigen müssen, daß ein Vorstandsmitglied durchaus ein billigenswertes Interesse an einer umgehenden Klärung der von der Aktiengesellschaft beabsichtigten Schritte hat. Natürlich wird – wie auch die zitierten Entscheidungen des Bundesgerichtshofs zeigen – die Rechtsprechung umgekehrt sich nicht völlig davon lösen können, daß derartige Entscheidungen des Aufsichtsrates nur durch einen Beschluß dieses Gremiums getroffen werden können.

Entsprechend dieser Linie ist in der Literatur bereits vorgeschlagen worden, dem Individualschutz des betroffenen Vorstandsmitgliedes im Einzelfall Vorrang einzuräumen, wenn beispielsweise der Aufsichtsratsvorsitzende einer Aktiengesellschaft es versäumt, den Aufsichtsrat unverzüglich einzuberufen und zu unterrichten. In derartigen Fällen könnte man daran denken, mit Ablauf der Einberufungsfrist von zwei Wochen (§ 110 Abs. 1 Satz 2 AktG) nunmehr die Kenntnis des Aufsichtsratsvorsitzenden der Gesellschaft unmittelbar zuzurechnen[54].

Weitere Fallgestaltungen betreffen beispielsweise die Frage, wie zu verfahren ist, wenn ein Anfechtungstatbestand oder ein kündigungsrelevanter Sachverhalt nicht nur dem Aufsichtsratsvorsitzenden, sondern außerhalb einer Aufsichtsratssitzung auch anderen Aufsichtsratsmitgliedern, etwa durch Presseveröffentlichungen und Erörterung in den Medien hinreichend bekannt geworden ist. Man wird dann annehmen können, daß die Aufsichtsratsmitglieder auch ohne formelle Unterrichtung durch den Vorsitzenden die für die Anfechtung eines Geschäftes oder für die Kündigung eines Anstellungsvertrages maßgebende Kenntnis haben. In solchen Fällen dürfte sich die Zurechnungsproblematik im Grunde genommen gar nicht stellen, da davon auszugehen sein wird, daß die Kenntnis bei sämtlichen Aufsichtsratsmitgliedern vorhanden ist.

Es wird daher abzuwarten bleiben, wohin die Rechtsprechung in derartigen Fällen tendieren wird und ob sie sich möglicherweise wieder mehr auf den Ausgangspunkt zurückbesinnen wird, daß grundsätzlich die Kenntnis eines Aufsichtsratsmitgliedes einschließlich des Vorsitzenden ausreicht, um diese Kenntnis dem Gesamtorgan zuzurechnen.

IV. Rechtsstellung des stellvertretenden Aufsichtsratsvorsitzenden

Für den Fall, daß der Aufsichtsratsvorsitzende verhindert ist – etwa aus Krankheitsgründen, infolge Urlaubsabwesenheit oder anderer Termine, Sitzungen des Aufsichtsrates oder sonstige von ihm als Aufsichtsratsvorsitzender zu erfüllende Aufgaben wahrzunehmen – stellt § 107 Abs. 1 Satz 3 AktG die Funktionsfähigkeit des Aufsichtsrates dadurch sicher, daß dem Stellvertreter die Rechte und Pflichten des Aufsichtsratsvorsitzenden eingeräumt werden. Aus diesem Grunde ist auch die Wahl mindestens eines stellvertretenden Aufsichtsratsvorsitzenden in § 107 Abs. 1 Satz 1 AktG zwingend vorgeschrieben.

---

54 Wiesner, BB 1981, 1533, 1539; differenzierend auch Klaus-Peter Martens, Festschrift für Winfried Werner, 1984, S. 495, 509ff.

Aus dem Umstand, daß der stellvertretene Aufsichtsratsvorsitzende lediglich die Kontinuität der Wahnehmung der Aufsichtsratstätigkeiten sicherzustellen hat, folgt, daß ihm keine anderen Rechte und Funktionen als den übrigen Aufsichtsratsmitgliedern zustehen, wenn der Aufsichtsratsvorsitzende nicht verhindert ist. Entgegenstehende Satzungsbestimmungen sind nach § 23 Abs. 4 Satz 1 AktG unwirksam[55].

Nicht abschließend entschieden ist die Frage, ob dem Stellvertreter trotz seiner Gleichstellung mit den übrigen Aufsichtsratsmitgliedern entsprechend § 90 AktG besondere Informationsrechte zustehen[56]. Obwohl Sonderrechte mangels gesetzlicher Ausnahmeregelung zu verneinen sind, wird aus den vorstehenden Gründen in der Literatur zum Teil empfohlen, daß der Aufsichtsratsvorsitzende mit dem Stellvertreter eng zusammenarbeitet, um eine reibungslose Übernahme des Aufsichtsratsamtes auch im Falle einer unvorhergesehenen Verhinderung des Aufsichtsratsvorsitzenden ohne Schaden für das Unternehmen gewährleisten zu können[57].

Nach dem MitbestG 1976 ist der Stellvertreter ebenso wie der Aufsichtsratsvorsitzende geborenes Mitglied des ständigen Ausschusses (§ 27 Abs. 3 MitbestG), verfügt jedoch nicht über das Zweit-Stimmrecht[58] (§§ 29 Abs. 2 Satz 3, 31 Abs. 4 Satz 3 MitbestG). Hieraus wird deutlich, daß der Stellvertreter auch bei Verhinderung des Aufsichtsratsvorsitzenden nicht in vollem Umfang dessen Rechtsstellung einnimmt[59]. Während sich aus den anderen Mitbestimmungsgesetzen keine Besonderheiten ergeben, kann mangels Verweises auf § 107 AktG bei einem fakultativen Aufsichtsrat einer GmbH die Satzung oder die Geschäftsordnung sowie beim Fehlen solcher Regelungen der Aufsichtsrat selbst bestimmen, ob ein oder mehrere Stellvertreter gewählt werden sollen.

---

55 Baumbach/Hueck, a. a. O. (Fn. 12), § 107 AktG Anm. 10; vgl. Vetter, a. a. O. (Fn. 6), S. 94.
56 Vgl. Hanau/Ulmer, Komm. z. MitbestG, § 27 Anm. 17; Vetter, a. a. O. (Fn. 6), S. 94, 95.
57 Vgl. Fitting/Wlotzke/Wissmann, a. a. O. (Fn. 45), § 27 MitbestG Rdn. 26; Vetter, a. a. O. (Fn. 6), S. 95; Peus, a. a. O. (Fn. 3), S. 205 f.
58 Vgl. Hanau/Ulmer, a. a. O. (Fn. 56), § 27 MitbestG Anm. 16; Vetter, a. a. O. (Fn. 6), S. 94.
59 Peus, a. a. O. (Fn. 3), S. 307.

Zivilrechtliche Probleme des körperschaftsteuerlichen Anrechnungsverfahrens

Wienand Meilicke

Im Interesse einer möglichst effektiven Steuererhebung arbeitet der Gesetzgeber häufig mit Steuererhebungsmaßnahmen durch Dritte, bei welchen die Steuer später einem anderen wieder gutgeschrieben oder angerechnet wird. Die zivilrechtlichen Komplikationen, die sich daraus ergeben, werden vom Gesetzgeber meist nicht mitbedacht und müssen dann von Rechtswissenschaft und Praxis aufgearbeitet werden. Das steuertechnisch insgesamt gut gelungene Körperschaftsteuergesetz 1976 wirft wegen seiner komplexen Anrechnungsregelungen besonders viele zivilrechtliche Fragen auf. Probleme im Grenzbereich zwischen Steuerrecht und Privatrecht haben meinen Vater immer besonders fasziniert[1]. Die nachstehenden Ausführungen über zivilrechtliche Probleme des körperschaftsteuerlichen Anrechnungsverfahrens sind ihm in Dankbarkeit gewidmet.

I. Rechtscharakter der Körperschaftsteuergutschrift

Zweck der Körperschaftsteuerreform war es, die Doppelbelastung bei den Ertragsteuern zu beseitigen, die sich ergibt, wenn jemand sich über Kapitalgesellschaften am Wirtschaftsleben beteiligt. An sich hätte es nahegelegen, die steuerliche Erfassung der Kapitalerträge durch eine entsprechend höhere Kapitalertragsteuer sicherzustellen. Dem standen aber die Doppelbesteuerungsabkommen (DBA) entgegen, welche das Recht der Bundesrepublik Deutschland (BRD), die Kapitalertragsteuer auf Dividenden zu erhöhen, weitgehend ausschließen oder zumindest begrenzen. Um unter den Buchstaben der DBA zu fallen, hat der Gesetzgeber die Körperschaftsteuergutschrift erfunden, welche, anders als die Kapitalertragsteuer, als eigene Verbindlichkeit der Gesellschaft, nicht als Zahlung auf eine fremde Schuld an den Fiskus abgeführt wird[2]. Die Körperschaftsteuergutschrift wird zwar ebenso wie die Kapitalertragsteuer auf die Einkommensteuer angerechnet und unter Umständen erstattet; dabei handelt es sich nach der vom Gesetzgeber beabsichtigten Gestaltung aber nicht um eine Vorauszahlung auf die Einkommensteuer des Anteilseigners, sondern um einen Anspruch eigener Art gegen den Fiskus, für welchen grundsätzlich die Zahlung der Körperschaftsteuer durch die Gesellschaft nur Motiv, nicht aber Vorausset-

1 Heinz Meilicke, Steuerrecht, Allgemeiner Teil, Berlin 1965, S. 243ff. Vgl. auch Heinz Meilicke „Muß der Kleinaktionär die Steuer des schachtelbegünstigten Großaktionärs tragen?", BB 1953, 923.

2 Beschluß des BFH VIII B 132/81, vom 9. 2. 1982, BStBl. 1982, II, 401.

Zivil-, Steuer- und Unternehmensrecht
Hrsg.: Fachinstitut für Steuerberater e. V.

zung ist. Im wirtschaftlichen Ergebnis wirkt sich die Körperschaftsteuerreform für alle Steuerpflichtigen aber wie ein Wegfall der Körperschaftsteuer bei gleichzeitiger Erhöhung der Kapitalertragsteuer um 36% aus[3].

1. Qualifikation des körperschaftsteuerlichen Anrechnungsverfahrens im System der DBA

Ob die DBA wirklich so umgangen werden konnten, muß allerdings bezweifelt werden. Meines Erachtens liegt ein gesetzgeberischer Gestaltungsmißbrauch vor. Das Motiv, die Doppelbesteuerung bei Kapitalgesellschaften zu beseitigen, ist zwar nobel, und der Wunsch, von Ausländern eine der wegfallenden Körperschaftsteuer entsprechende höhere Steuer einzubehalten, ist verständlich. Fraglich ist jedoch, ob dieser Zweck die Mittel heiligt. Die DBA sehen nun einmal eine Höchstgrenze von zwischen 15 und 25% für die Quellensteuer auf Dividenden vor und gehen davon aus, daß für die sonstige steuerliche Belastung der Kapitalgesellschaften das Diskriminierungsverbot des Artikel 24 Absatz 6 OECD-Musterabkommen gilt, wonach die Kapitalgesellschaft unabhängig vom Status ihrer Gesellschafter Anspruch auf Inländerbehandlung hat. Wenn der Gesetzgeber die Ertragsbesteuerung der Kapitalgesellschaften im Ergebnis beseitigen und dafür eine Erhöhung der Quellenbesteuerung durchführen wollte, so hätte dies meines Erachtens nur durch Kündigung und Neuverhandlung der DBA erreicht werden können.

Sieht man entgegen der hier vertretenen Auffassung in dem körperschaftsteuerlichen Anrechnungsverfahren ein System, welches die Vorschriften über die Begrenzung der Quellenbesteuerung in den DBA nicht berührt, so müßte dies unabhängig davon gelten, ob der betreffende Staat seine Körperschaftsteuer anderweitig gesenkt hat. Dann könnte jeder Staat die durch völkerrechtlichen Vertrag bindend verankerte Begrenzung der Quellensteuern dadurch umgehen, daß er diese nicht förmlich als Vorauszahlung auf die Steuerschuld des Ausländers, sondern als eigene Schuld der die Steuer abführenden Stelle deklariert und den Ausländer lediglich von der Steuergutschrift ausschließt. Die DBA wollen jedoch nicht mehr oder weniger künstliche rechtliche Gestaltungen, sondern wirtschaftliche Sachverhalte erfassen. Folglich sehen die meisten von der BRD abgeschlossenen DBA entsprechend Artikel 2 Absatz 4 OECD-Musterabkommen vor, daß das Abkommen auch für alle Steuern gleicher oder im wesentlichen ähnlicher Art gilt, die nach Abschluß des DBA eingeführt werden. Die von der Kapitalgesellschaft erhobene und qua Gutschrift wieder erstattete Körperschaftsteuer gleicht der Kapitalertragsteuer sowohl nach den Intentionen des Gesetzgebers als auch in der wirtschaftlichen Auswirkung, da sie in Höhe der Ausschüttungsbelastung als Vorauszahlung auf die Einkommensteuer wirkt[3a].

3 Die Körperschaftsteuer nach altem Recht betrug einschließlich Schattenwirkung bei Ausschüttung ca. 25%. Für Ausländer ist im Ergebnis eine Erhöhung der Steuerbelastung um 11 Prozentpunkte eingetreten.

3a Döllerer, BB 1983, 5; Groh, BB 1984, 305; BFH a. a. O., BStBl. 1982 II, 401.

Dann ist sie aber auch eine den Quellensteuern auf Dividenden „im wesentlichen ähnliche" Steuer, für welche die Begrenzung der DBA gilt.

Der deutsche Gesetzgeber hat sich allerdings auch auf anderen Gebieten auf den Standpunkt gestellt, daß DBA eng nach dem Wortlaut auszulegen sind und daß eine im wesentlichen ähnliche Steuer im Sinne dieser Vorschrift nicht vorliegt, wenn durch einen Gestaltungstrick ein Dritter zum Steuerschuldner deklariert wird[4]. Es bleibt abzuwarten, ob sich ein Richter finden wird, der die von der BRD in den DBA eingegangenen Verpflichtungen nach ihrem wirtschaftlichen Gehalt auslegt.

Ungeachtet der Qualifizierung des körperschaftsteuerlichen Anrechnungsverfahrens durch die DBA ist für die zivilrechtliche Beurteilung aber von der vom Gesetzgeber gewählten Gestaltung auszugehen. Nur darf dabei der Grund für die so gewählte Gestaltung nicht aus dem Auge verloren werden.

2. Körperschaftsteuergutschrift und Begriff der Gewinnausschüttung

Da die Körperschaftsteuer als eigene Schuld der Kapitalgesellschaft ausgestaltet ist, stellt sie einen Aufwandposten im Sinne des § 157 Abs. 1 Nr. 24 (a) AktG dar und mindert folglich den handelsrechtlichen Jahresüberschuß (§ 157 Abs. 1 Nr. 28 AktG) und den an die Gesellschafter zu verteilenden Bilanzgewinn im Sinne des § 157 Abs. 1 Nr. 32, 58 Nr. 4 AktG bzw. den Reingewinn im Sinne des § 29 Abs. 1 GmbH-Gesetz[5]. Wird also eine Gewinnausschüttung beschlossen, so ist Gewinnanteil/Dividende der auszuschüttende Barbetrag einschließlich Kapitalertragsteuer, aber ohne Körperschaftsteuergutschrift. Beschließt z.B. eine Gesellschaft eine Gewinnausschüttung von DM 6,– pro Aktie, so kommt die Körperschaftsteuergutschrift dem Aktionär zusätzlich zugute. Sieht eine Satzung eine Vorzugsdividende von 6% vor, so erhält der Vorzugsaktionär 6% zuzüglich Körperschaftsteuergutschrift. Setzt ein Gericht die Ausgleichszahlung nach § 304 AktG mit 6% vom Nennwert fest, so ist die Körperschaftsteuergutschrift zusätzlich zu gewähren. Sehen Verträge eine Abhängigkeit vom Jahresüberschuß oder vom Bilanzgewinn der Gesellschaft oder von der beschlossenen Dividende vor, so ist grundsätzlich der handesrechtliche Begriff, also ohne Körperschaftsteuergutschrift, maßgeblich, selbst wenn die Ausschüttung erst durch Herstellung der Ausschüttungsbelastung finanziert und der Ausschüttungsbetrag entsprechend gemindert wurde[6].

---

4 Vgl. zur Besteuerung von Einkünften, für welche nach DBA der BRD kein Besteuerungsrecht zusteht, nach der Theorie der Zwischengesellschaften, Wassermeyer, AWD 1983, 352.

5 Ebenso BGH-Urteil II ZR 69/81 vom 28. 6. 1982, NJW 1983, 282; Stellungnahme des Hauptfachausschusses des Instituts der Wirtschaftsprüfer, HFA 2/77.

6 Anpassungen wegen Änderung der Geschäftsgrundlage dürften kaum durchgreifen, weil der Wegfall der KSt den Anteilseignern zugute kommen sollte.

3. Körperschaftsteuergutschrift als sonstiger Vermögensvorteil

Wenn die Körperschaftsteuergutschrift aufgrund der Gestaltung des Gesetzgebers auch keine Gewinnausschüttung im handelsrechtlichen Sinne ist, so wirkt sie sich doch im wirtschaftlichen Ergebnis wie eine Vorauszahlung auf die Einkommensteuer oder die Körperschaftsteuer des Gesellschafters aus[7]. Sie stellt deshalb nach wirtschaftlichen Gesichtspunkten einen Vermögensvorteil dar, welcher dem Gesellschafter aus dem Vermögen der Gesellschaft zufließt[7a].

Döllerer a.a.O. will aus der handelsrechtlichen Gestaltung folgern, es sei grundsätzlich „nicht gestattet", die Körperschaftsteuergutschrift als sonstigen Vorteil zu behandeln, den die Gesellschafter einer Kapitalgesellschaft von ihrer Gesellschaft erhalten. Dieser Auffassung kann nicht gefolgt werden. Die von Döllerer als Ausnahme angesehene Entscheidung des BGH[5] ist die einzige Entscheidung, welche sich mit dem Problem zu befassen hatte, ob die Körperschaftsteuergutschrift, wenn schon keine Dividende, so doch wenigstens ein sonstiger Vermögensvorteil ist, welcher dem Gesellschafter von der Gesellschaft zufließt. Der BGH hat die Frage ohne Einschränkung bejaht; die Entscheidung als Ausnahme zu charakterisieren besteht kein Anlaß. Die anderen von Döllerer herangezogenen Entscheidungen befassen sich gar nicht mit der Frage, ob ein sonstiger Vermögensvorteil zugeflossen ist, sondern damit, ob die Körperschaftsteuergutschrift handelsrechtlich zur „Gewinnausschüttung" gehört oder ob sie rechtlich als Vorauszahlung auf die Einkommensteuer des Gesellschafters anzusehen ist. Beide Fragen sind, wie ausgeführt, zu verneinen, da der Gesetzgeber die Körperschaftsteuergutschrift bewußt nicht als Dividende ausgestaltet hat.

Döllerers Meinung, die Körperschaftsteuergutschrift dürfe auch nicht als sonstiger Vermögensvorteil angesehen werden, beruht vielleicht auf dem Blickwinkel des Steuerrechtlers, der z.B. bei der verdeckten Gewinnausschüttung gewöhnt ist, jedem dem Gesellschafter aus dem Gesellschaftsvermögen zufließenden Vermögensvorteil als Gewinnausschüttung zu behandeln. Für diese Gleichsetzung gibt es im Zivilrecht jedoch keine Veranlassung. Im Gegenteil steht fest, daß die Körperschaftsteuergutschrift wirtschaftlich ein solcher Vermögensvorteil ist. Eine Vorschrift, wonach die Körperschaftsteuer nicht nur keine Dividende sei, sondern auch nicht als Vermögensvorteil gelte, gibt es nicht. Das Zivilrecht hat deshalb von der Existenz dieses „sonstigen" Vermögensvorteils auszugehen und im Einzelfall zu prüfen, wie sich dies auf die zivilrechtliche Frage auswirkt.

---

7 BFH a.a.O., BStBl. 1982 II, 401; Döllerer, BB 1983, 5.
7a BGH vom 28. 6. 1982, a.a.O.
8 OLG Düsseldorf 6 U 174/81, BB 1982, 762.

II. Das BGH-Urteil vom 28. 6. 1982 zu § 9 WGG[5]

Es gibt derzeit über 1800 gemeinnützige Wohnungsunternehmen mit über 40000 Beschäftigten, einem Bestand von über 3,3 Mio Wohnungen und einer Bilanzsumme von etwa 120 Mrd. DM[9]. Das Urteil des BGH vom 28. 6. 1982, welches das Gesetz über die Gemeinnützigkeit im Wohnungswesen vom 28. 2. 1940 (WGG)[10] interpretiert, ist aber nicht nur für die gemeinnützige Wohnungswirtschaft, sondern vor allem deshalb von Bedeutung, weil es wichtige Aussagen zum Verhältnis von Körperschaftsteuer und Gesellschaftsrecht macht.

1. Sachverhalt

In dem vom BGH entschiedenen Fall handelte es sich um eine Anfechtungsklage gegen ein gemeinnütziges Wohnungsbauunternehmen in der Form einer AG. Das Grundkapital gehörte teilweise von der Körperschaftsteuer befreiten inländischen Kapitalgesellschaften, teilweise beschränkt steuerpflichtigen Ausländern und teilweise unbeschränkt steuerpflichtigen Inländern. Zunächst hat die Hauptversammlung bei der Gewinnverteilung 1978 für die Aktionäre, auf deren Dividende Körperschaftsteuer zu entrichten war, eine um den Anrechnungsbetrag verminderte Dividende von 2,56%, für alle übrigen aber eine solche von 4% beschlossen. Nachdem ein Aktionär diese Gewinnverteilung wegen Verletzung des Grundsatzes der Gleichbehandlung mit Erfolg angefochten hatte, beschloß die Hauptversammlung der Wohnungsbau-AG die Ausschüttung einer einheitlichen Dividende von 2,56%. Der Bundesgerichtshof hat auch diesen Beschluß aufgehoben und entschieden, daß die Wohnungsbau-AG nach Gesetz und Satzung verpflichtet gewesen sei, allen Aktionären im Ergebnis einen Vermögensvorteil von 4% zuzuwenden. Soweit eine Körperschaftsteuergutschrift bei unbeschränkt steuerpflichtigen Aktionären angerechnet würde, sei eine Dividende von nur 2,56% zu zahlen; den anderen Aktionären seien 4% auszuschütten.

Trotz der zahlreichen bemühten Gerichte erscheint die Entscheidung nicht überzeugend, weil sie weder das Steuerrecht noch den Grundsatz der Gleichbehandlung der Aktionäre noch die Praktikabilität angemessen berücksichtigt.

2. Gewinnausschüttung aus Eigenkapital, welches unter die Begünstigung des § 40 Abs. 1 Nr. 2 KStG fällt

Der BGH sagt nicht, aus welchem verwendbaren Eigenkapital die streitige Gewinnausschüttung finanziert wurde. Das ist jedoch von erheblicher Bedeutung.

Der wesentliche Teil der Ausschüttungen eines gemeinnützigen Wohnungsbauunternehmens wird aus steuerfreien Einnahmen stammen, welche dem

9 Strobel, BB 1982, 1001.
10 RGBl. I Seite 437, BStBl. III 2330-8.

EK 02 zuzuordnen sind. Wird EK 02 ausgeschüttet, so kommt es grundsätzlich zur Herstellung der Ausschüttungsbelastung nach § 27 KStG. Eine Ausnahme gilt jedoch nach § 40 Abs. 1 Nr. 2 KStG. Danach wird die Körperschaftsteuer nach § 27 KStG nicht erhöht, soweit eine von der Körperschaftsteuer befreite Kapitalgesellschaft Gewinnausschüttungen an einen unbeschränkt steuerpflichtigen, von der Körperschaftsteuer befreiten Anteilseigner vornimmt. Der Anteilseigner ist verpflichtet, der ausschüttenden Kapitalgesellschaft seine Befreiung durch eine Bescheinigung des Finanzamts nachzuweisen. Wird teilweise aus EK 02 und teilweise aus EK 56 ausgeschüttet, so sind KSt-Minderung auf EK 56 und nach § 40 Abs. 1 Nr. 2 KStG wegfallende KSt-Erhöhung getrennt zu berechnen[11].

Zweck dieser Vorschrift ist es, bei Ausschüttungen innerhalb des Gemeinnützigkeitsbereichs die Erhebung einer zusätzlichen Körperschaftsteuer zu vermeiden. Hierzu heißt es im Gesetzentwurf der Bundesregierung[11a]:

> „Aus Gründen der Wettbewerbsneutralität sollen auch die Dividenden, die steuerfreie Anteilseigner beziehen, mit Körperschaftsteuer in Höhe der Ausschüttungsbelastung belastet sein. Ebenso wie für steuerpflichtige Anteilseigner gilt das auch in den Fällen, in denen unbelastetes Eigenkapital als für die Ausschüttung verwendet gilt.
>
> Eine Ausnahme von diesem Grundsatz enthält die Nr. 2. Der von einer steuerbefreiten Körperschaft erwirtschaftete Gewinn bleibt danach bei Ausschüttung an eine nicht steuerpflichtige Körperschaft unbelastet. Das erscheint vertretbar, weil der erwirtschaftete Gewinn den steuerfreien Raum nicht verläßt und der Gesichtspunkt des Wettbewerbs bei diesen Ausschüttungen damit zurücktritt. Praktische Bedeutung hat die Regelung insbesondere für den Bereich der gemeinnützigen Wohnungsunternehmen ...
>
> Sind die Beteiligungserträge jedoch steuerpflichtig, weil die Anteile in einem steuerpflichtigen Betrieb gewerblicher Art oder in einem wirtschaftlichen Geschäftsbetrieb gehalten werden, so ist die Ausschüttungsbelastung wie für jeden anderen steuerpflichtigen Anteilseigner nach § 30 des Entwurfs (§ 27 KStG) herzustellen."

Zweck dieser Vorschrift ist also, die Dividendenzahlungen eines gemeinnützigen Unternehmens an das andere steuerfrei zu stellen. Dieser Zweck wird allerdings nur erreicht, wenn der Steuervorteil auch tatsächlich dem von der Körperschaftsteuer befreiten Anteilseigner zugute kommt. Sind auch andere Anteilseigner an dem gemeinnützigen Wohnungsbauunternehmen beteiligt, ergibt sich meines Erachtens zwingend aus dem Zweck des § 40 Abs. 1 Nr. 2 KStG, daß die Körperschaftsteuerbefreiung gezielt nur dem Anteilseigner zugute kommen sollte, in dessen Person die Voraussetzungen dafür vorliegen. Deshalb kann meines Erachtens ein gemeinnütziger Aktionär verlangen, daß er bei der Gewinnausschütung so gestellt wird, daß ihm der aus seiner Person heraus begründete Steuervorteil des § 40 Abs. 1 Nr. 2 KStG allein zugute kommt. Der Steuergesetzgeber hat dieses zivilrechtliche Problem zwar nicht bedacht[11b]; die zivilrechtlich ausschließliche Zuordnung dieses Vorteils an den Anteilseigner, für den er eingerichtet ist und auf dessen persönlichen Eigenschaften er beruht,

---

11 Vgl. Erlaß der OFD Frankfurt vom 24. 1. 1984, DB 1984, 1122.

11 a Drucksache 700/73 vom 8. 11. 1973, S. 376.

11 b Sachgerechter als § 40 Abs. 1 Nr. 2 KStG wäre es, wenn den gemeinnützigen Gesellschaftern entsprechend § 52 KStG ein Erstattungsanspruch für Ausschüttungen aus EK 02 eingeräumt würde.

ergibt sich aber aus dem auch sonst geltenden steuerlichen Ausgleichsanspruch[12].

Diesen Grundsätzen entsprach offenbar der erste, rechtskräftig angefochtene Beschluß der Wohnungsbau-AG, wenn es heißt, daß für die Aktionäre, auf deren Dividende Körperschaftsteuer zu entrichten war, eine um den Anrechnungsbetrag verminderte Dividende von 2,56%, für alle übrigen aber eine solche von 4% beschlossen worden ist. Damit war sichergestellt, daß der Vorteil des § 40 Abs. 1 Nr. 2 KStG nur den Gesellschaftern zugute kommt, die ihn verursacht hatten und denen der Gesetzgeber ihn zugute kommen lassen wollte.

Dagegen ist in keiner Weise einzusehen, warum ausländische Anteilseigner ebensoviel Dividende erhalten sollen, obwohl für ihre Dividende die Ausschüttungsbelastung herzustellen ist. Im Ergebnis läuft die Ansicht des BGH darauf hinaus, daß inländische steuerbefreite Anteilseigner die Ausschüttungsbelastung ihrer ausländischen Mitaktionäre mitfinanzieren müssen.

Wenn die Ausschüttung dagegen aus EK 56 gespeist wird, so ist nicht einzusehen, warum die nichtanrechnungsberechtigten Anteilseigner mehr erhalten sollen als die anrechnungsberechtigten. In diesem Fall entspricht es nämlich dem Willen des Gesetzgebers, daß die Körperschaftsteuerbelastung auch für die nichtanrechnungsberechtigten Anteilseigner hergestellt wird. Wenn die Wohnungsbau-AG für die Ausschüttung an Nichtanrechnungsberechtigte mehr aufwenden muß als an Anrechnungsberechtigte, so läuft dies im Ergebnis darauf hinaus, daß die Anrechnungsberechtigten aus ihrem Gewinnanteil die Ausschüttung an die Nichtanrechnungsberechtigten mitfinanzieren müssen. Auch dies entspricht schwerlich den Intentionen des Gesetzgebers.

3. Falsche Anwendung des Gleichbehandlungsgrundsatzes

Der Bundesgerichtshof hat weder auf die Herkunft des ausgeschütteten verwendbaren Eigenkapitals noch darauf abgestellt, ob die unterschiedliche Ausschüttung auf einer speziellen, in der Person des Anteilseigners begründeten Körperschaftsteuerbefreiung beruht. Der Bundesgerichtshof spricht im Ergebnis den ausländischen und den von der Körperschaftsteuer befreiten inländischen Anteilseignern eine höhere Dividende nur deshalb zu, weil diese keine Körperschaftsteuergutschrift beanspruchen können. Diese Beurteilung beruht auf der Auslegung des § 9 WGG dahingehend, daß jeder Anteilseigner eine volle Ausschöpfung der 4%-Grenze verlangen kann, und zwar ungeachtet der Kosten für die Gesellschaft. Diese Lösung kann nicht überzeugen.

a) Zunächst ist aus dem allgemeinen Grundsatz der Gleichbehandlung der Gesellschafter nicht einzusehen, warum darauf abgestellt werden soll, welcher Vorteil bei dem Gesellschafter verbleibt, anstatt darauf abzustellen, was die Gesellschaft die Ausschüttung kostet. Ein wesentlicher Grundsatz des gesellschaftsrechtlichen Gleichbehandlungsgrundsatzes ist, daß Gewinne

12 z.B. bei der Zusammenveranlagung von Ehegatten; vgl. zum umgekehrten Problem der zusätzlichen Körperschaftsteuer, welche auf persönlichen Eigenschaften einzelner Aktionäre beruht, Heinz Meilicke, BB 1953, 923.

gleichmäßig auf die Anteilseigner verteilt werden und jeder die ihn betreffenden Ertragsteuern selbst trägt. Dieser Grundsatz wird im Ergebnis durch den Bundesgerichtshof durchbrochen. Es wird übersehen, daß die Herstellung der körperschaftsteuerlichen Ausschüttungsbelastung für alle Anteilseigner sowohl im wirtschaftlichen Ergebnis als auch nach den Intentionen des Gesetzgebers ähnlich wie die Kapitalertragsteuer eine Abgeltung der Einkommensteuerbelastung darstellen soll. Für ausländische und für von der Körperschaftsteuer befreite inländische Anteilseigner ist diese Zahlung endgültig; wegen der im übrigen von der deutschen Steuer befreiten Dividendenzahlung kommt es auch nicht zu einer Anrechnung. Die Tatsache, daß bei unbeschränkt Steuerpflichtigen die Dividende in die gewöhnliche Veranlagung einbezogen wird, rechtfertigt nicht, diesen von vornherein weniger auszuschütten.

b) Wenn man für die Bemessung der 4%-Grenze auf den Vorteil abstellen will, der beim Anteilseigner ankommt, so ist die Berechnung des Bundesgerichtshof außerdem unvollständig. Beim unbeschränkt Steuerpflichtigen wird die Körperschaftsteuer zwar auf die Einkommensteuer angerechnet; im Ergebnis, nämlich nach Einkommensteuer, verbleibt aber in der Regel deutlich weniger als 4%. Beim unbeschränkt Steuerpflichtigen wird also auf den Vermögenszuwachs *vor* persönlicher Einkommensteuerbelastung abgestellt. Beim von der Körperschaftsteuer befreiten inländischen Anteilseigner wird dagegen auf die Steuerbelastung *nach* persönlichen Ertragsteuern abgestellt, welche nach der Regierungsbegründung durch die erhobene Ausschüttungsbelastung bereits abgegolten sein sollte.
Bei ausländischen Anteilseignern kann z.B. nach der in USA üblichen indirekten Steueranrechnung die Körperschaftsteuer auf das steuerpflichtige Einkommen angerechnet werden, so daß der amerikanische Anteilseigner in USA Einnahmen von 4% zuzüglich 2,25 Körperschaftsteuer (zuzüglich Gewerbeertragsteuer) versteuert, wobei die von der deutschen Kapitalgesellschaft gezahlten Gewerbeertragsteuer, die Körperschaftsteuer und die Kapitalertragsteuer angerechnet werden. Dem amerikanischen Anteilseigner verbleibt also bei gleicher persönlicher Steuerbelastung ein Betrag, welcher weit über demjenigen liegt, welcher dem unbeschränkt Steuerpflichtigen verbleibt. Es ist aber nicht einzusehen, warum nach § 9 WGG ein sonstiger Vermögensvorteil in der Anrechnung der Körperschaftsteuer nur liegen soll, wenn sie beim inländischen Anteilseigner erfolgt, nicht aber beim ausländischen Anteilseigner.

c) Richtigerweise kann es sowohl nach dem gesellschaftsrechtlichen Gleichbehandlungsgrundsatz als auch nach der Ausschüttungsbegrenzung des § 9 WGG nur darauf ankommen, was bei der Gesellschaft abfließt. Grundsätzlich muß eine für alle gleiche Ausschüttung beschlossen werden mit der Maßgabe, daß die nach § 40 Abs. 1 Nr. 2 KStG Begünstigten eine zusätzliche Ausschüttung in Höhe der ersparten KSt Zug um Zug gegen Vorlage der dort vorgesehenen Bescheinigung erhalten. Da bei der KSt-Reform § 9 WGG offenbar nicht bedacht wurde, ist es Geschmackssache, ob die KSt-Gutschrift die Höhe der zulässigen Ausschüttung weiter reduziert. Ungleiche Ausschüttungen (mit

Ausnahme durch § 40 Abs. 1 Nr. 2 KStG veranlaßte) verletzen jedoch den gesellschaftsrechtlichen Gleichheitsgrundsatz.

4. Mangelnde Praktikabilität

Die vom BGH propagierte Lösung ist in vielen Fällen auch gar nicht praktikabel. Nach Abschluß des Geschäftsjahres, ja nach Versendung der Einladung zur Hauptversammlung und sogar zwischen Beschlußfassung über die Gewinnverwendung und tatsächlich erfolgender Ausschüttung können Gesellschaftsanteile von anrechnungsberechtigten auf nichtanrechnungsberechtigte Anteilseigner übertragen werden oder umgekehrt. Der BGH weist mit Recht darauf hin, daß der Gewinnverteilungsbeschluß nur den Gesamtbetrag nennen muß, welcher für den auszuschüttenden Gewinn vorgesehen ist. Werden z. B. nach der Beschlußfassung noch Anteile von einem anrechnungsberechtigten an einen nichtanrechnungsberechtigten Anteilseigner verkauft, so reicht der zur Verteilung vorgesehene Betrag nicht mehr aus, um alle Gesellschafter mit der 4%igen Mindestdividende zu bedienen. Wie soll der Fehlbetrag auf die Gesellschafter verteilt werden? Wird der beschlossene Betrag ausgeschüttet, bis nichts mehr vorhanden ist, nach dem Motto „den Letzten beißen die Hunde"? Oder soll die Gesellschaft versuchen, bei allen Gesellschaftern die fehlende Dividende anteilig zu kürzen? Das würde allerdings voraussetzen, daß bereits bei der Auszahlung an den Ersten die Änderung innerhalb der Anteilseigner bekannt ist. Davon kann aber nicht ausgegangen werden. Oder soll die Gesellschaft einen Nachtragsbeschluß für eine Erhöhung des Ausschüttungsbetrages fassen, wenn anläßlich der Ausschüttung bekannt wird, daß der zuerst beschlossene Ausschüttungsbetrag nicht reicht? Dann können aber immer noch Änderungen der Anteilseigner bis zur Auszahlung des zweiten beschlossenen Betrages erfolgen, so daß ein dritter, vierter, fünfter Beschluß einzuholen wäre.

Im Ergebnis halte ich aus den vorstehend genannten Gründen die Entscheidung des Bundesgerichtshofs für falsch. Sie sollte revidiert werden.

III. Ungerechtfertigte Bereicherung bei verdeckter Gewinnausschüttung

In der Literatur ist umstritten, ob eine Gesellschaft die Körperschaftsteuergutschrift als ungerechtfertigte Bereicherung oder wegen Änderung der Geschäftsgrundlage oder aus einem ähnlichen Rechtsgrund zurückverlangen kann, wenn nachträglich eine verdeckte Gewinnausschüttung festgestellt wird[13]. In der Regel stellt sich das Problem der Rückgewähr der Körperschaftsteuergutschrift allerdings gar nicht, weil die verdeckte Gewinnausschüttung insgesamt rückgängig zu machen ist, so daß es zu einer Körperschaftsteuergutschrift gar nicht kommt. Das gilt zunächst, wenn gegen Vorschriften zur Erhaltung des Stamm-

13 Klöne, DB 1975, 2400; Berger/Ruppert, BB 1976, 1265; Loss, BB 1976, 1125; Guthardt/König, BFuP 1977, 311; Jurkat, JbFfSt 1977/78, 353; Döllerer, BB 1983, 1.

kapitals verstoßen wird. Aber auch wenn für die verdeckte Gewinnausschüttung ausschüttungsfähige Rücklagen vorhanden sind, verstößt die Gesellschaft mit der verdeckten Gewinnausschüttung an den herrschenden Gesellschafter gegen ihre Treupflichten gegenüber den Minderheitsgesellschaftern, so daß ein Rückgewähranspruch gegeben ist[14]. Döllerer[15] hat zutreffend dargelegt, daß immer dann, wenn ein ordentlicher Geschäftsführer den Vorteil nicht gewährt hätte, zusammen mit der verdeckten Gewinnausschüttung auch die Voraussetzung für eine Bilanzberichtigung durch Aktivierung des Rückforderungsanspruchs gegeben ist, so daß es mangels verdeckter Gewinnausschüttung nicht zu einer Körperschaftsteuergutschrift zu kommen braucht. Entschließen sich die Gesellschafter, den Rückgewähranspruch nicht in voller, sondern nur in Höhe der nicht beabsichtigten Körperschaftsteuergutschrift rückgängig zu machen, so stellt dies eine jederzeit mögliche teilweise Bestätigung der verdeckten Gewinnausschüttung dar[15a]. Der Rechtsgrund für die (teilweise) Rückgewähr ist dann aber kein Anspruch aus ungerechtfertigter Bereicherung, sondern der nur teilweise geltendgemachte gesellschaftsrechtliche Rückgewähranspruch.

Eine verdeckte Gewinnausschüttung kann jedoch auch vorliegen, ohne daß ein Rückgewähranspruch gegeben wäre. Zum Beispiel kann eine verdeckte Gewinnausschüttung aus den steuerlichen Vorschriften über das Nachzahlungsverbot und über im Voraus getroffene klare schriftliche Vereinbarungen hergeleitet werden, obwohl jeder ordentliche Geschäftsführer den beanstandeten Vorteil auch ohne vorherige schriftliche Vereinbarung eingeräumt hätte. Wenn in einem solchen Fall ein den Formvorschriften des Steuerrechts nicht genügender, ansonsten aber ordnungsgemäß zustandegekommener und bindender Vertrag vorliegt, so muß sich auch der beherrschende Gesellschafter als Geschäftspartner darauf verlassen können. Erst dann stellt sich die in der Literatur[13] diskutierte Frage, ob trotzdem ein isolierter Anspruch der Gesellschaft aus ungerechtfertigter Bereicherung gerade hinsichtlich der unverhofften Körperschaftsteuergutschrift besteht. Hierbei sind m. E. folgende Fälle zu unterscheiden:

a) Besteht die verdeckte Gewinnausschüttung in Bezügen, welche beim Gesellschafter ohnehin steuerpflichtig sind (z. B. überhöhte Geschäftsführerbezüge), so entspricht der Mehraufwand an Körperschaftsteuer bei der Gesellschaft einer Mehreinnahme des Gesellschafter-Geschäftsführers. Diese nicht beabsichtigte Vermögensverschiebung wird jeder vernünftige Zivilrichter nach den Grundsätzen der ungerechtfertigten Bereicherung und/oder einer Änderung der Geschäftsgrundlage dadurch ausgleichen, daß die Körperschaftsteuergutschrift in voller Höhe zurückerstattet werden muß.

Beispiel[16]

Geschäftsführerbezüge DM 400000,– p. a., davon DM 100000,– unter Verstoß gegen das Nachzahlungsverbot. Die hierauf entfallende Körperschaftsteuer-

14 BGHZ 65, 15, 18 (ITT-Urteil); das übersieht Ebert, BB 1984, 1221, 1224.
15 Döllerer, DStR 1980, 395; a. A. Ebert, BB 1984, 1221, 1224.
15a Vgl. auch Urt. des BFH I R 266/81 vom 23. 5. 1984, DB 1984, 1965.
16 Nach Lempenau, BB 1977, 1209.

gutschrift beträgt DM 56250,–. Soweit der Vorteil, der in der unverhofften Körperschaftsteuergutschrift liegt, zurückgewährt wird, vermindert sich aber auch die verdeckte Gewinnausschüttung und somit die Höhe der Körperschaftsteuergutschrift. In dem Beispielsfall braucht der Gesellschafter-Geschäftsführer also nur DM 36000,– als ungerechtfertigte Bereicherung in bar zurückzugewähren. Er hat dann DM 64000,– in bar und 36% Körperschaftsteuergutschrift = 100000,– DM Einkünfte, welche wie bisher zu versteuern sind.

Für den Fiskus springt systematisch in diesem Fall nur die Gewerbeertragsteuer heraus.

b) Die verdeckte Gewinnausschüttung kann statt dessen z.B. durch Veräußerung eines Grundstücks um DM 100000,– unter Preis erfolgen, welches der Gesellschafter ins Privatvermögen übernimmt und als Einfamilienhaus nutzt.

Die Gesellschaft hat zwar einen Mehraufwand an Körperschaftsteuer, der Gesellschafter hat aber neben dem Vorteil der KSt-Gutschrift den Nachteil der Steuerpflicht für die fingierten Einnahmen aus Kapitalvermögen. Wenn beide Teile nicht mit einer verdeckten Gewinnausschüttung gerechnet haben und auch sonst kein Rückgewähranspruch vorliegt, so kann meines Erachtens die Gesellschaft nach § 818 Abs. 3 BGB nur soviel zurückverlangen, wie dem Gesellschafter nach Zahlung der Einkommensteuer von der verdeckten Gewinnausschüttung verbleibt. Liegt sein persönlicher Einkommensteuersatz über 36%, so verbleibt ihm nichts, so daß er auch nichts zurückzugewähren braucht. Hat er wegen seines persönlichen Spitzensteuersatzes trotz Körperschaftsteuergutschrift noch einen Schaden, so kann er sich hierfür aber in der Regel nicht bei der Gesellschaft schadlos halten, vielmehr dürfte das Risiko, daß die Finanzverwaltung eine verdeckte Gewinnausschüttung annimmt, grundsätzlch bei den Betroffenen liegen. Ein Ausgleichsanspruch erscheint nur insoweit gerechtfertigt, als nicht nur beim einen Beteiligten ein unerwarteter Schaden, sondern auch beim anderen Beteiligten ein unerwarteter Vermögensvorteil verbleibt.

c) Der Gesellschafter erwirbt das Haus um DM 100000,– unter Preis wie vor, legt es aber in sein Betriebsvermögen ein, um es zunächst zu vermieten und später zu veräußern. Durch die verdeckte Gewinnausschüttung entsteht eine sofortige Steuer beim Gesellschafter-Erwerber, der aber um DM 156250,– höhere Anschaffungskosten für das Grundstück mit entsprechend höherer AfA und niedrigerem Veräußerungsgewinn gegenüberstehen.

Der Gesellschafter muß sich meines Erachtens den Vorteil aus den erhöhten Anschaffungskosten des Hauses anrechnen lassen. Da die Höhe des Vorteils von der zukünftigen ESt-Belastung des Gesellschafters abhängt, kann die Höhe des Rückgewähranspruchs im Veranlagungszeitraum der vGA nur geschätzt werden.

d) Bei nicht Anrechnungsberechtigten kommt eine Körperschaftsteuergutschrift in der Regel nicht in Betracht. Eine Ausnahme gilt nach § 52 Abs. 1 KStG, wenn EK 01 oder EK 03 als verwendet gilt. Der ausländische Staat wird die verdeckte Gewinnausschüttung in der Regel nicht berücksichtigen, so daß die ausländische Steuerbelastung nicht erhöht und die in der Erstattung des

EK 01 bzw. EK 03 liegende Bereicherung nicht gemindert wird. Dann ist aber ein Rückgewähranspruch nach § 812 BGB zu bejahen.

e) Kompliziert wird es, wenn die vGA an eine nahestehende Person erfolgt.

Beispiel

GmbH zahlt DM 100000,– als vGA qualifizierte Geschäftsführerbezüge an den Sohn des Alleingesellschafters. Der Vater müßte zuzüglich KSt-Gutschrift DM 156250,– als Einkünfte aus Kapitalvermögen versteuern. DM 100000,– gelten als vom Vater an den Sohn unentgeltlich zugewendet, während der Sohn die ESt auf DM 100000,– spart.
Meines Erachtens muß der Sohn seinen ESt-Vorteil (z.B. DM 30000,–) an die Gesellschaft zurückzahlen, so daß die vGA sich auf 70000,– vermindert. Der KSt-Aufwand der Gesellschaft ist dann 36/64 von DM 70000,– = DM 39375,–. Der Vater muß als herrschender Gesellschafter versteuern:

vGA	70000,– DM
+ KSt-Gutschrift	39375,– DM
	109375,– DM
Spitzensteuersatz 56%	61250,– DM
hiervon durch KSt-Gutschrift finanziert	39375,– DM
Barabfluß Vater	21875,– DM

f) Die Einziehung von Anteilen und der Erwerb eigener Anteile führt nach der wohl zutreffenden herrschenden Meinung nicht zur Herstellung der Ausschüttungsbelastung, sondern zu einer Minderung des EK 04, eventuell sogar zu einem negativen EK 04[17]. Sollten diese Maßnahmen von der Finanzverwaltung jedoch anders behandelt werden, so hat der Ausgleich nach den vorstehend dargestellten Grundsätzen über die ungerechtfertigte Bereicherung zu erfolgen. Das führt zu unterschiedlichen Ergebnissen je nachdem, ob die Veräußerung der Anteile beim Anteilseigner steuerpflichtig war oder nicht. Besondere Vorsicht ist geboten, wenn die Satzung einen bestimmten Abfindungskurs bei Einziehung vorsieht, z.B. den Buchwert. Das Risiko, daß die Ausschüttungsbelastung herzustellen ist und eine Minderung der Bereicherung nach § 818 Abs. 3 BGB geltend gemacht wird, trifft meines Erachtens die Gesellschaft.

IV. Körperschaftsteuergutschrift bei Anteilsveräußerung

Eine Reihe von Problemen ergeben sich durch das Anrechnungsverfahren bei der Veräußerung von Anteilen an einer Kapitalgesellschaft.

17 Döllerer, StbJb 1981/82, 216f.; Dötsch/Eversberg/Jost/Witt, Kommentar zum KStG, 1983, § 27 Rz. 22.

1. Bilanzänderung und Körperschaftsteuergutschrift

Ausländische Anteilseigner können ein Interesse daran haben, vor der Veräußerung der Anteile an einer Kapitalgesellschaft deren EK 01 und EK 03 noch auszuschütten, um in den Genuß der Steuervergütung nach § 52 KStG zu gelangen. Die neuen Anteilseigner können dagegen ein Interesse haben, daß EK 01 und EK 03 zu behalten und statt dessen lieber ein anderes verwendbares EK auszuschütten. Ein solches Ergebnis kann z.B. durch nachträgliche Bilanzänderungen oder -berichtigungen herbeigeführt werden. Zu einer solchen Bilanzänderung sind die jeweiligen Gesellschafter grundsätzlich befugt[18]. Der alte Anteilseigner wird durch § 28 Abs. 5 KStG nur dann geschützt, wenn die Körperschaftsteuer bereits vergütet worden ist; solange das Vergütungsverfahren noch nicht beendet ist, läuft der Veräußerer Gefahr, durch von den Erwerbern veranlaßte Bilanzänderungen seinen Anspruch auf Körperschaftsteuervergütung zu verlieren[19]. In der Praxis ist deshalb den Veräußerern von Anteilen an einer Kapitalgesellschaft zu raten, die Erwerber ausdrücklich darauf zu verpflichten, an der Aufteilung des verwendbaren Eigenkapitals nichts zu ändern. Außerdem ist eine beschleunigte Durchführung des Körperschaftsteuervergütungsverfahrens ratsam.

2. § 36a EStG

Nach § 36a EStG erhält ein wesentlich oder beherrschend beteiligter Anteilseigner keine Körperschaftsteuergutschrift, wenn die Kapitalgesellschaft die entsprechende Körperschaftsteuer nicht gezahlt hat. Das gilt immer dann, wenn der Anteilseigner in den letzten drei Jahren wesentlich beteiligt war, selbst wenn er es im Zeitpunkt der Ausschüttung nicht mehr ist. Selchert[20] hat zutreffend darauf hingewiesen, daß dies zu ganz unbilligen Ergebnissen führt, wenn der Anteilseigner seine Gesellschaftsanteile veräußert. Häufig ist nämlich Körperschaftsteuer für zurückliegende Ausschüttungen im Zeitpunkt der Veräußerung noch gar nicht fällig. Häufig wird auch vereinbart, daß dem Veräußerer noch die später erfolgende Gewinnausschüttung für die abgelaufenen Geschäftsjahre zusteht (vgl. § 101 BGB). Die Körperschaftsteuer wird dann in der Bilanz der veräußerten Kapitalgesellschaft zurückgestellt und bei Ermittlung des Veräußerungspreises wertmindernd berücksichtigt.

Selchert schlägt de lege ferenda vor, § 36a EStG dahin abzuändern, daß die wesentliche oder beherrschende Beteiligung im Zeitpunkt der Ausschüttungsentscheidung bestehen muß. Dadurch wird das Problem aber nicht vollständig gelöst, da die Körperschaftsteuer in diesem Zeitpunkt unter Umständen noch gar nicht fällig ist.

De lege lata muß sich der Veräußerer jedenfalls dagegen schützen, daß ihm durch eine von den Erwerbern verursachte Zahlungsunfähigkeit der Gesellschaft

---

18 W. Meilicke, StbJb 1979/80, 447, 477.
19 Vgl. Dötsch/Eversberg/Jost/Witt, a.a.O., § 28 Rz. 24; Müller-Dott, BB 1979, 512.
20 Selchert, DB 1984, 1002.

die Körperschaftsteuergutschrift nachträglich wieder entzogen wird. Dafür bietet sich in erster Linie eine unmittelbare Verpflichtung des Erwerbers an, für die Bezahlung der Körperschaftsteuer Sorge zu tragen. Ist die Bonität des Erwerbers nicht gesichert, so muß der Veräußerer unter Umständen eine Sicherheit zu seinen Gunsten oder zugunsten des Finanzamtes bestellen lassen.

V. Körperschaftsteuergutschrift als Beteiligungsertrag

Die Körperschaftsteuergutschrift stellt eine steuerpflichtige Einnahme des Anteilseigners dar, welche auch handelsrechtlich als Beteiligungsertrag auszuweisen ist[21].

1. Personengesellschaft

Streitig ist die Behandlung der Körperschaftsteuergutschrift, wenn die Kapitalbeteiligung bei einer Personengesellschaft liegt, so daß die Körperschaftsteuergutschrift unmittelbar in die Einkommensteuererklärung der Personengesellschafter eingeht. Meines Erachtens sind die Personengesellschafter verpflichtet, der Personengesellschaft den in der Körperschaftsteuergutschrift liegenden Vorteil herauszugeben, soweit nicht Entnahmeansprüche der Gesellschafter entgegenstehen, so daß die Körperschaftsteuergutschrift handelsrechtlich zum Ertrag der Personengesellschaft gehört[22]. Die hiergegen von Maul[23] vorgetragenen zivilrechtlichen Bedenken vermögen mich nicht zu überzeugen.

a) Maul hält es für unerklärlich, wie jemand ungerechtfertigt bereichert sein kann, wenn er einen ihm gesetzlich zustehenden Anspruch geltend macht. Dem Juristen ist dies jedoch nicht nur erklärlich, sondern sogar geläufig. Die Tatsache, daß jemand auf Kosten eines Dritten einen Anspruch gegen einen anderen (hier den Steuerfiskus) erhält, besagt noch nichts darüber, ob er diesen Anspruch auch im Verhältnis zu dem Dritten (hier: im Verhältnis zur Personengesellschaft) behalten darf. Vielmehr ist im Einzelfall zu untersuchen, ob ein Rechtsgrund besteht, aus welchem dem Dritten gegenüber der Vorteil behalten werden darf.
   Zu dem von Maul vorgebrachten Argument des „geschenkten Lotterieloses" ist zu bemerken, daß eben gerade fraglich ist, ob der Gesetzgeber den Personengesellschafter zu Lasten der Personengesellschaft und ihrer Gläubiger endgültig beschenken wollte oder ob es sich um eine der zahlreichen steuerlichen Ungereimtheiten handelt, welche durch zivilrechtliche Ausgleichsansprüche zwischen den Beteiligten ausgeglichen werden müssen.
b) In DB 1982, 291 habe ich am Beispiel einer von der Personengesellschaft gehaltenen Beteiligung an einer Kapitalgesellschaft dargelegt, daß die Perso-

21 HFA 2/1977 Ziffer 3.
22 W. Meilicke, DB 1982, 291; a. A. Maul, DB 1981, 1104 und DB 1982, 293; Simon, DB 1981, 1895.
23 Maul, DB 1982, 293.

nengesellschafter das Vermögen einer KG an sich ziehen und zu Lasten der Gläubiger aushöhlen können, wenn man der Personengesellschaft keinen Ausgleichsanspruch gegen die Gesellschafter hinsichtlich der Körperschaftsteuergutschrift einräumt. Maul argumentiert, die Geschäftsführer der Personengesellschaft hätten die Beteiligung an der Kapitalgesellschaft eben nicht zu ihrem vollen Verkehrswert einschließlich Körperschaftsteuergutschrift erwerben dürfen. Er meint, hierdurch hätten deren Geschäftsführer „grob fahrlässig" gehandelt. Eine Rechtsauffassung, bei welcher die Geschäftsführer einer im Wirtschaftsleben tätigen Personengesellschaft Anteile an einer Kapitalgesellschaft nicht mehr zum Verkehrswert erwerben dürfen, weil sie von vornherein die Möglichkeit in Betracht ziehen müssen, daß die Personengesellschafter durch das Instrument der Körperschaftsteuergutschrift Vermögen unter Aushöhlung des Gläubigerschutzes an sich ziehen, erscheint jedoch wenig befriedigend. Sie schließt im Ergebnis Personengesellschaften überhaupt vom Erwerb von Beteiligungen an Kapitalgesellschaften aus.
Im übrigen billigt Maul das Ergebnis, daß die Personengesellschafter das Vermögen der KG durch das Instrument der Körperschaftsteuergutschrift aushöhlen, und meint, man dürfe die vom Gesetzgeber geschaffenen Freiräume nicht einengen. Wem das nicht passe, der möge an den Gesetzgeber appellieren. Die Wertung des Gesetzgebers, die Gläubiger einer KG gegen die Aushöhlung der Kreditgrundlage zu schützen, ist jedoch gefestigt und bedarf keiner gesetzlichen Bestätigung. Die Rechtsprechung wird deshalb den notwendigen Gläubigerschutz auch ohne Intervention des Gesetzgebers durchsetzen können.

d) Für die hier vertretene Auffassung sprechen auch die Ergebnisse bei der Gewinnverteilung, zwischen Personengesellschftern. Sieht z.B. ein Gesellschaftsvertrag entsprechend der gesetzlichen Regelung (§ 168 HGB) eine Vorabverzinsung der Kommanditeinlagen und Verteilung des Restgewinns nach Köpfen vor, so ist es sachgerecht, die Körperschaftsteuergutschrift in die Ermittlung, ob der Gewinn für die Mindestverzinsung ausreicht, einzubeziehen.

Beispiel

Kommanditkapital	1000000,– DM
Komplementärkapital	0,– DM
Gewinn vor KSt-Gutschrift	30000,– DM
KSt-Gutschrift	11250,– DM

Die Komplementär-GmbH ist an dem DM 40000,– übersteigenden Gewinn entsprechend dem Gewinnverteilungsschlüssel zu beteiligen. Anderenfalls erhielten die Kommanditisten im Ergebnis mehr als die vereinbarten 4% auf das eingesetzte Kapital, während der Komplementär verabredungswidrig leer ausginge. Der Gesetzgeber hat nicht beabsichtigt, mit der Körperschaftsteuergutschrift die zivilrechtlichen Gewinnverteilungsabreden zu ändern. Erst wenn die Höhe des insgesamt zu verteilenden Gewinns (einschließlich KSt-Gutschrift) feststeht, kann die KSt-Gutschrift ohne Gewinnverschiebung auf die einzelnen Gesellschafter im Verhältnis ihres Anteils am Gesamtgewinn (einschließlich KSt-Gutschrift) aufgeteilt werden[23a]. Diese Aufteilung ist jedoch im wirtschaftlichen Ergebnis von untergeordneter Bedeutung, da sie nur den Zeitpunkt regelt, zu welchem der Gewinn dem einzelnen Personengesellschafter zufließt.

d) Maul stellt anheim, die Gleichstellung der Körperschaftsteuergutschrift mit einer Entnahme im Gesellschaftsvertrag zu vereinbaren. Daran haben die Gesellschafter in der Regel jedoch kein Interesse, und zwar vor allem dann nicht, wenn eine Aushöhlung des Gesellschaftsvermögens zu Lasten der Gläubiger beabsichtigt ist.
Selbst wenn solche Vereinbarungen aber geschlossen würden, ist das Problem des Gläubigerschutzes dadurch nicht gelöst. Stimmt Mauls Prämisse, daß die dem Personengesellschafter zufließende Körperschaftsteuergutschrift keine Entnahme darstellt, so stellt ihre vertragsmäßige Einzahlung an die Gesellschaft eine Leistung des Kommanditisten dar, welche nach § 171 Abs. 1 HGB auf seine Einlage anzurechnen ist. Auch dies führt zu einer Aushöhlung des Gläubigerschutzes, weil der Kommanditist seine Einlage mit einem Vermögenswert erbringt, welchen er vorher von der Gesellschaft erhalten hat.
Richtigerweise ist mit dem BGH[5] die Körperschaftsteuergutschrift als Vermögensvorteil anzusehen, welcher nicht wie ein Lotterielos vom Himmel fällt, sondern welcher dem Personengesellschafter von der Kapitalgesellschaft über die Personengesellschaft zufließt. Da der Personengesellschafter im Verhältnis zu seiner Personengesellschaft grundsätzlich keinen Anspruch darauf hat, diesen Vorteil zu behalten, ist er als Entnahme anzusehen.

2. Gewinnabhängige Bezüge

Bei einer Kapitalgesellschaft ist nicht zweifelhaft, daß die Körperschaftsteuergutschrift zur Bemessungsgrundlage gehört, wenn ein stiller Gesellschafter einen Gewinnanteil oder ein Geschäftsführer eine Tantieme vom Jahresüberschuß beanspruchen kann. Nach der hier vertretenen Auffassung gilt dies auch, wenn eine Personengesellschaft oder ein Einzelunternehmer verpflichtet ist. Maul müßte zu der Auffassung kommen, daß die Bemessungsgrundlage einer vom Jahresabschluß der Personengesellschaft oder des Einzelunternehmers abhängigen Vergütung sich durch die Körperschaftsteuergutschrift nicht erhöht, da er die KSt-Gutschrift nicht als gewerblichen Ertrag, sondern als Lotteriegewinn ansieht. Solange die Frage streitig ist, erscheint es aber ratsam, bei der Abfassung von Tantiemeregelungen mit Geschäftsführern von Personengesellschaften oder bei stillen Gesellschaftsverträgen diese Frage ausdrücklich zu regeln. Da es von Zufälligkeiten abhängen kann, ob ein Beteiligungsertrag als Körperschaftsteuergutschrift oder auf andere Weise zufließt, ist meines Erachtens die Einbeziehung in die Bemessungsgrundlage empfehlenswert.

23a Raupach, FR 1978, 578; Selchert, BB 1984, 892.

3. Pfandgläubiger

Geschäftsanteile an einer GmbH können in der Weise verpfändet werden, daß auch das Gewinnbezugsrecht als mitverpfändet gilt[24]. Bei Aktien werden die Dividendenansprüche durch Übergabe der Dividendencoupons mitverpfändet. Das Stimmrecht verbleibt aber regelmäßig bei dem Gesellschafter-Schuldner. Wer ein Pfandrecht an Gesellschaftsanteilen von Kapitalgesellschaften bestellt, sollte bedenken, daß der Wert des Pfandrechts durch die KSt-Gutschrift auf außergewöhnliche Ausschüttungen ausgehöhlt werden kann. Sicherlich erfaßt die Verpfändung oder Pfändung des Dividendenbezugsrechts nicht den Anspruch gegen das Finanzamt auf Körperschaftsteuererstattung.

Zunächst werden die Parteien eines Verpfändungsvertrages zu überlegen haben, ob und inwieweit der Schuldner den Steuervorteil aus der Körperschaftsteuer zur Begleichung seiner Einkommensteuer behalten darf.

Alsdann stellt sich die Frage, wie der Anspruch des Gesellschafters auf Körperschaftsteuergutschrift ge- oder verpfändet werden kann. Nach § 36 Abs. 2 Nr. 3 EStG findet zunächst eine Anrechnung auf die Einkommensteuer des jeweiligen Veranlagungszeitraums statt. Deshalb kann der Anspruch auf KSt-Gutschrift meines Erachtens nicht selbständig verpfändet werden (Ausnahme: § 52 KStG). In Betracht kommt nur die Verpfändung des zukünftigen Einkommensteuererstattungsanspruchs, dessen Werthaltigkeit aber von den zukünftigen sonstigen Einkünften des Schuldners abhängt. Die Finanzbehörde kann auch mit anderen Steueransprüchen (z. B. Umsatzsteuer) gegen einen ESt-Erstattungsanspruch aufrechnen, solange dessen Abtretung dem Finanzamt nicht angezeigt ist[25]. Neben der Pfändung von Stammrecht und Gewinnbezugsrecht des Anteils an einer Kapitalgesellschaft empfiehlt sich deshalb die Pfändung bzw. Verpfändung oder Sicherungsabtretung der zukünftigen ESt-Erstattungsansprüche. Darüber hinaus sollte sich ein Gläubiger möglichst soviel Einfluß auf die Stimmrechtsübung einräumen lassen, daß er eine Aushöhlung der Gesellschaft durch außergewöhnliche KSt-Erstattungsansprüche verhindern kann.

24 Scholz/Winter, GmbH-Gesetz, 6. Aufl. § 15 Rz. 124; Hachenburg/Schilling/Zutt, GmbH-Gesetz, 7. Aufl., § 15 Anh. Rz. 46.
25 Tipke/Kruse, AO, § 46 Rz. 12.

Betriebswirtschaftliche Überlegungen zur Unternehmungsrechtsformwahl

Gerd Rose

I. Problemstellung

Die Wahl der Rechtsform geht aus einer sog. konstitutiven oder Struktur-Entscheidung hervor, die insbesondere für mittelständische Unternehmungen und ihre Träger von größter Bedeutung ist. Eine solche Entscheidung ist zwar immer bei der Gründung einer Unternehmung zu fällen, aber keineswegs auf diese einzige Gelegenheit beschränkt. Es gilt vielmehr – abgesehen von anderen Anlässen wie Steuerrechtsänderungen oder Gesellschafterwechsel – bei jeder Langfristplanung, also etwa im Abstand von jeweils fünf Jahren, die eigene Unternehmungs-Rechtsform in Frage zu stellen.

Vordergründig könnte man nun zu der Annahme kommen, die Rechtsformwahl enthalte keine betriebswirtschaftlich interessante Problematik. Es handele sich schließlich nur um eine Äußerlichkeit, und außerdem sei die Rechtsform für den mit der Vorbereitung von ökonomischen Entscheidungen beschäftigten Betriebswirtschaftler weitgehend die Resultante aus bestimmten (vor allem rechtlichen) Daten und Gegebenheiten und damit gleichsam eine automatische Konsequenz der vorfindlichen (Planungs-)Situation, so daß kein eigentliches wirtschaftliches „Nachdenken" darüber angebracht sei.

Diese Annahmen lassen sich jedoch leicht widerlegen. Zwar ist die Rechtsform äußerlich durch Rechtsregeln beschreibbar. Aber diese Rechtsregeln erzeugen wirtschaftliche Wirkungen; sie sind keine leeren Hülsen ohne ökonomische Konsequenz. Die Rechtsform ist vielmehr ein wesentlicher Teil der (inneren und äußeren) Organisation für wirtschaftliche Einheiten, also für Betriebe. In unserem Wirtschafts- und Gesellschaftssystem gibt es keinen Betrieb ohne Rechtsform und damit ohne Rechtsform auch keinen Betrieb. Und daß die Rechtsform eines Betriebes ein derivatives Datum von Umständen und infolgedessen kein eigener Reflexionsgegenstand im Entscheidungsprozeß sei, ist ebenfalls, wie sich an einem schlichten Beispiel zeigen läßt, unzutreffend: Will ein einzelner Mensch eine gewerbliche Unternehmung betreiben, so kann er dies keinesfalls nur in der Rechtsform des Einzelkaufmanns; ihm sind vielmehr auch Gesellschaftsformen (sog. Einmann-Gesellschaften als Kapitalgesellschaften oder Personengesellschaften) zugänglich. Der betreffende Gründer muß also eine Wahl treffen. Die Vorbereitung von Wahlentscheidungen über wirtschaftliche Alternativen ist aber ein wichtiger, ja sogar zentraler Gegenstand betriebswirtschaftlicher Bemühungen[1]. Wenn die betriebswirtschaftliche Literatur dem Thema der

1 Eugen Schmalenbach, Kostenrechnung und Preispolitik, 8. Auflage Köln und Opladen 1963, 130: „Wirtschaften heißt Wählen".

Zivil-, Steuer- und Unternehmensrecht
Hrsg.: Fachinstitut für Steuerberater e.V.

Rechtsformwahl einen breiten Raum einräumt[2], so tut sie das nicht grenzüberschreitend („Schmalspur-Jurisprudenz"), sondern aus genuinem Interesse.

Die Durchsicht des Schrifttums zeigt nun allerdings, daß die Berichte über die aus den Rechtsregeln herrührenden Charakteristika einzelner Unternehmungs-Rechtsformen die entscheidungsorientierten Ansätze, die eine primär ökonomisch ausgerüstete Hilfe bei der Entscheidungsvorbereitung bieten sollen[3], noch deutlich überwiegen. Die eigentlichen Probleme der Rechtsformwahl liegen aber nach meiner Überzeugung in dem Herausstellen der betriebswirtschaftlich wichtigen Aspekte sowie in der ökonomisch-technischen Vorgehensweise bei der Verwertung der daraus gewonnenen Erkenntnisse zum Zwecke einer rationalen Entscheidungsfindung[4].

Zwei Aussagen können also gemacht werden:

1. Die Rechtsform der Unternehmung ist ein Instrument zur Realisierung von wirtschaftlichen Zielen.
2. Die Entscheidung über die Rechtsform muß in wirtschaftlicher Weise getroffen werden.

Aus beiden resultiert sowohl die Berechtigung und Notwendigkeit einer Beschäftigung mit diesem Thema aus betriebswirtschaftlicher Sicht als auch die Hauptproblemstellung für die hier vorgelegte (mehr überblickshafte als kon-

---

2 Aus der großen Fülle seien als Werke mit grundsätzlichen Ausführungen zum Thema die folgenden genannt (Auslassungen enthalten selbstverständlich keine wissenschaftliche Wertung): Castan, Edgar, Rechtsformen der Betriebe, Stuttgart 1968; Diederich, Helmut, Allgemeine Betriebswirtschaftslehre I, Stuttgart/Düsseldorf 1969; Doralt, Peter/Grün, Oskar/Nowotny, Christian, Die Rechtsform-Entscheidung in der Projektorganisation, Wien 1978; Findeisen, Franz, Die Unternehmungsform als Rentabilitätsfaktor, Berlin 1924; Heinen, Edmund, Industriebetriebslehre, 7. Auflage Wiesbaden 1983; Hubacher, Rudolf, Die betriebswirtschaftliche Bedeutung der Unternehmungsformen, Bern 1954; Kühner, Max, Die Wahl der Rechtsform unter finanzwirtschaftlichem Aspekt, in: Handbuch der Unternehmungsfinanzierung, hrsg. von Oswald Hahn, München 1971; Kolbeck, Rosemarie, Wahl der Rechtsform – Gründung, in: Durkarczyk, J./Müller-Hagedorn (Hrsg.), Betriebswirtschaftslehre, Band 2, Wiesbaden 1978, 121; Lanz, Thomas, Die Wahl der Rechtsform als Entscheidungsproblem unter besonderer Berücksichtigung einer mittelständischen Unternehmung, Berlin 1978; Lehmann, Fritz, Rechtsformen und Wirtschaftstypen der privaten Unternehmung, Mannheim/Berlin/Leipzig 1925; Mellerowicz, Konrad, Unternehmenspolitik, Band II, 2. Auflage Freiburg i. Brsg. 1963; Rose, Gerd, Die Steuerbelastung der Unternehmung, Wiesbaden 1973; Schult, Eberhard, Allgemeine Betriebswirtschaftslehre, Freiburg i. Brsg. 1980; Schultz, Reinhard, Kreditwürdigkeit und Unternehmungsform, Wiesbaden 1967; Sigloch, Jochen, Entscheidungshilfen bei der Wahl der Unternehmensrechtsform, in: Mittelstand und Betriebswirtschaft, Bayreuth 1980, 61; Stehle, Heinz/Stehle, Anselm, Die rechtlichen und steuerlichen Wesensmerkmale der verschiedenen Gesellschaftsformen, 9. Auflage Stuttgart/München/Hannover 1978; Stüdemann, Klaus, Artikel „Rechtsform der Unternehmung" in HWB 4. Auflage 1975, Sp. 3361; Vogler, Gerhard, Allgemeine Betriebswirtschaftslehre, Opladen 1976; Wöhe, Günter, Einführung in die Allgemeine Betriebswirtschaftslehre, 14. Auflage München 1981.

3 Hier sind aus neuerer Zeit vor allem zu nennen die in Fußnote 2 näher bezeichneten Titel von Doralt/Grün/Nowotny (S. 16–19 und S. 143–146), Kolbeck (S. 121–147), Schult (S. 178–185) und Sigloch (S. 61–80).

4 Entscheidungen auf der Basis von „Patentrezepten" oder „Faustregeln" sind angesichts der materiellen Bedeutung der Rechtsformwahl nicht als rational zu bezeichnen. Solche Rezepte oder Regeln können (bisher) ihre Allgemeingültigkeit nicht belegen, was in Anbetracht der vielfältigen Bedürfnisse des Einzelfalls verständlich ist.

krete) kleine Ausarbeitung[5]. Sie wird sich zunächst mit den betriebswirtschaftlich für wichtig gehaltenen Eigenschaftsfeldern der Unternehmungs-Rechtsformen und danach mit der betriebswirtschaftlichen Rechtsformbeurteilung (als Basis für die Rechtsformwahl) beschäftigen.

II. Betriebswirtschaftlich wichtige Eigenschaftsfelder der Unternehmungs-Rechtsformen

Die sieben Eigenschaftsfelder

Um die unter betriebswirtschaftlichen Aspekten bedeutsamen Eigenschaften einer Rechtsform zu beschreiben, ist m.E. die in der Literatur verbreitete Einzelaufzählung von „Kriterien" oder „Merkmalen" nicht optimal. Teils orientieren sich solche Einzelaufzählungen zu sehr an juristischen Gegebenheiten, denen nur untergeordnete betriebswirtschaftliche Relevanz zukommt, teils fehlt es an der erforderlichen Ausgewogenheit der gleichgewichtig nebeneinandergereihten Aussagen.

Diese Unvollkommenheiten werden nun nach meiner Überzeugung verringert, wenn man die relevanten Gesichtspunkte in sieben Eigenschaftsfelder einordnet, die jeweils genügend trennscharf voneinander abgegrenzt werden können, zugleich aber eine Bündelung von Teil-Eigenschaften erlauben. Mit Schlagworten lassen sie sich so beschreiben:

- wirtschaftlicher Trägerstatus
- Leitung
- Kontrolle
- Arbeitnehmer-Mitbestimmung
- Kooperationsfähigkeit
- Finanzierung
- Besteuerung.

Im einzelnen werden dazu die folgenden knappen Erläuterungen gegeben.

1. Der wirtschaftliche Trägerstatus

Der wirtschaftliche Trägerstatus wird in erster Linie aus dem Rechts-Status der Unternehmung selbst abgeleitet. Aus diesem folgen nämlich u. a. das Rechtsverhältnis der Unternehmung zu ihren Trägern, das Maß der Verselbständigung der Beteiligung am Unternehmen, die Ausgestaltung der Risikotragung (durch

5 Das Thema habe ich erstmals in einem Vortrag auf der Münchner Steuerfachtagung 1981 behandelt, die darin enthaltenen Überlegungen zwischenzeitlich weiterentwickelt und ergänzt. Trotz ihres fortbestehenden Experimentiercharakters halte ich sie jetzt für veröffentlichungsfähig, zumal in der Festschrift zu Ehren eines Wissenschaftlers, dessen Schriften sich – bei aller Seriosität – gerade auch durch neue, noch nicht von der „herrschenden Lehre" akzeptierte Überlegungen auszeichnen. Für die mir seinerzeit geleistete wertvolle Hilfe bei der Literaturzusammenstellung und -auswertung danke ich meinem ehemaligen Wissenschaftlichen Asistenten, Herrn Dr. Martin Lenz.

Haftung wie durch Verlustbeteiligung), die Zuordnung von Erfolg und Vermögen. Zur Summe der Eigenschaften, die den wirtschaftlichen Trägerstatus ausmachen, gehören ferner der Umfang der eigentlichen Unternehmerfunktionen, bestehende oder fehlende Regelungen über die Mitarbeit des Trägers in der Unternehmungsleitung und über das Ausmaß seiner Bestimmungsmacht bei den Betrieb betreffenden Struktur- und Prozeßentscheidungen. Schließlich wird der wirtschaftliche Trägerstatus bedeutsam beeinflußt durch Rechtsregeln, die das Entstehen und die Beendigung der Unternehmung sowie die Änderung der Unternehmungsrechtsform, den Trägerwechsel, den Eintritt neuer und das Ausscheiden vorhandener Gesellschafter sowie speziell die Trägernachfolgeregelungen im Erb- bzw. Schenkungsfall bestimmen. Es ist klar, daß bei der Beantwortung vieler dieser Fragen eine der Grundunterscheidungen deutlich wird zwischen den Unternehmungsformen, die sich einer juristischen Person bedienen, und anderen; diese wichtige Trennungslinie zieht sich vom Risikoumfang über die Kompetenzmacht bis hin zur Fungibilität des Beteiligungsengagements durch viele betriebswirtschaftlich wichtige Bereiche.

2. Die Leitung

Probleme der Leitung der Unternehmung gehören zu den von der Betriebswirtschaftslehre besonders intensiv diskutierten[6]. Fragt man nun nach den Beziehungen zwischen der Rechtsform und der Unternehmungsführung, so ist unübersehbar, daß aus dem entsprechenden Unternehmungsformen-Wirtschaftsrecht Einflüsse auf die Art und Weise der Geschäftsführung und der Vertretung ausgehen, die von erheblicher betriebswirtschaftlicher Relevanz sind. Nur beispielhaft sind zu nennen eine etwa gesetzlich vorgeschriebene Entscheidungshierarchie (mit Kompetenzbeschränkungen) oder die möglicherweise sogar erzwungene Verbindung von Leitung und Trägerschaft (sog. Selbstorganschaft). Dies sind wesentliche Gesichtspunkte für die ökonomisch so wichtigen Aspekte Schnelligkeit, Qualität und Stabilität von Führungsentscheidungen.

3. Die Kontrolle

Unter dem Aspekt „Rechtsform und Kontrolle" ist zunächst zu prüfen, ob in der entsprechenden Unternehmungsform überhaupt eine Kontrolle stattfindet oder ob die Leitung unkontrolliert bleibt. Steht das prinzipielle Vorhandensein einer Kontrolle fest, so ist zu fragen, von welchen (internen oder externen) Instanzen sie ausgeübt wird, welche Bereiche kontrolliert werden und in welcher Form bzw. in welchem Ausmaß eine Überwachung oder Überprüfung stattfindet. Oft vollzieht sich „Kontrolle" auch in der relativ milden und dennoch oft lästigen

---

6 Im Gutenbergschen Faktorsystem, das zu den Grundlagen der modernen Betriebswirtschaftslehre gehört, existiert deshalb neben den drei Elementarfaktoren „objektbezogene menschliche Arbeitsleistungen", „Betriebsmittel" und „Werkstoffe" ein vierter „dispositiver Faktor", der vereinfachend mit der Geschäfts- und Betriebsleitung gleichgesetzt werden kann. Vgl. Erich Gutenberg, Grundlagen der Betriebswirtschaftslehre, Erster Band: Die Produktion, 23. Auflage Berlin/Heidelberg/New York 1979, 2ff., 131ff.

Form der bloßen Pflicht zur Unterrichtung; im engeren Sinne geht es dann um den Jahresabschluß, seine etwaige Prüfung und Veröffentlichung sowie möglicherweise noch darüber hinausgehende (an einzelne Kontrollinstanzen oder die Öffentlichkeit allgemein gerichtete) Informationspflichten in bestimmten Situationen, z.B. bei der Gefahr einer Überschuldung oder bei Desinvestitionen.

4. Die Arbeitnehmer-Mitbestimmung

Bei der Mitbestimmung der Arbeitnehmer wird gewöhnlich in eine betriebliche (arbeitsrechtliche) und eine unternehmerische Mitbestimmung unterschieden. Die betriebliche Mitbestimmung, die aus dem Betriebsverfassungsgesetz folgt, trifft alle Betriebe mit mindestens fünf wahlberechtigten Arbeitnehmern und ist infolgedessen nicht rechtsformsensibel. Die unternehmerische Mitbestimmung dagegen, kodifiziert in den §§ 76–77a des Betriebsverfassungsgesetzes, im Montan-Mibestimmungsgesetz und im Mitbestimmungsgesetz von 1976, beinhaltet Regelungen über die Beteiligung von Arbeitnehmern in Leitungs- und Kontrollorganen von Unternehmungen bestimmter Größenordnung (gemessen an der Zahl der Beschäftigten) und – deshalb hier von Bedeutung – bestimmter Rechtsformen. Die Arbeitnehmer-Mitbestimmung vollzieht sich stets durch eine – umfangmäßig unterschiedlich große – Beteiligung im Kontrollorgan „Aufsichtsrat", in bestimmten Fällen auch im Leitungsorgan „Vorstand, Geschäftsführung", dem dann ein von den Arbeitnehmervertretern vorgeschlagener Arbeitsdirektor angehören muß.

5. Die Kooperationsfähigkeit

Eine im heutigen Wirtschaftsleben zunehmend wichtig gewordene betriebswirtschaftlich relevante Eigenschaft der Rechtsform ist ihre vorhandene oder fehlende Kooperationsfähigkeit. Unter diesem Aspekt ist zu prüfen, ob die betreffende Unternehmung sich aktiv an anderen Unternehmungen beteiligen und diese vielleicht sogar beherrschen (in letzter Stufe: sich eingliedern) kann. Und gewissermaßen passiv lautet die entsprechende Fragestellung: Ist es anderen möglich, sich an dieser Unternehmung zu beteiligen, sie vielleicht zu beherrschen oder sich gar einzugliedern? Das mit Bedacht gewählte relativ neutrale Wort „Kooperationsfähigkeit" soll dabei den breiten Rahmen dessen deutlich machen, in dem eine (aktive oder passive) Beteiligung realisiert werden kann.

6. Die Finanzierung

Einige betriebswirtschaftliche Autoren legen besonderes Gewicht auf das Verhältnis zwischen Rechtsform und Finanzierung, machen dieses Verhältnis ggf. sogar zum Mittelpunkt ihrer diesbezüglichen Betrachtungen. Finanzierungsfragen sind in der Tat sehr wichtig; schließlich gehört die Aufrechterhaltung des finanziellen Gleichgewichts zu den absoluten Lebensnotwendigkeiten jedes Betriebes. Zentral ist diese Eigenschaft jedoch für die Rechtsformunterscheidung nicht in allen Fällen. Die Unternehmungs-Rechtsformen unterscheiden sich hinsichtlich des Finanzierungsaspektes zunächst durch das Ausmaß der vorgeschriebenen oder nicht vorgeschriebenen Eigenkapitalausstattung und die Methoden der Eigenkapitalbeschaffung. Aber auch die Fremdfinanzierungsmöglichkeiten sind nicht rechtsformunabhängig, weil die verschiedenen Rechtsformen in der Praxis ein unterschiedliches finanzwirtschaftliches „Ansehen" haben, das sich wieder in zinsbedeutsamen Bonitätsmerkmalen niederschlagen kann. Allerdings ist diese Aussage relativ, weil es für die Beurteilung der finanzwirtschaftlichen Potenz einer Unternehmung auch sehr auf die der Unternehmungsträger und deren zusätzliche finanzwirtschaftliche Bindungen an ihren Betrieb (z.B. in Form von Bürgschaften) ankommt.

7. Die Besteuerung

Daß zwischen den verschiedenen Unternehmungsrechtsformen beträchtliche Unterschiede in der Besteuerung (und zwar sowohl des Betriebes selbst als auch seiner Träger) bestehen, ist eine unübersehbare Tatsache; jedem, der mit Rechtsformfragen beschäftigt ist, ist sie vertraut. Die Besteuerungsunterschiede schlagen sich in (monetären und nichtmonetären) Steuerwirkungen[7] nieder, haben also unzweifelhaft erhebliche betriebswirtschaftliche Bedeutung. Bei der Gründung, während des Bestehens und bei der Beendigung, bei einer Umwandlung oder bei einem Trägerwechsel sind fast immer mehrere Steuerarten aus den Bereichen der Ertrag-, der Verkehr- und der Substanzsteuern angesprochen. Die Feststellung und (unerläßliche) Quantifizierung der für die einzelnen Unternehmungsrechtsformen jeweils charakteristischen Steuerbelastungen ist also keine ganz leichte Aufgabe; aus ihrer Bewältigung ist im Bereich der Betriebswirtschaftlichen Steuerlehre insbesondere die Teilsteuerrechnung entstanden[8].

Dependenzen und Interdependenzen

Mit der Aufzählung und Beschreibung der für eine Rechtsformbeurteilung jeweils wichtigen Eigenschaftsfelder ist eine Grundlage geschaffen, um Unternehmungsrechtsformen betriebswirtschaftlich zu charakterisieren und miteinander zu vergleichen. Man muß dabei allerdings die Dependenzen und Interdependenzen, die zwischen den einzelnen betriebswirtschaftlichen Merkmalen bestehen, berücksichtigen.

In der nachstehenden Abbildung ist versucht worden, die wichtigsten dieser Beziehungen graphisch deutlich zu machen.

Mehrere dieser Beziehungen, wie die zwischen Arbeitnehmer-Mitbestimmung, Kontrolle, Leitung und wirtschaftlichem Trägerstatus[9], sind bereits

7 Vgl. zu den Steuerwirkungen Rose, Gerd, Grundgerüst einer theoretischen betriebswirtschaftlichen Steuerwirkungslehre, in: Neuere Entwicklungen in der Unternehmenstheorie, hrsg. von H. Koch, Wiesbaden 1982, 221.

8 Zum Schrifttum vgl. Kurth, Hans, Bibliographie zur Teilsteuerrechnung, in: BFuP 1979, 355.

9 Besonders wichtig: Die Arbeitnehmer-Mitbestimmung kann dort nicht eingreifen, wo wenigstens einer der Unternehmungsträger Vollhafter ist. (Teil-Ausnahme: KGaA.)

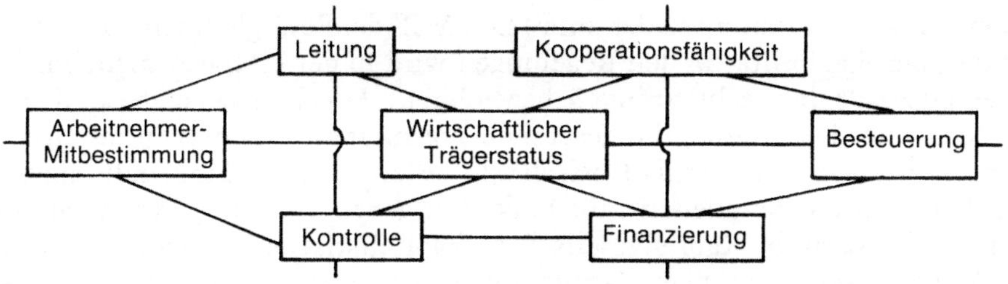

erwähnt worden. Andere, wie die zwischen Besteuerung, Finanzierung, Kooperationsfähigkeit und wirtschaftlichem Trägerstatus, liegen auf der Hand.

Bei den Beziehungen zwischen der Finanzierung und dem wirtschaftlichen Trägerstatus geht es in erster Linie um das von den Trägern zur Verfügung zu stellende Eigenkapital und dessen vermögensrechtliche Bindung. Hier haben wir die bekannte große rechtsformbedingte Unterscheidung zwischen den Kapitalgesellschaften mit ihrem erzwungenen Eigenkapital-Ausstattungsbedarf und dem juristisch verselbständigten Vermögen einerseits und den Personenunternehmungen, an deren Vermögen die Träger unmittelbar oder zur gesamten Hand beteiligt sind, andererseits. Auch auf die unterschiedliche Behandlung von sog. „Gesellschafterdarlehen" bei Kapitalgesellschaften hier und Personengesellschaften dort sei in diesem Zusammenhang hingewiesen.

Kontrolle kann als Kontrolle der Leitung den wirtschaftlichen Trägerstatus der von der Leitung ausgeschlossenen Unternehmer stärken, während die externe Kontrolle (durch die Öffentlichkeit allgemein oder z.B. durch Fremdkapitalgeber speziell) ihn eher schwächt. Die Leitung eines passiv kooperationsunfähigen Unternehmens hat eine andere Färbung als die Leitung in einer Unternehmung mit einer Rechtsform, die z.B. Mehrheitsbeteiligungen oder sogar Beherrschungen erlaubt. Von der Kooperationsfähigkeit hängt aber auch u. a. die Palette der Finanzierungsmöglichkeiten ab.

Der wirtschaftliche Trägerstatus bleibt von keinem der übrigen Eigenschaftsfelder unberührt. Da diese aber alle, wie die Abbildung mit den nach außen weisenden Linien deutlich zu machen versucht, auch Einflüssen unterworfen sind, die nicht aus der Trägersphäre stammen, sondern von Nicht-Trägern (Leitungs- und Kontrollorganen, Arbeitnehmern, Fremdkapitalgebern, Kooperationspartnern, dem Steuerfiskus) ausgehen, sind Zahl und Qualität dieser Außeneinflüsse wiederum ein wichtiges Charaktermerkmal für die Unternehmungsrechtsform.

Die Bedeutung der Freiheitsgrade der Gestaltung

Was nun allerdings dazu veranlaßt, von der allgemeinen Formulierung einer Aussage Abstand zu nehmen, diese oder jene Rechtsform habe diese oder jene Eigenschaften, ist der Umstand, daß das deutsche Unternehmungsformenrecht, begleitet von einer hochentwickelten kautelarjuristischen Praxis, als stark disponierbar qualifiziert werden muß. Das Maß der Beweglichkeit, der Gestaltbarkeit, der Flexibilität in den Regelungen wird in der Literatur manchmal als „Freiheitsgrad" der Rechtsform o. ä. bezeichnet[10]. Es geht dabei insbesondere um das Recht der Beteiligten, die gesetzlich normierten Grundtypen durch autonome Vertragsgestaltung inhaltlich den Erfordernissen des Einzelfalls anzupassen. Die damit verbundenen Möglichkeiten gehen von der „Typendehnung" (z.B. personalistische Kapitalgesellschaft, kapitalistische Personengesellschaft, Ein-Mann-Gesellschaft) über „Grundtypvermischungen" (z.B. GmbH & Co KG) bis hin zu den Unternehmungsgestaltungen, in die zwei oder noch mehr rechtsförmlich getrennte Vermögen („Betriebe", „Firmen") involviert sind (z.B. Betriebsaufspaltung in Form der Doppelgesellschaft).

Typisch für die Freiheitsgrade der Gestaltung sind, um dies herauszugreifen, vor allem die Vertragsregelungen über die Möglichkeiten der Träger, sich von ihrem unternehmerischen Engagement zu trennen. Für einen hohen Freiheitsgrad in der Gestaltung spricht es aber beispielsweise auch, wenn die Umwandlung aus der bestehenden Unternehmungsrechtsform in eine andere relativ problemlos durchgeführt werden kann.

Insbesondere die hier skizzierten „Freiheitsgrade der Gestaltung" sind die Ursache dafür, daß die Versuche scheitern müssen, dem vor einer Rechtsformentscheidung stehenden Wirtschaftler (oder einem Studenten der Betriebswirtschaftslehre oder der Jurisprudenz) mit Hilfe einer Beschreibung *der* Kommanditgesellschaft, *der* Aktiengesellschaft oder *der* Unternehmung eines Einzelkaufmanns eine hinreichende Anschauung von den real gegebenen Möglichkeiten im Entscheidungsfeld zu geben. Wie weit entfernt sich beispielsweise eine Kommanditgesellschaft von ihrem HGB-Normbild, wenn die eigentlichen Unternehmungsträger (Eigenkapitalgeber) lediglich als Kommanditisten fungieren, die Geschäftsführungsorgane am Unternehmungsvermögen selbst nicht beteiligte, lediglich formal „persönlich haftende Gesellschafter" sind[11], und der Gesellschaftsvertrag einen Beirat aus unternehmensfremden Sachverständigen vorsieht, dessen Funktionen denen eines AG-Aufsichtsrates weitgehend gleichen?

III. Die Rechtsformbeurteilung

Die Bedeutung der Zielvorstellungen der Entscheidungsträger

Aus der Vielzahl der Eigenschaftsgruppen, den zwischen ihnen bestehenden Depedenzen und Interdepedenzen und der Existenz von Freiheitsgraden der

10 Vgl. dazu z.B. Stüdemann, Klaus, Artikel „Rechtsform der Unternehmung", in: HWB 4. Auflage Stuttgart 1975, Sp. 3361 (vor allem 3363); Teichmann, Arndt, Gestaltungsfreiheit in Gesellschaftsverträgen, München 1970; Westermann, Harm Peter, Vertragsfreiheit und Typengesetzlichkeit im Recht der Personengesellschaft, Berlin/Heidelberg/New York 1970.

11 Die im Steuerbereich eben deshalb nicht einmal als Mitunternehmer angesehen werden.

Gestaltung ergibt sich, wie vorstehend in Erinnerung gerufen, die Unmöglichkeit, jeweils eine bestimmte Rechtsform in einer hinreichend genauen Weise betriebswirtschaftlich zu „definieren". Es ist lediglich eine Charakterisierung in der Weise möglich, daß man die Eignung bestimmter Typen zur Realisierung bekannter Zielvorstellungen beschreibt, ihre Nichteignung für andere feststellt, sie hinsichtlich einzelner Eigenschaften mit anderen Typen in Vergleich setzt, das Maß der Anstrengungen zum Ausdruck bringt, die nötig sind, eine bestimmte gewünschte Eignung durch Gestaltungsmaßnahmen zu erreichen usw.

Kennt man die Zielvorstellungen der (künftigen) Träger nicht, so bleibt das Bild aber recht blaß; es entstehen die sattsam bekannten, meist – aus respektablem Grund – weitschweifigen Beschreibungen klassischer und abgeleiteter Rechtsformen. Für die unmittelbare Praxis, d.h. die Vorbereitung von Entscheidungen, ist damit im allgemeinen aber nicht viel anzufangen.

Das umgekehrte Vorgehen, zunächst die Zielvorstellungen der Entscheidungsträger festzustellen und danach den Eignungsgrad alternativer Unternehmungsrechtsformen zur Erfüllung dieser Zielvorstellungen zu prüfen, ist allerdings ebenfalls nicht einfach. Zunächst hat man nämlich zu eruieren, aus wessen Sicht die möglichen Rechtsformalternativen betriebswirtschaftlich beurteilt werden sollen. Keinesfalls kommen dafür nur die gegenwärtigen oder künftigen Träger der Unternehmung in Betracht; manchmal haben Fremdkapitalgeber oder Kooperationspartner, aber auch Leitungsorgane eine so starke Position, daß sie die Unternehmungsrechtsform zumindest mitbestimmen. Aber auch bei einer Konzentration auf die Interessen der Unternehmungsträger (Inhaber, Gesellschafter) kann man nicht ungeprüft davon ausgehen, daß sie alle die gleichen Zielvorstellungen haben. Einzelne Eigenschaften können von dem einen gewünscht, von dem anderen aber abgelehnt werden. Im allgemeinen werden Zielkompromisse geschlossen werden müssen. Die Grund-Eigenschaften mancher Rechtsformen (z.B. KG und KGaA), aber auch mancher Konzerngestaltungen sowie die erwähnten Gestaltungsmöglichkeiten erlauben es in vielen Fällen auch, unterschiedliche Interessen verschiedener Gruppen konfliktfrei „unter einen Hut" zu bringen.

Soweit dabei Gestaltungsexperimente in Betracht kommen, d.h. unübliche, noch nicht erprobte Wege beschritten werden sollen, muß mit den Entscheidungsträgern auch eine Erörterung des Sicherheitsproblems stattfinden. Ist eine starke Sicherheitspräferenz vorhanden, wird der erprobten Rechtsformgestaltung der Vorrang vor der „Neu-Konstruktion" gebühren.

Versuche einer rechenhaften Simultan-Lösung

In der einschlägigen betriebswirtschaftlichen Literatur sind mehrfach Lösungsansätze zum Rechtsformwahlproblem in einer Form zu finden, die – mehr oder weniger differenziert – den Eignungsgrad jeder zur Wahl stehenden Rechtsform unter bestimmten Zielvorstellungen quantitativ benennt. In simultaner Vorgehensweise soll letztlich mit einer einzigen Zahl der Zielerreichungsgrad ausgedrückt werden, der von der untersuchten Alternative erzielbar ist. Die Rechtsform mit dem höchsten Zielerreichungsgrad, also mit der höchsten Wertungsziffer, wäre dann zu präferieren.

Solche sog. „Scoring-Modelle"[12] gehen in ihrer einfachsten Ausprägung so vor: Die jeweils relevanten Merkmale, geordnet z.B. anhand der unter II. genannten Eigenschaftsfelder, werden nach ihrer Eignung für die Zielerreichung mit Wertungsziffern versehen; man gibt z.B. drei Punkte für eine in bezug auf diesen Aspekt besonders gut geeignete Rechtsform und nur einen Punkt für eine besonders schlecht geeignete. Im allgemeinen läßt man es aber damit noch nicht bewenden, sondern arbeitet zusätzlich mit Gewichtungsfaktoren, mit denen der Entscheidungsträger die Rangfolge der Bedeutung der einzelnen Eigenschaftserfüllungen zum Ausdruck bringt. Auf diese Weise gelangt man dann z.B. zu einer Tabelle wie der folgenden, in der für die Rechtsform C die höchst Gesamtpunktzahl ausgewiesen wird.

Eigenschaften	Gewichtungsfaktoren (1–5)	Wertungsziffern (1–3), multipliziert mit dem Gewichtungsfaktor für die Rechtsformen		
		A	B	C
Wirtschaftlicher Trägerstatus	5	5	15	10
Leitung	2	6	2	2
Kontrolle	1	3	1	2
Arbeitnehmer-Mitbestimmung	4	4	12	12
Kooperationsfähigkeit	2	6	6	4
Finanzierung	3	6	3	9
Besteuerung	5	5	10	15
		35	49	54

Es ist nicht zu verkennen, daß durch die Verwendung von „Punkten", die i.d.R. nicht auf echten Quantitäten basieren, nur eine Scheingenauigkeit erreicht wird. Diesen Umstand berücksichtigend, wird man dem Vorgehen aber dennoch testieren müssen, daß es die Entscheidungsträger zwingt, sich intensiv mit den Eigenschaften der Rechtsformalternativen sowie deren Bedeutung für ihre Ziele auseinanderzusetzen und so das Problem mehr als nur unverbindlich anzugehen. Vor allem darin liegt der Wert solcher Versuche zu einer rechenhaften Simultan-Lösung des Rechtsformwahlproblems.

Vorschlag für ein stufenweises Vorgehen

Mit den letztgenannten Bemerkungen ist bereits der Pfad beschrieben worden, den auch die sorgfältig arbeitende Praxis gewöhnlich einschlägt, um eine

12 Der Begriff leitet sich von den sog. „Scores" ab, das sind kardinale Werte, die den (subjektiv geprägten und oft gar nicht quantifizierbaren) Urteilen zugeordnet werden. Vgl. z.B. Dreyer, Arend, Scoring-Modelle bei Mehrfachzielsetzungen, in: ZfB 1974, 255. Das „Punktesystem" von Kolbeck, die „Entscheidungsmatrix" bei Schult und die „Punktwertmatrix" bei Sigloch sind Scoring-Modelle.

befriedigende Problemlösung zu finden: Er ist gekennzeichnet durch ein „Herantasten" an die für den Einzelfall optimale Unternehmungsform, also durch ein sukzessives Vorgehen.

1. Der Einstieg mit Hilfe von Haupt-Entscheidungskriterien

Um zeitraubende und kostspielige Umwege zu vermeiden, wird es nun in der Regel sinnvoll sein, den Einstieg in den möglicherweise begehbaren Pfad unter Zuhilfenahme von Haupt-Entscheidungskriterien zu suchen. Solche Einstiegsmöglichkeiten bestehen m. E. vor allem über das Rentabilitätskriterium, das Distanzierungskriterium und das Flexibilitätskriterium. Bei der Beantwortung der damit verbundenen Fragen gelingt es nämlich häufig, die Vielzahl möglicher Rechtsformen auf eine überschaubare Alternativenmenge zu reduzieren.

2. Das Rentabilitätskriterium

Da Unternehmungen in der Regel auf Dauer und auf Gewinnerzielung angelegte privatwirtschaftliche Organisationen sind, werden ihre Träger gewöhnlich eine Rentabilität des von ihnen eingesetzten Eigenkapitals anstreben – mag diese eine maximale oder auch eine nur befriedigende Verzinsung darstellen. Ist dieser Gesichtspunkt primär maßgebend, so könnte man die jeweils zur Auswahl stehenden Unternehmungsrechtsformen nach dem Maße dessen ordnen, was ceteris paribus für die Träger der Unternehmung „unter dem Strich" herauskommt.

Rechentechnisch wäre dies, so scheint es auf den ersten Blick, gut zu bewältigen. Man müßte von einem erwarteten Erfolg in der Planungsperiode und von einer bestimmten Mittelzurverfügungstellung seitens der Unternehmensträger ausgehen. Diese beiden Werte wären zunächst „brutto" anzusetzen. Alle rechtsformbedingten Aufwendungen dürfen erst in einem zweiten Schritt vom Bruttoerfolg abgezogen werden; und alle Transaktions-Verluste, die – rechtsformbedingt – zwischen der Kapitalhingabe (dem Mittelabfluß) bei den Unternehmensträgern und der schließlich in der Unternehmung verbleibenden Eigenkapitalstärkung (dem Mittelzufluß) eintreten, müssen unberücksichtigt bleiben. Dann kann man, so scheint es, deutlich erkennen, in welchem Umfang sich die Rechtsformen nach ihrer Rentabilität unterscheiden, wie also die Unternehmungsrechtsform als „Rentabilitätsfaktor"[13] wirkt.

Es bestehen jedoch erhebliche Zweifel, ob man damit tatsächlich zu einem betriebswirtschaftlich überzeugenden Ergebnis gelangt. Zwar kann man, jeweils von gleichen Bruttoerfolgen und Bruttokapitaleinsätzen ausgehend, nach Abzug der rechtsformbedingten Minderungsposten vergleichbare Rentabilitäten errechnen. Aber schon bei einem Punkt wie z. B. dem der „Kontrolle" wird klar, daß auf diese Weise mögliche Effizienzsteigerungen durch die kostenverursachenden Kontrollmaßnahmen nur schwer erfaßbar sind. Ein weiteres Beispiel: Ist nicht vielleicht gerade durch ein besonders qualifiziertes Management eine

13 So der einschlägige Buchtitel des Pioniers der deutschsprachigen Betriebswirtschaftlichen Steuerlehre Franz Findeisen (vgl. Fußnote 2).

Steigerung der Brutto-Ausgangswerte zu erwarten, dies aber eben nur in *einer* von mehreren zur Wahl stehenden Rechtsformen, nämlich derjenigen, die dem qualifizierten Management allein zusagt?

Trotz dieser Zweifel sollte man aber derartige Rechnungen nicht unterlassen, zumindest soweit Rechenbarkeit – insbesondere im Bereich der rechtsformbedingten Kosten und der Besteuerung – gegeben ist und betragsmäßig wichtige Unterschiede zu erwarten sind. Aber selbst derjenige, für dessen Entscheidung an erster Stelle die Maximierung der Rentabilität steht, wird wohl anschließend auch noch andere Elemente in sein Kalkül einbeziehen.

3. *Das Distanzierungskriterium*

Gerade heute tritt oft der Wunsch nach maximaler Rentabilität zurück gegenüber einem anderen mächtigen Wunsch der Träger, dem nämlich, sich von ihrer Unternehmung (aus der sie natürlich eine zumindest befriedigende Rentabilität erwarten) persönlich so weit wie möglich zu distanzieren, oder, anders ausgedrückt, die Unternehmung selbst zu „isolieren", d.h. von den Trägerpersonen loszulösen. Dafür gibt es vielerlei Gründe. Ein Motiv zur Distanzierung findet sich häufig im wirtschaftlichen Trägerstatus, insbesondere bei solchen Unternehmern, die nicht persönlich mitarbeiten wollen. Ein anderes Motiv ist der Wunsch nach einer Begrenzung der zunehmenden Haftungsrisiken aus der Unternehmungssphäre[14]. Vielleicht möchte man auch gegenüber einer breiten Öffentlichkeit lieber anonym bleiben. In Konzernen sprechen nicht selten Markt- und Personalgründe für die distanzierende Ausgründung von Teilbetrieben in Tochtergesellschaften.

Im allgemeinen steigen mit wachsender Distanzierung zwar die rechtsformbedingten Kosten, weil regelmäßig eine Rechtsform mit juristischer Eigenpersönlichkeit und entsprechenden Pflichten gewählt werden muß. Die Distanzierung hat aber (außer den genannten) oft auch noch schwer oder gar nicht quantifizierbare Vorteile; zu nennen wären die i.d.R. gesteigerte Kooperationsfähigkeit und die oft besseren Chancen zur Lösung von Führungsproblemen.

4. *Das Flexibilitätskriterium*

Gerade wenn hinsichtlich der zukünftigen Entwicklung keine festen Erwartungen vorliegen, sondern man sich auf Veränderungen in der Um- und Innenwelt der Unternehmung einzustellen hat, haben die Träger der Unternehmung ein besonderes Interesse an Flexibilität, Elastizität, Anpassungsfähigkeit. In diesem Falle wird die Suche nach der optimalen Unternehmungsrechtsform bei solchen Gebilden beginnen, in denen der Gesellschafterwechsel unproblematisch abläuft, Umwandlungen leicht möglich sind, der wirtschaftliche Trägerstatus (z.B. hinsichtlich der Eigenkapitalausstattungspflichten) nicht eng fixiert ist, Kontrollinstanzen nicht zwingend eingerichtet werden müssen, aktive und

14 Man denke nur an die ständig steigenden Risiken aus der Beschäftigung von Arbeitnehmern. Vgl. dazu Meilicke, Heinz, Das Bundesarbeitsgericht, Selbsternannter Sondergesetzgeber zu Lasten der Arbeitgeber, Bonn 1981.

passive Kooperationsfähigkeit besteht, steuerpolitische Gestaltungsspielräume existieren usw.

Unter der vorrangigen Geltung des Flexibilitätskriteriums werden *die* Unternehmungsformen als Einstieg bevorzugt werden, die sowohl bei der Gründung als auch im späteren Verlauf in Ermangelung starrer Rechtsregeln einen Dispositionsspielraum lassen, bei denen es also im gegebenen Rahmen möglich ist, die rechtsformabhängigen Eigenschaften den sich wandelnden Zielvorstellungen leicht anzupassen.

5. *Zum Ablauf von Rechtsformwahl-Entscheidungsvorbereitungen*

Unter Berücksichtigung (auch) des Gesichtspunktes der Wirtschaftlichkeit in der Vorgehensweise ergibt sich bei Anwendung der sukzessiven Methode ein grober Ablaufplan für die Suche nach der geeigneten Rechtsform etwa wie folgt:

- Anhand der genannten Haupt-Entscheidungskriterien erfolgt der Einstieg in der Weise, daß die Rechtsformen, die den jeweils maßgebenden Forderungen nach Rentabilität oder Distanzierung oder Flexibilität eindeutig nicht genügen, von vornherein ausgeschaltet werden.
- Danach sind zunächst die normalen (typischen) Rechtsformen des geeigneten Bereichs zusammenzustellen.
- Es sollte dann ein Vergleich in der weiter oben vorgeführten rechnerischen Form versucht werden, um dadurch
  1. die Entscheidungsträger zu detaillierten Zielformulierungen zu zwingen und
  2. etwa bestehende besonders große Unterschiede im Eignungsprofil zu erkennen.

  Möglicherweise ist nach diesem Schritt eine weitere Reduzierung der Zahl der Rechtsformen möglich; bei der Feststellung etwaiger absoluter Unvereinbarkeiten von Rechtsformeigenschaften mit Zielvorstellungen muß dies ohnehin geschehen.
- Ist die optimale Rechtsform damit noch nicht gefunden, so kann es zweckmäßig sein, kautelarjuristische Anstrengungen zu unternehmen, um eine Verbesserung noch nicht voll befriedigender Rechtsform-Eigenschaften zu erreichen und/oder Zielkompromisse zwischen mehreren beteiligten Entscheidungsträgern zu ermöglichen.
- Am Ende wird dann entweder ein einzelner spezifizierter Vorschlag oder doch wenigstens eine überschaubare Zahl von Alternativen etwa gleichen Eignungsgrades präsentiert werden können.

Die vorstehenden Überlegungen und der Vorschlag für ein Ablaufprogramm machen deutlich, daß es sich bei der Rechtsformwahl grundsätzlich um ein sog. schlecht strukturiertes Problem handelt, das man dementsprechend auch nicht mit einem festliegenden Algorithmus lösen kann, sondern „heuristisch"[15] anpacken muß. Die Hoffnung, eines Tages mit besseren Methoden die Gefahr suboptimaler Lösungen zu verringern, bleibt allerdings.

---

15 Das bedeutet etwa „mit irgendeiner zur Lösung geeigneten Methode". Die vorstehend angewandten Heuristiken bestehen vor allem in der Zerlegung des komplexen Gesamtproblems in besser überschaubare Teilprobleme und im Vorschlag für eine bestimmte Reihenfolge bei deren Lösung.

Die Überbelastung der Unternehmen durch ertragsunabhängige Steuern – zur Notwendigkeit einer Reform –

Horst Vogel

I. Die Entwicklung der ertragsunabhängigen Steuern im vergangenen Jahrzehnt

Die Entwicklung des Steueraufkommens in den siebziger Jahren hat sich als „fiskalische Wachstumsbremse" für die deutsche Volkswirtschaft erwiesen. Während das Bruttosozialprodukt – Gradmesser der Wertschöpfung einer Volkswirtschaft – im Zeitraum 1970 bis 1983 von nominal 675,7 Mrd. DM auf 1,67 Billionen DM – also um ca. 147 v.H. – anstieg, nahm das Steueraufkommen mit über 157 v.H. weitaus schneller zu (vgl. auch zum folgenden die Tabelle 1). Das Aufkommen aus der ertragsunabhängigen Besteuerung belief sich 1983 auf 18,8 Mrd. DM. Der Anteil der ertragsunabhängigen Steuern am Gesamtaufkommen beträgt damit lediglich 4,7 v.H. und hat somit für die Finanzstruktur des Staates eine untergeordnete Bedeutung. Für die Unternehmen hingegen wird die Belastung gerade in ertragsschwachen Jahren zu einem erheblichen Kostenfaktor.

II. Internationaler Vergleich mit der Steuerbelastung der wichtigsten deutschen Handelspartner

Die Belastung des produktiven Kapitals mit Steuern, die unabhängig von der Ertragskraft des Unternehmens erhoben werden, erschweren in zunehmendem Maße die Investitionsfähigkeit und beeinträchtigen die internationale Wettbewerbsfähigkeit der deutschen Unternehmen, da es bei unseren wichtigsten Handelspartnern eine nach Art und Umfang vergleichbare Belastung mit ertragsunabhängigen Steuern mit Ausnahme von Österreich und Luxemburg nicht gibt (vgl. dazu Tabelle 2).

Was die Gewerbesteuer betrifft, so haben nur Österreich, Luxemburg und in gewissem Umfang Frankreich eine gewerbesteuer-ähnliche Steuer, die ertragsunabhängige Bemessungsgrundlagen kennt. In Japan wird zwar eine Gewerbesteuer erhoben, deren Steuersätze zwischen 3 und 12 v.H. liegen, jedoch ausschließlich den Ertrag besteuern. In den USA spielt die Kapitalbesteuerung eine völlig untergeordnete Rolle.

Auch die Vermögensteuer belastet die internationale Wettbewerbsfähigkeit deutscher Unternehmen. In allen mit der Bundesrepublik vergleichbaren größeren Industriestaaten wird überhaupt keine Vermögensteuer erhoben oder sie beschränkt sich auf natürliche Personen.

Zivil-, Steuer- und Unternehmensrecht
Hrsg.: Fachinstitut für Steuerberater e. V.

Tabelle 1. Die Steuerbelastung der Volkswirtschaft mit ertragsunabhängigen Steuern – in Mrd. DM –

Jahr	BSP	Gesamt-steuer-aufkommen	VSt[a]	GewKapSt (einschl. Hinzu-rechnungen)	Hinzu-rechnungen GewErtrSt	GrSt[b]	ErbSt[c]	Summe Sp. 4 – Sp. 8	nachrichtlich ESt	davon LSt
1	2	3	4	5	6	7	8	9	10	11
1970	697,0	154,1	2,9	1,7	0,9	2,7	0,5	8,7	71,3	35,1
1983	1671,2	396,5	5,0	4,2	1,4	6,8	1,4	18,8	161,9	128,9
Zuwachsraten in v.H.										
1970/83	+147,3	+157,3	+72,4	+147,1	+55,6	+151,9	+180,0	+116,1	+127,5	+267,2

[a] Von dem gesamten Aufkommen aus VSt entfallen rd. 85 v.H. auf die Wirtschaft.
[b] Von dem gesamten Aufkommen aus GrSt entfallen rd. 25 v.H. auf die Wirtschaft.
[c] Überwiegend auf Betriebsvermögen.

Quelle: BMF-Finanzbericht 1984; eigene Berechnungen

Tabelle 2. Ertragsunabhängige Besteuerung im internationalen Vergleich

Staaten	GewSt-Bemessung nach:	VSt, Juristische Personen	GrSt	ErbSt
1	2	3	4	5
BRD	a) Ertrag[a] b) Kapital	ja, 0,6 v.H.	ja	ja, 3–70 v.H.
Belgien	–	–	–	ja, 3–80 v.H.
Frankreich	a) Mietwert, Anlagevermögen b) 18 v.H. der Lohnsumme	–	ja	ja, 5–60 v.H.
Großbritannien	–	–	ja[b]	ja, 15–75 v.H.[c]
Irland	–	–	ja[b]	ja, 20–55 v.H.
Italien	–	–	–	ja, 3–29 v.H.
Japan	Ertrag[d]	ja, 1,4 v.H.[e]	–	ja, 10–75 v.H.
Kanada	Kapital[f]	–	ja[g]	–[h]
Luxemburg	a) Ertrag b) Kapital c) Lohnsumme	ja, 0,5 v.H.	ja	ja, 5–48 v.H.
Niederlande	–	–	ja	ja, 5–68 v.H.
Österreich	a) Ertrag b) Kapital c) Lohnsumme	ja, 1 v.H.	ja	ja, 2–60 v.H.
Schweden	Lohnsumme	–	–	ja, 6–75 v.H.
Schweiz	–[i]	ja, 0,825 v.T.[j] 3,765 v.T.[k]	ja	ja, 2–36 v.H.[l]
USA	Ertrag oder Kapital[m]	–[n]	ja[o]	ja, 18–60 v.H.

a Zusätzliche ertragsunabhängige Elemente durch die Hinzurechnung nach § 8 GewStG.
b Betriebsvermögen wird lediglich mit einem Viertel angesetzt.
c Betriebsvermögen wird lediglich zur Hälfte angesetzt.
d Beschränkt auf den inländischen Ertrag.
e Als Gemeindesteuer; wird nicht in allen Gemeinden erhoben.
f In British Columbia (Steuersatz 0,2 v.H.), Ontario (Steuersatz 0,6–0,8 v.H.) und Quebec (Steuersatz 0,3–0,6 v.H.).
g Erhoben von den meisten Provinzen und Gemeinden. Teilweise hat die GrSt mehr den Charakter von Gebühren und Beiträgen.
h Nur in Quebec.
i Als Gemeindesteuer nur im Kanton Genf.
j Bundessteuer.
k Kantons- und Gemeindesteuer.
l Abschlag bei Geschäftsgrundstücken 1/4 des Verkehrswerts.
m Auf Bundesebene keine Gewerbesteuer; in den meisten Einzelstaaten und Gemeinden werden Abgaben mit gewerbesteuerähnlichen Elementen (franchise taxes) erhoben.
n In einzelnen Staaten gibt es VSt auf immaterielle Werte, Bankaktien und Gesellschaftskapital.
o Keine Bundessteuer, Grundsteuer in Einzelstaaten und Gemeinden.

Quellen: BFM (Hrsg.): Informationsdienst zur Finanzpolitik des Auslandes, Nr. 1/1984; Mennel, A. (Hrsg.): Steuern in Europa, USA, Kanada und Japan, Herne/Berlin 1980; mit Erg.-Lieferungen; IWB.

Auch die Grundsteuer wird nicht in allen Ländern erhoben. So werden Grund und Boden in Belgien, Italien, Japan und Schweden nicht mit Steuern belastet. In den USA wird Grundsteuer in den Einzelstaaten bzw. von Gemeinden erhoben. In Irland und Großbritannien werden Betriebsgrundstücke nur mit einem Viertel des Wertes versteuert.

Erbschaften und Schenkungen werden in allen Ländern steuerlich belastet. Dabei sind jedoch die Steuersätze teilweise niedriger als in der Bundesrepublik (vgl. Schweiz, Luxemburg, Italien, Irland und Frankreich) oder für Betriebsvermögen wird ein Abschlag gewährt. In Großbritannien beispielsweise wird Betriebsvermögen lediglich mit der Hälfte des Wertes mit Erbschaftsteuer belastet.

Insgesamt zeigt die Tabelle 2, daß nur die Bundesrepublik, Luxemburg und Österreich alle vier ertragsunabhängigen Steuerarten nebeneinander kennen.

III. Die Mehrfachbelastungen von investivem Kapitel

1. Vorbemerkung

Ziel eines wachstumsorientierten Steuersystems muß es sein, die Produktivität der Unternehmen auf längere Sicht nachhaltig zu erhöhen und die internationale Wettbewerbstätigkeit zu erhöhen. Dazu bedarf es einer Entlastung des investivem Kapitals.

Die Steuerpolitik beeinflußt die Eigenfinanzierung und damit die Rentabilität der Investitionen. Es gilt, die negativen Einflüsse der Steuern auf die Investitionsentscheidungen der deutschen Unternehmen abzubauen. Ein mittelfristig angelegtes, der Investitionsförderung dienendes Steuerentlastungsprogramm kann in hohem Maße dazu beitragen, die Zukunftsperspektiven deutscher Unternehmen entscheidend zu verbessern.

Erfolg haben wird eine auf Entlastung gerichtete mittelfristig orientierte Politik der Steuerentlastung zur Wachstumsvorsorge nur, wenn das Steueraufkommen für einige Zeit langsamer wächst als das Bruttosozialprodukt. Das Absinken der Steuerquote darf aber nicht zu einer Beschleunigung der öffentlichen Kreditaufnahme führen. Vielmehr muß eine Politik, die auf ein Absenken der Steuerquote gerichtet ist, mit einer Verminderung der Staatsquote einhergehen, die seit 1970 von 37 v.H. auf 49,1 v.H. im Jahre 1983 angewachsen ist. Das kann nur über eine Senkung des Ausgabenzuwachses der öffentlichen Haushalte geschehen.

Die Forderung nach einem Senken der Steuerquote muß einhergehen mit einem Umbau der gesamten Steuerstruktur. Die zukünftige Steuerpolitik sollte die direkten Steuern mindern, deren Aufkommen seit 1970 wesentlich schneller gewachsen ist als das der indirekten Steuern (Tabelle 3).

Die direkten Steuern sind im Zeitraum 1970 bis 1983 von 85 Mrd. DM aus 231 Mrd. DM, also um 171,7 v.H. gestiegen, die indirekten von knapp 70 Mrd. DM auf 166 Mrd. DM, also lediglich um 137,1 v.H. Im Jahre 1983 betrug das Verhältnis direkte zu indirekte Steuern 58,2 v.H. zu 41,8 v.H. Die wirtschafts-

Tabelle 3. Entwicklung der direkten zu den indirekten Steuern – in Mrd. DM –

Jahr	Direkte Steuern[a]	Indirekte Steuern[b]	Verhältnis der direkten zu den indirekten Steuern
1	2	3	4
1970	85	70	54,7 : 45,3
1983	231	166	58,2 : 41,8
		– Zuwachs in v.H. –	
1970/1983	+ 171,7	+ 137,1	–

[a] Steuern auf das Einkommen und Vermögen sowie den Vermögensverkehr
[b] Steuern auf die Einkommensverwendung

Quelle: Finanzbericht 1983

feindliche Steuerbelastung von einkommenschaffenden, wachstumsfördernden Investitionen muß deutlich verringert werden.

Ein wachstumsorientiertes Steuerentlastungsprogramm sollte folgende Kriterien erfüllen:

1. Die Volkswirtschaft muß über einen längeren Zeitraum hinweg durch das nachhaltige Absinken der Steuerquote steuerlich entlastet werden.
2. Diese Entlastung sollte von einem Umbau in der Steuerstruktur begleitet sein. Der Steuerzugriff muß bei den direkten Steuern gemindert werden.
3. Das Steuersystem muß soweit wie möglich wettbewerbsneutral ausgestaltet sein. Das bedeutet Neutralität gegenüber
   - den verschiedenen Rechtsformen der Unternehmen,
   - der Finanzierungsart und
   - dem internationalen Wettbewerb.
4. Mehrfachbelastungen von investivem Kapital sind aufzuheben.
5. Steuererhöhungen – auch heimliche – widersprechen einer wachstumsorientierten Steuerpolitik.

Alle diese Kriterien, die ein wachstumsorientiertes Steuersystem kennzeichnen werden vom gegenwärtigen deutschen Steuersystem – treffender als Steuerkonglomerat zu kennzeichnen – nicht erfüllt. Probleme ergeben sich sowohl bei der Vermögensteuer als auch in besonderem Maße bei der Gewerbesteuer.

2. Problematik der Vermögensteuer

a) Mangelnde Rechtsformenneutralität durch unterschiedliche Steuersätze

Von besonderer Bedeutung ist die Steuerbelastung durch nicht abzugsfähige Ausgaben. Insbesondere Vermögensteuer fällt hier ins Gewicht. Das Aufkommen aus dieser Steuer betrug 1983 5,0 Mrd. DM (Tabelle 1). Sie ist damit nach der Kfz-Steuer die zweitgrößte Ländersteuer. Die gesamte Wirtschaft erbringt

85 v.H. = 4,3 Mrd. DM des Vermögensteueraufkommens. 60 v.H. des Aufkommens (das sind 3,0 Mrd. DM) belasten die juristischen Personen, etwa die Hälfte – also 1,5 Mrd. DM – davon wird von Aktiengesellschaften, ca. 22 v.H. von den GmbH's erbracht. Die Vermögensteuer soll die Vermögensbesitzeinkünfte – also die sog. „fundierten Einkünfte" – zusätzlich belasten. Sie bewirkt, soweit sie betrieblichen Zwecken dienendes Vermögen erfaßt, eine Verteuerung des Produktionsfaktors Kapital. Sie erhöht den Aufwand, der mit dem Einsatz von Kapital zur Herstellung von Wirtschaftsgütern notwendig verbunden ist, beeinflußt also unmittelbar die Produktionskosten.

Auf dem ersten Blick erscheint zwar ein Steuersatz von 0,6 v.H. und damit die Bedeutung der Vermögensteuer als Kostenbestandteil relativ gering. Deutlich wird das Ausmaß der Belastung jedoch, wenn die Vermögensteuer am steuerpflichtigen Ertrag des vermögensteuerpflichtigen Betriebsvermögens gemessen wird. Dabei wird ihr wirkliches wirtschaftliches Gewicht erkennbar. Beträgt z.B. der Ertrag vor Steuern 10 v.H. des Vermögens, so nimmt die 0,6prozentige Vermögensteuer bereits 6,0 v.H. der gesamten Vermögenseinkünfte weg. Diese steuerlich bedingten zusätzlichen Kosten belasten den Produktionsfaktor Kapital.

b) Die Vermögensteuer als nicht abzugsfähige Betriebsausgabe

Erschwerend kommt hinzu, daß bei der steuerlichen Einkommensermittlung die Vermögensteuer nicht als abzugsfähige Ausgabe anerkannt wird, d.h. der steuerpflichtige Gewinn erhöht sich um die Höhe der Vermögensteuer. Ein betriebswirtschaftlicher Aufwandposten wird damit steuerlich als Gewinn behandelt. Daraus resultiert für die nichtabziehbaren Ausgaben eine körperschaftsteuerliche Belastung von 14/11 oder 127,27 v.H. ihres Nennbetrages. Die Kapitalgesellschaft muß also, um z.B. 100 DM Vermögensteuer zu zahlen, Gewinn in Höhe von 227,27 DM vor Körperschaftsteuer erwirtschaften, wenn ein Eingriff in ihre Vermögenssubstanz vermieden werden soll. Berücksichtigt man außerdem die Gewerbeertragsteuer, die als Folge der Erhöhung des körperschaftsteuerpflichtigen Einkommens um die nichtabziehbare Ausgabe neben der Körperschaftsteuer anfällt, muß eine Kapitalgesellschaft bei einem unterstellten Hebesatz von 300 v.H. 261,36 DM verdienen, um bespielsweise 100 DM Vermögensteuer bezahlen zu können[1].

Auf die Tatsache, daß in allen mit der Bundesrepublik vergleichbaren größeren Industriestaaten überhaupt keine Vermögensteuer erhoben wird oder sich auf natürliche Personen beschränkt, wurde bereits hingewiesen. Die Freistellung des

1 Die Formel zur Ermittlung des Brutto-Ertragsbedarfs für die nichtabziehbaren Ausgaben einer Kapitalgesellschaft lautet:

$$\frac{100}{100 - \text{KSt-Satz für nichtabziehbare Ausgaben in v.H.}} \times \left|1 + \frac{\text{Meßzahl}}{100} \times \frac{\text{Hebesatz}}{100}\right|.$$

Das Ergebnis gibt an, wieviel Gewinn vor Steuern eine Kapitalgesellschaft erwirtschaften muß, um eine nichtabziehbare Ausgabe von 1 DM zahlen zu können. Vgl. Institut FSt., Heft 119, S. 61.

gewerblich genutzten Vermögens in diesen Industriestaaten beruht offensichtlich auf der Erkenntnis, daß die Vermögensteuer ein Kostenfaktor ist, der die Investitionen belastet, Innovationen erschwert und zu Benachteiligungen im internationalen Wettbewerb führt. Nur in der Bundersrepublik wird trotz der immer größer werdenen Schwierigkeiten am Arbeitsmarkt und der wachsenden Erkenntis, daß Arbeitsplätze nur durch eine Steigerung der privaten Investitionstätigkeit geschaffen und gesichert werden können, weiterhin gewerblich genutztes Vermögen mit Vermögensteuer belastet. Bei Kapitalgesellschaften kommt erschwerend hinzu, daß das Vermögen sogar mehrfach erfaßt wird.

Zusätzlich verschärft wird die Vermögensbesteuerung durch die besonderen Bewertungsvorschriften. Während die Wirtschaftsgüter im Ertragsteuerrecht nach den Grundsätzen der §§ 6 und 7 EStG bewertet werden – der Gewinn also durch die Bewertung mit den historischen Anschaffungskosten abzüglich bestimmter Abschreibungsbeträge ermittelt wird –, sind bei der Vermögensbesteuerung die oftmals wesentlich höheren Verkehrs- oder Teilwerte anzusetzen. Abschreibungen werden nur bis zu einer bestimmten Höhe zugelassen, so daß auch bei ertragsteuerlich voll abgeschriebenen Wirtschaftsgütern ein Restwert – meist 30 v.H. der Anschaffungskosten – anzusetzen ist (sog. „Anhaltswerte", Abschn. 52 Abs. 3 VStR). Das gilt auch für geringwertige Wirtschaftsgüter. Durch den Ansatz der vom Ertagsteuerrecht abweichenden Werte wird die Substanzbelastung durch die Vermögensteuer in nicht unerheblichem Ausmaß verstärkt. Der Vorschlag des Instituts „Finanzen und Steuern", die Ertragsteuerwerte auch in die Vermögensaufstellung zu übernehmen, könnte zu einer Milderung der steuerlichen Substanzbelastung führen[2].

c) Beseitigung der Doppelbelastung

Wenn die Investitionsfähigkeit und die Investitionsbereitschaft der Unternehmen verbessert werden soll, müssen die negativen Auswirkungen der derzeitigen Besteuerung gewerblichen Vermögens beseitigt oder zumindest gemildert werden. Dies kann im Bereich der Einzelunternehmen und Personengesellschaften durch höhere Freibeträge für das gewerblich genutzte Vermögen natürlicher Personen und durch die Beseitigung der Doppelbelastung des Vermögens bei Kapitalgesellschaften erfolgen.

Für die Beseitigung der Doppelbelastung des Vermögens bei Kapitalgesellschaften ergeben sich folgende Möglichkeiten:
- Die Freistellung der Kapitalgesellschaften von der Vermögensteuer,
- Die Freistellung der Anteile von der Vermögensteuer,
- Die Anrechnung der Vermögensteuer beim Anteilseigner.

Freistellung der Kapitalgesellschaften von der Vermögensteuer

Die erste Möglichkeit, nämlich die Freistellung der Kapitalgesellschaften von der Vermögensteuer hat zur Folge, daß die Besteuerung nur noch bei den

2 Vgl. Institut FSt., Übernahme der Steuerbilanzwerte in die Vermögensaufstellung für Zwecke der Feststellung des Einheitswertes des Betriebsvermögens, Brief 197, Bonn 1980.

Anteilseignern erfolgt. Für diesen Vorschlag spricht, daß sich die Bundesrepublik damit den bereits bestehenden Regelungen in der EG und anderen Industriestaaten anschließen würde. Sofern dort überhaupt eine Vermögensteuer erhoben wird, sind Kapitalgesellschaften davon ausgenommen.

Die Freistellung der Kapitalgesellschaften von der Vermögensteuer führt dazu, daß in Kapitalgesellschaften angelegtes Vermögen im wirtschaftlichen Ergebnis der Besteuerung der anderen Vermögensarten angenähert wird. Beteiligungen an Personengesellschaften werden vermögensteuerlich auch nur einmal belastet, und zwar beim Gesellschafter.

Durch die Befreiung der Kapitalgesellschaften würde allerdings noch keine vollkommene Gleichstellung erreicht werden, weil die Anteile an Kapitalgesellschaften mit einem Wert bewertet werden, der die Substanz- *und* die Ertragskraft des Unternehmens ausdrückt (Kurswert, Wert des Stuttgarter Verfahrens), während bei Anteilen an Personengesellschaften nur der Substanzwert zugrunde gelegt wird.

Soweit sich die Anteile in Händen von Ausländern befinden, bleibt eine deutsche Vermögensbesteuerung bestehen, wenn es sich um wesentliche Beteiligungen handelt, die von Personen gehalten werden, die in Staaten ansässig sind, mit denen die Bundesrepublik kein Abkommen zur Vermeidung der Doppelbesteuerung (DBA) abgeschlossen hat (z.B. Oasenstaaten). Den Streubesitz ausländischer Anteilsinhaber hat der Gesetzgeber schon immer von der Vermögensteuerpflicht ausgenommen; es wäre volkswirtschaftlich nachteilig, wenn das von der Wirtschaft benötigte Kapital bei Zufluß als haftendes Kapital mit Vermögensteuer belastet wird, andere Formen der Kapitalanlage aber nicht.

Freistellung der Anteile von der Vermögensteuer

Die zweite Möglichkeit – also die Freistellung der Aktien und sonstigen Anteile von der Vermögensteuer – hat zur Folge, daß die Einmalbesteuerung bei der Kapitalgesellschaft mit den Wertansätzen für das Betriebsvermögen erfolgt. Im Gegensatz zur Freistellung der Kapitalgesellschaft würde im Rahmen der Freibeträge liegendes Vermögen inländischer Anteilseigner über die Vermögensteuerpflicht der Kapitalgesellschaft besteuert werden. Bei Anteilen von nicht besteuerten Inländern oder Ausländern bliebe die mittelbare Belastung durch die Vermögensbesteuerung bei der Kapitalgesellschaft bestehen.

Keine ausländische Steuerrechtsordnung, die eine Vermögensteuer kennt, befreit die Anteilseigner, sondern immer nur die Kapitalgesellschaften. Jüngstes Beispiel dafür ist die von der sozialistischen Regierung Frankreichs eingeführte Vermögensteuer, von der die Kapitalgesellschaften ausgenommen sind.

Anrechnung der Vermögensteuer beim Anteilseigner

Die dritte Möglichkeit – die Anrechnung der von der Kapitalgesellschaft gezahlten Vermögensteuer auf die Vermögensteuer des Aktionärs oder Anteilseigners – führt, je nachdem, ob Erstattungen vorgesehen werden oder nicht, zu unterschiedlichen Ergebnissen.

Der Unterschied zwischen den mit der Anrechnungsmethode und der Freistellung der Kapitalgesellschaft zu erzielenden Wirkungen besteht darin, daß bei Freistellung der Kapitalgesellschaft zwangsläufig alle Anteilseigner mittelbar entlastet werden, während bei dem Anrechnungsverfahren durch Differenzierung der Erstattung (z.B. Beschränkung auf Inländer) ein Teil der Anteilseigner von der Entlastungswirkung ausgeschlossen werden kann.

Bei inländischen Anteilseignern, die unter die Vermögensteuerfreibeträge fallen, würden die zur Erstattung kommenden Beträge der anteiligen von der Kapitalgesellschaft gezahlten Vermögensteuer in aller Regel so gering sein, daß es nicht vertretbar wäre, die mit einem Erstattungsverfahren zwangsläufig verbundene weitere Komplizierung unseres Steuerrechts und die sich daraus ergebende Mehrheit in Kauf zu nehmen.

Bei Beschränkung der Erstattung auf Inländer würde der Vorwurf der Diskriminierung ausländischer Aktionäre und Anteilseigner verstärkt erhoben werden.

Anrechnung der Vermögensteuer bei der Einkommensteuer

Um die mit einem separaten vermögensteuerlichen Anrechnungsverfahren verbundenen Schwierigkeiten und vor allem die dabei zu erwartenden zusätzlichen verwaltungsmäßigen Belastungen zu mindern, ist vorgeschlagen worden[3], die Vermögensteueranrechnung bzw. Erstattung mit der Körperschaftsteueranrechnung zu verbinden. Dabei soll wie folgt verfahren werden:

Die von der Kapitalgesellschaft während des Wirtschaftsjahres als Vorauszahlung, Abschlußzahlung oder Nachzahlung entrichtete Vermögensteuer wird auf die Anteile aufgeteilt und zusammen mit der hierauf ausgeschütteten Dividende und anrechenbaren Körperschaftsteuer den einzelnen Gesellschaftern gutgeschrieben. Der einzelne Gesellschafter würde dann diese anteilige Vermögensteuer zusammen mit der anteiligen Körperschaftsteuer auf seine Einkommensteuerschuld bzw. Körperschaftsteuerschuld anrechnen können oder, falls er keine Einkommensteuer bzw. Körperschaftsteuer zu zahlen braucht, praktisch zusammen mit der Körperschaftsteuer auf ausgeschüttete Gewinne erstattet erhalten.

Die Einbeziehung der Vermögensteueranrechnung in das Verfahren zur Anrechnung bzw. Erstattung der Körperschaftsteuer würde allerdings voraussetzen, daß in den Dividendenberechnungsscheinen der Aktien die Höhe der anrechenbaren Vermögensteuer gesondert ausgewiesen werden muß bzw. bei sonstigen Anteilen eine Bescheinigung über die Höhe der anrechenbaren Vermögensteuer ausgestellt wird.

Materiell würde sich die Durchführung des Vorschlags dahingehend auswirken, daß die Vermögensteuer den Anteilseignern erstattet wird, die bereits Erstattungen der Körperschaftsteuer auf die ausgeschütteten Gewinne erhalten. Ausländischen Anteilseignern würde die Vermögensteuer nicht erstattet.

---

3 Troll, Zur Vermögensteuer im Jahre 1980, StbJb 1980/81, S. 155 (278).

d) Eine weitere Komplizierung des Steuerrechts ist nicht vertretbar

Die Beseitigung der Doppelbelastung durch Freistellung der Kapitalgesellschaften oder durch Freistellung der Aktien und sonstigen Anteile von der Vermögensteuer würde zu einer Vereinfachung unseres Steuerrechts führen.

Bei Freistellung der Gesellschaft würde die Abgabe von Steuererklärungen und die Veranlagung wegfallen. Bei Freistellung der Anteile würde sich die Erfassung und Bewertung des Anteilsbesitzers erübrigen.

Im Gegensatz dazu führen Anrechnungsverfahren zu Komplizierungen des Steuerrechts und Arbeitsmehrbelastung.

e) Beseitigung der Doppelbelastung in zeitlichen Stufen

Wenn im Hinblick auf die angespannte Haushaltslage der Ausfall durch die volle Beseitigung der Doppelbelastung nicht sofort wirksam werden soll, könnte in einem ersten Schritt eine Minderung der Doppelbelastung angestrebt werden. Je nach der zu wählenden Methode könnte der Steuersatz für die Kapitalgesellschaft zunächst halbiert oder bis zur vollen Freistellung der Anteile zunächst deren Ansatz mit dem halben Wert vorgesehen werden. Daneben sollte die Vermögensteuer bei der Ermittlung des Einkommens wieder als Betriebsausgabe abziehbar sein.

Die Übernahme der Ertragsteuerwerte in die Vermögensteueraufstellung würde eine wesentliche Milderung der Substanzsteuerbelastung und eine Vereinfachung bedeuten.

3. Die ertragsunabhängigen Elemente der Gewerbesteuer

a) Ablösen der Gewerbesteuer auf mittlere Sicht

Die Gewerbesteuerproblematik hat bei der Erörterung eines wachstumsorientierten Steuersystems ein besonderes Gewicht. Mit der Aufhebung der Lohnsummensteuer durch das Steueränderungsgesetz 1979 ist ein erster wesentlicher Schritt zur Strukturverbesserung der Gewerbesteuer vollzogen worden.

Die Einwendungen gegen diese Steuer sind jedoch auch weiterhin so schwerwiegend und grundsätzlicher Art, daß sich aus ihnen zwangsläufig die Forderung nach der völligen Aufhebung der Steuer ergibt.

Die Gewerbesteuer stellt eine steuerliche Sonderbelastung erheblichen Ausmaßes für die gewerbliche Wirtschaft dar. Wachstums- und beschäftigungspolitisch ist es auf die Dauer nicht vertretbar, daß gerade die besonders risikoreichen gewerblichen Einkünfte und Vermögen einer diskriminierenden steuerlichen Zusatzbelastung im Ausmaß der Gewerbesteuer unterliegen.

Auch für die internationale Wettbewerbsfähigkeit der deutschen Wirtschaft stellt die Gewerbesteuer eine zusätzliche Belastung dar. Anders als die Umsatzsteuer werden die mit der Gewerbesteuer belasteten Waren an der Grenze nicht entlastet. Damit belastet sie den deutschen Außenhandel, da Gewerbesteuer bei unseren ausländischen Handelspartnern mit Ausnahme von Frankreich weitgehend unbekannt ist.

Längerfristig sollte daher angestrebt werden, die Gewerbesteuer durch eine andere gemeindliche Einnahmequelle abzulösen. Diese muß jedoch alle Funktionen erfüllen, die der Gewerbesteuer im Finanzsystem der Gemeinden zufallen; d.h., sie muß nicht nur im Volumen dem Gemeindeanteil an der Gewerbesteuer entsprechen, sondern auch mit der Bemessungsgrundlage an Faktoren anknüpfen, die mit den von den Gewerbebetrieben verursachten zusammenhängen. Derzeit werden mehrere Modelle diskutiert.

Der wissenschaftliche Beirat beim Bundesministerium der Finanzen möchte die Gewerbesteuer durch eine „Wertschöpfungsteuer" ersetzen. Die einzelbetriebliche Wertschöpfung soll nach der sog. „additiven Methode" ermittelt werden. Hiernach errechnet sich die Wertschöpfung als Summe aus den Löhnen, Mieten, Zinsen und dem Gewinn. Der Kreis der Steuerpflichtigen soll grundsätzlich auf alle Arbeitsstätten erweitert werden, so daß auch freie Berufe, die Land- und Forstwirtschaft und auch der Staat der Wertschöpfungsteuer unterliegen würden. Der Beirat hält einen proportionalen Steuersatz von 2,5 bis 3 v.H. für ausreichend, den Gemeinden den ihnen bisher zufließenden Teil der Gewerbesteuer zu ersetzen. Die Reform soll für die Gemeinden also aufkommensneutral ausgestattet werden. Im Interesse der Gemeindefinanzautonomie wird ein Hebesatzrecht der Gemeinden vorgeschlagen.

Eine solche „Wertschöpfungsteuer" ist mit allen Merkmalen ausgestattet, die an der Gewerbesteuer zu kritisieren sind:

- Sie hält die steuerliche Sonderbelastung der am stärksten risikobelasteten Einkünfte und Investitionen weiter aufrecht und verstärkt die Besteuerung unabhängig von der Ertragssituation des Unternehmens, da Mieten, Zinsen, Löhne in vollem Umfang der Steuer unterworfen werden sollen.
- Sie versteuert insbesondere den Einsatz von Arbeitskräften. Die Abschaffung der zu Recht als arbeitsplatzfeindlich angesehenen Lohnsummensteuer würde rückgängig gemacht. Bei der Lohnsummensteuer wurde der Kostenfaktor Löhne maximal nur mit etwa 1/7 des für die Gewerbeertragsteuer maßgebenden Satzes besteuert, während er nunmehr mit dem gleichen Satz besteuert werden soll wie der Ertrag des Unternehmens.
- Sie belastet die internationale Wettbewerbsfähigkeit der deutschen Wirtschaft, da ein Grenzausgleich – Entlastung beim Export und Belastung beim Import – steuertechnisch nicht möglich ist.

Für die Beibehaltung der Gewerbesteuer unter Erweiterung der ertragsunabhängigen Elemente spricht sich der „Deutsche Industrie- und Handelstag" aus. Er schlägt vor, die gezahlte Gewerbesteuer mit der vom Unternehmen zu zahlenden Umsatzsteuer zu verrechnen. Die Gewerbesteuer soll auf alle derzeit befreiten Gewerbetreibenden durch Absenken der Freibeträge ausgedehnt werden.

Auch die nicht der Gewerbesteuer unterliegenden Freiberufler sollen einbezogen werden. Die Gemeinden sollen weiterhin hebesatzberechtigt sein[4]. Der Vorschlag siehte eine Verkoppelung der Gewerbe- und Grundsteuerhebesätze sowie die Einführung von Höchstsätzen vor.

Der Vorschlag des DIHT beläßt die Gewerbesteuer als reinen Verteilungsschlüssel für den Gemeindeanteil an der Umsatzsteuer. Der Anteil des Bundes

4 Diskussionsbeitrag „Gewerbesteuer auf neuem Kurs", Schriftenreihe des DIHT 1982.

und der Länder am Umsatzsteueraufkommen würde sich je nach der Hebesatzpolitik der Gemeinden ändern. Mit dem Vorschlag ist keine Steuervereinfachung verbunden.

Der Bundesverband der Deutschen Industrie (BDI) schlägt vor, die Gemeinden bei der Umsatzsteuer in den finanzwirtschaftlichen Verbund einzubeziehen. Das vom BDI entwickelte Modell kombiniert das Modell des Instituts „Finanzen und Steuern" – Schlüsselmäßige Beteiligung der Gemeinden am Gesamtaufkommen der Umsatzsteuer nach den örtlich verwirklichten Merkmalen des Betriebsvermögens und der Lohnsumme – mit einer reduzierten Gewerbeertragsteuer ohne Hinzurechnungen, deren Hebesatz mit der Grundsteuer zu koppeln ist.

Das Institut „Finanzen und Steuern" hält in seinem Modell für die Ablösung der Gemeindesteuer durch einen Gemeindeanteil an der Umsatzsteuer die produktivitäts- und wettbewerbshemmenden Schwachstellen der Gewerbesteuer wachstumspolitisch für so bedenklich, daß eine völlige Abschaffung der Steuer angestrebt werden sollte[5]. Den Gemeinden sollte ein Anteil von 16 v.H. des Gesamtaufkommens an Umsatzsteuer zugewiesen werden, wobei eine schlüsselmäßige Aufteilung des Gemeindeanteils je zur Hälfte nach örtlicher Lohnsumme und Kapitalaufwand (materielle Wirtschaftsgüter) der örtlichen Betriebstätten vorgeschlagen wird. Zur Finanzierung sollte der allgemeine Umsatzsteuersatz um 2–3 Prozentpunkte und der ermäßigte Satz um 1–1,5 Prozentpunkte erhöht werden.

Die Aufhebung der Gewerbesteuer erfordert auf jeden Fall eine tiefgreifende Reform des gemeindlichen Finanz- und Steuersystems, die auch im günstigsten Fall erst in einem Zeitraum von mehreren Jahren verwirklicht werden kann.

b) Sofortmaßnahmen notwendig

Die Gewerbesteuer wird in erheblichem Umfang nach ertragsunabhängigen Besteuerungsgrundlagen bemessen und verstößt damit gegen den Grundsatz der Besteuerung nach der steuerlichen Leistungsfähigkeit. Angesichts der Höhe der Gewerbesteuerbelastung kann die Erkenntnis, daß die Steuer auf längere Sicht völlig beseitigt werden muß, nicht von der Notwendigkeit befreien, in der Zwischenzeit einen weiteren Abbau der ertragsunabhängigen Besteuerungsgrundlagen vorzusehen.

c) Hinzurechnungsvorschriften des § 8 GewStG

Bei der Ermittlung des steuerpflichtigen Gewerbeertrags werden nach § 8 GewStG bestimmte Hinzurechnungen zum einkommensteuerrechtlichen Gewinn aus Gewerbebetrieb vorgenommen. Sie sollen dazu dienen, aus dem auf ein bestimmtes Steuersubjekt bezogenen Gewinn den objektivierten Ertrag abzuleiten, den der von dem jeweiligen Rechtsträger losgelöste Gewerbebetrieb abwirft. Die Hinzurechnungen wirken für die Steuerschuldner wie eine zusätzliche Besteuerung nach ertragsunabhängigen Maßstäben und weisen daher alle Nachteile auf, die mit dieser Besteuerungsmethode verbunden sind.

---

5 Institut FSt. Brief Nr. 222, Juni 1982.

Das gilt besonders für die Hinzurechnung der Hälfte der Dauerschulden und Dauerschuldzinsen, der Renten und dauernden Lasten und der Miet- und Pachtzinsen. Durch sie werden die Aufwendungen des Betriebes für das im Betrieb arbeitende Fremdkapital der Gewerbesteuer unterworfen. Ein Zusammenhang dieser Hinzurechnungen mit der Wahrung des Objektsteuercharakters der Gewerbesteuer besteht nicht. Was als Ertrag des Betriebs als solcher anzusehen ist, kann nur vom Betrieb aus beurteilt werden, und aus dieser Sicht handelt es sich um Beträge, die zwar vom Betrieb erwirtschaftet werden müssen, aber noch keine Erträge darstellen.

Die Hinzurechnung der Dauerschulden und -zinsen bei der Ermittlung des Gewerbeertrags führt zu einer doppelten Belastung von Zinsen. Zum einen unterliegen sie beim Zinsempfänger der Gewerbesteuer, wenn dieser Gewerbetreibender ist und die Forderung zum Betriebsvermögen gehört. Zum anderen werden beim Zinszahler diese für ihn objektiv Aufwand darstellenden Betriebsausgaben zu fiktiven Erträgen umgedeutet. Darüber hinaus führt die Hinzurechnung von Dauerschuldzinsen zum Gewerbeertrag dazu, daß die Höhe des Ertrags der Unternehmen in starkem Maße von Entwicklungen am Kapitalmarkt abhängig ist. Steigt das Zinsniveau, so sinken die Gewinne der Unternehmen in Höhe ihre zusätzlichen Schuldzinsen. Je höher das Zinsniveau, um so niedriger – bei sonst gleichen Umständen – die Gewinne. Gäbe es die Hinzurechnungsvorschriften nicht, würden der Gewerbesteuer diese um die Zinsen verminderten Gewinne zugrunde gelegt.

Die volks- und betriebswirtschaftlich sinnlose Besteuerung der Betriebe nach dem Nutzen, den Dritte aus dem im Betrieb arbeitenden Kapital ziehen, wird mit dem Äquivalenzprinzip begründet. Die Hinzurechnung von Aufwendungen für das im Betrieb arbeitende Fremdkapital soll dazu beitragen, daß die Steuer der Höhe nach möglichst der vom Betrieb den Gemeinden verursachten Sonderbelastung entspricht. Da bereits der Ertrag jedoch kein Maßstab für die Kostenverursachung durch einen Betrieb ist, sondern allein als Maßstab der steuerlichen Leistungsfähigkeit dient, entfällt jeder Anlaß, die Besteuerungsgrundlage Ertrag aus dem angegebenen Grund zu ergänzen. Außerdem wäre eine Bemessung der Gewerbesteuer nach den Aufwendungen der Gemeinden für den einzelnen Betrieb mit dem Charakter einer Steuer nicht vereinbar. Die individuelle Kostenverursachung muß durch eine Gebührenerhebung abgegolten werden. Das Äquivalenzprinzip kann deshalb den Verstoß gegen den Grundsatz der Besteuerung nach der steuerlichen Leistungsfähigkeit, der in der Besteuerung der Aufwendungen für das im Betrieb arbeitende Fremdkapital liegt, nicht rechtfertigen.

Es ist willkürlich, einen Posten der Aufwandsrechnung zum Maßstab für die Berechnung des Beitrags der Unternehmen zur Finanzierung des Gemeindehaushalts zu nehmen.

Unhaltbar ist auch die teilweise vertretene Auffassung, die Hinzurechnung der Aufwendungen für das im Betrieb arbeitende Fremdkapital sei erforderlich, um eine Benachteiligung der Eigenkapital einsetzenden Unternehmen gegenüber dem Fremdkapital arbeitenden zu vermeiden. Benachteiligt wird der Steuerpflichtige, der sein Kapital im eigenen Betrieb einsetzt – und dafür noch Gewerbesteuer bezahlen muß – gegenüber dem Steuerpflichtigen, der sein

Kapital anderweitig nutzt. Diese Benachteiligung wird aber durch die zusätzliche Belastung der mit Fremdkapital arbeitenden Unternehmer nicht behoben, sondern es wird nur eine zusätzliche Benachteiligung der mit Fremdkapital arbeitenden Unternehmer geschaffen.

Gegen den vollständigen Wegfall der Hinzurechnungsvorschriften wird eingewendet, daß damit der Realsteuercharakter der Gewerbesteuer in Frage gestellt würde, von dem nach Art. 106 Abs. 6 Satz 1 GG die Ertragshoheit der Gemeinden über die Gewerbesteuer abhängt. Der Sinn der Vorschrift erschöpft sich jedoch darin, die Ertragshoheit über jede Art von Gewerbe- und Grundsteuer den Gemeinden zuzuweisen. Sie dient nicht dem Zweck, die Ausgestaltung der Steuer im einzelnen festzulegen. Es ist abwegig, dem Verfassungsgeber die Absicht zu unterstellen, er habe die Ertragshoheit der Gemeinden über die Gewerbesteuer davon abhängig machen wollen, daß auch die Aufwendungen der Betriebe für das Fremdkapital besteuert werden. Art. 106 Abs. 6 Satz 1 GG steht daher der Aufhebung der Hinzurechnungsvorschriften nicht im Wege.

Für die Besteuerung der Betriebe nach Maßgabe ihrer Aufwendungen für das im Betrieb arbeitende Fremdkapital gibt es nach allem keinen vernünftigen Grund.

Die Ertragsbesteuerung von Aufwandposten gehört zu den größten Anomalien unseres Steuersystems. Die dazu führenden Hinzurechnungsvorschriften sollten daher ganz aufgehoben werden.

d) Das Gewerbekapital

Ein weiteres Problem resultiert aus der Besteuerung des Gewerbekapitals. Das Gewerbekapital ist als ergänzende Besteuerungsgrundlage aus steuer- und wirtschaftspolitischen Gründen grundsätzlich abzulehnen. Sie führt zu einer unzumutbaren Mehrbelastung ertragsschwacher Betriebe, zu einer Benachteiligung der Wirtschaftszweige mit hohem Kapitalaufwand und wirkt infolge der Ertragsunabhängigkeit der Bemessungsgrundlage im Falle eines Konjunkturabschwungs zusätzlich belastend. Die in der Begründung zum GewStG vom 1. 12. 1936 gegebene Rechtfertigung für die Besteuerungsgrundlage Gewerbekapital, sie sei zur Stabilisierung der Steuereinnahmen der Gemeinden in Zeiten der Rezession erforderlich, ist durch die zwischenzeitliche Verbesserung des Gemeindefinanzsystems gegenstandslos geworden. Die Abhängigkeit der Gemeinden von der verhältnismäßig konjunkturempfindlichen Gewerbeertragsteuer ist durch die Gemeindefinanzreform entscheidend vermindert worden und das Gewicht der Gewerbekapitalsteuer heute zu gering, um noch einen nennenswerten Einfluß auf die Stabilisierung der Gemeindefinanzen ausüben zu können; auf die Gewerbekapitalsteuer entfallen im Durchschnitt nur 1,6 v.H. der Gemeindeeinnahmen insgesamt.

Für die Beibehaltung der Gewerbekapitalsteuer könnte allein die Rücksichtnahme auf die Finanzbedürfnisse einiger besonders steuerschwachen Industriestädte sprechen, denen die Gewerbekapitalsteuer einen gesicherten Grundstock an Steuereinnahmen gewährleistet. Das Argument reicht aber nicht aus, um das Gewerbekapital auf längere Sicht als Besteuerungsgrundlage der Gewerbesteuer zu rechtfertigen. Es ist wirtschaftspolitisch vernünftiger, die unzureichenden

Steuereinnahmen der in Frage stehenden Gemeinden durch verstärkte Zuweisungen im kommunalen Finanzausgleich aufzustocken, als sie durch eine zusätzliche steuerliche Belastung der ohnehin ertragsschwachen Betriebe auszugleichen.

IV. Schlußbemerkung

Zusammenfassend ist festzustellen, daß die ertragsunabhängige Besteuerung tief in die Vermögensstruktur und damit in die Substanz der Betriebe eingreift.

Durch die in den achtziger Jahren zu erwartenden wesentlich niedrigeren Wachstumsraten und damit niedrigeren Gewinne erhalten die Substanzsteuern ein zunehmend stärkeres Gewicht. Das deutsche Steuersystem ist deshalb einer grundlegenden Reform zu unterziehen. Zu fordern ist ein wachstumsorientiertes System, in dem die Substanzbesteuerung auf ein Minimum beschränkt wird:

1. Die Doppel- und Mehrfachbelastung mit Vermögensteuer ist zu beseitigen, zumindest sollte jedoch zur Milderung der Substanzsteuerbelastung deren Abzugsfähigkeit bei der Einkommen- bzw. Körperschaftsteuer wieder zugelassen werden. Bei der Bewertung der Wirtschaftsgüter sollten die Werte der Steuerbilanz – soweit möglich – angesetzt werden.
2. Die ertragsunabhängigen Elemente der Gewerbesteuer sind abzuschaffen. Das gilt sowohl für die Hinzurechnung von Dauerschulden und Dauerschuldzinsen als auch für die Gewerbekapitalsteuer. Auf lange Sicht sollte die wettbewerbsbelastende Gewerbesteuer ganz abgeschafft und durch eine Beteiligung der Gemeinden an der Umsatzsteuer ersetzt werden.

Die Einordnung von Publikumspersonengesellschaften in die Einkommensbesteuerung (Körperschaftsteuer oder einheitliche Gewinnfeststellung)

Hugo von Wallis

I. Begriff der Publikumspersonengesellschaft und der Anlaß für die Gründung

Die Anpassung unserer Wirtschaft an neue Marktverhältnisse und der Wandel ihrer Aufgabenstellung führt dazu, daß die vom Gesetz vorgegebenen Unternehmensformen moduliert werden und neuen Begriffen angepaßt werden müssen. Die Bedürfnisse entwickeln sich meist aus betriebswirtschaftlichen Überlegungen, die sich auf das Zivilrecht und das Steuerrecht auswirken oder vom Zivil- oder Steuerrecht her ihren Anstoß erhalten. Dies wird deutlich, wenn man die Entwicklung im Gesellschaftsrecht verfolgt: Läßt man einmal den Verein und die Gesellschaft des bürgerlichen Rechts als Grundformen des Bürgerlichen Gesetzbuches außer Betracht, so bieten sich für den Betrieb eines Handelsgewerbes oder die Beteiligung an einem solchen als handelsrechtliche Personengesellschaften die offene Handelsgesellschaft (OHG), die Kommanditgesellschaft (KG) oder die stille Gesellschaft – als Körperschaften die Aktiengesellschaft (AG), die Gesellschaft mit beschränkter Haftung (GmbH) und die Kommanditgesellschaft auf Aktien (KGaA) an. Ist die OHG als Unterart der BGB-Gesellschaft der Ausdruck echter Mitunternehmerschaft, die zur Vereinigung von Arbeitskraft und Kapital führt, so enthält die KG durch den Kommanditisten, der an der Geschäftsführung nicht beteiligt ist, ein kapitalistisches Element.

Die AG ist im Gegensatz zu den Personengesellschaften juristische Person – also selbständiger Rechtsträger; sie bietet die Möglichkeit zur Beschaffung großer Kapitalbeträge, während der Gesellschafter (Aktionär) i. allg. keine Pflichten außer der Kapitaleinzahlung hat. Eine Zwischenform zwischen der AG und KG ist die KGaA – wie die AG juristische Person, bei der aber ein Gesellschafter unbeschränkt haftet. Die GmbH ist wie die AG juristische Person, deren Gesellschafter den Gläubigern nicht persönlich haftet. Bemerkenswert ist, daß AG und GmbH als Einmanngesellschaften bestehen können, d.h. daß alle Anteile an der Gesellschaft in einer Hand liegen können. Das konnte seit jeher durch nachträgliche Vereinigung aller Gesellschaftsanteile bei einem Gesellschafter geschehen. Die wirtschaftliche Wirkung ist die Führung eines einzelkaufmännischen Unternehmens mit beschränkter Haftung. Personengesellschaften können als Einmanngesellschaften nicht existieren; sie erlöschen, wenn die Mitgliederzahl auf eine Person sinkt. Über die Frage der Einmannkapitalgesellschaft sind früher heftige Auseinandersetzungen geführt worden[1]. Nun-

1 Vgl. Hachenburg/Martens, GmbHG, 7. Aufl. § 13 Anh. I Rz 1ff.

Zivil-, Steuer- und Unternehmensrecht
Hrsg.: Fachinstitut für Steuerberater e.V.

mehr hat die Einmann-GmbH in der GmbH-Novelle von 1980 (§§ 19 Abs. 4; 35 Abs. 4; 48 Abs. 3; 56a) ihre gesetzliche Anerkennung gefunden.

Diese Grundtypen konnten aber die Wünsche der Unternehmen, eine den Bedürfnissen bezüglich kapitalmäßiger und personeller Ausstattung entsprechende Rechtsform zu finden, nicht zufriedenstellen. Darum haben sich in der gesellschaftsvertraglichen Praxis weitere Zwischenformen entwickelt. Da Vertragsfreiheit besteht, können die Beteiligten z.B. Bestimmungen, die das Gesetz für die Kapitalgesellschaft vorsieht, in einen Gesellschaftsvertrag für eine Personengesellschaft aufnehmen und umgekehrt. Bei der Wahl des Rechtskleides sind Überlegungen der Haftung, der Beweglichkeit in der geschäftlichen Betätigung, der Mittelbeschaffung, der Betätigung der beteiligten Unternehmer maßgebend. Das Unternehmen muß zweckmäßig, kosten- und steuersparend organisiert sein, um seine Existenz durch Rentabilität zu sichern. Bei der Typenwahl ist auch die steuerliche Belastung zu erörtern, denn sie wird falsch, wenn sie zu unnötigen steuerlichen Lasten führt. Am wichtigsten aber ist, daß der Betrieb, so wie er den Beteiligten vorschwebt, die richtige Organisationsform findet. Die naheliegende Überlegung geht dahin, die Vorzüge der handelsrechtlichen Grundtypen zu vereinigen und deren Nachteile zu vermeiden, indem das Unternehmen Merkmale der Kapital- und solche der Personengesellschaft verbindet.

In der jüngsten Zeit gingen die Wünsche der Wirtschaft dahin, große Kapitalmengen zu sammeln, um ergebnisreiche Unternehmen zu finanzieren. Die Geldquelle suchte man bei überdurchschnittlich verdienenden Steuerpflichtigen, die ihr nicht benötigtes Geldvermögen ertragbringend und nach Möglichkeit steuermindernd anlegen wollten. Während der erste Wunsch, die Sammlung großer Kapitalmengen in erster Linie durch die AG erfüllt werden könnte, kann die Steuerminderung der Anleger mit der Aktie nicht erreicht werden, weil etwaige steuerliche Vorteile der Gesellschaft, aber nicht unmittelbar den Gesellschaftern zugute kommen können. So muß die Wahl auf die Personengesellschaft fallen, deren Gewinn unmittelbar beim Gesellschafter versteuert wird und deren Steuervergünstigungen, z.B. Abschreibungen, dem Gesellschafter zugerechnet werden. Da die Gesellschafter ihr Interesse betragsmäßig begrenzen wollen, scheidet die OHG wegen der unbeschränkten Haftung der Gesellschafter aus. Damit bietet sich als Unternehmensform die KG an, bei der die Kapitalanleger Kommanditisten mit einer begrenzten Einlage und unmittelbarer Beteiligung am Gewinn bzw. Verlust werden. Die Geschäftsführung liegt dann von Gesetzes wegen beim Komplementär, der sich dadurch absichern kann, daß er in Gestalt einer GmbH (AG) – notfalls einer Einmann-GmbH – auftritt (GmbH & Co. KG).

Ihre Betätigung findet die KG in der Regel im Betrieb eines Gewerbes oder der Vermietung und Verpachtung; danach, welche Art von Einkünften sie erzielt, richtet sich die steuerrechtliche Einordnung. Der Gewerbebetrieb gehört zu den Gewinneinkünften, d.h., daß hierfür eine jährliche Gewinnermittlung stattfinden muß, wie sie in den §§ 4ff. EStG für steuerliche Zwecke vorgeschrieben ist. Die Einkünfte aus Vermietung und Verpachtung gehören zu den Überschußeinkünften, d.h., daß für steuerliche Zwecke das Einkommen als Überschuß der Einnahmen über die Werbungskosten angesetzt wird.

II. Die kapitalistisch verfaßte KG

1. Die zivilrechtliche Anerkennung als Personengesellschaft

Die KG ist nach ihrer Stellung im Gesetz die Gesellschaftsform für mittelständische Unternehmen und personalistisch verfaßt. Sie ist die geeignete Rechtsform für den Zusammenschluß mehrerer Personen zum gemeinsamen Betrieb eines Handelsgewerbes in einem überschaubaren Kreis (vgl. die §§ 161 bis 177 HGB). Wird der Kreis der Gesellschafter größer, so zeigt sich im Steuerprozeß durch die Notwendigkeit der Beiladung aller Gesellschafter (§ 60 Abs. 3 FGO) die Unbeweglichkeit (in dem Verfahren vom 13. 11. 80 IV 86/79, BStBl. II 1981, 272 waren 373 Betroffene beigezogen). Soll aber eine große Geldsumme durch begrenzte Einzahlungen der Kommanditisten aufgebracht werden, so ergibt sich notwendigerweise eine Vielzahl von Gesellschaftern, die ihrerseits nicht interessiert sind, ein Handelsgewerbe zu betreiben, sondern in erster Linie eine Geldanlage suchen. Diese Geldgeber werden durch gute Ertragsaussichten gelockt, während das Risiko für alle Gesellschafter insbesondere auch dadurch begrenzt wird, daß selbst der Komplementär eine GmbH ist, was schon das Reichsgericht gebilligt hat[2]. Aus diesem Bedürfnis entsteht die kapitalistisch verfaßte KG.

Die kapitalistische KG ist eine Personenvereinigung, die körperschaftlich verfaßt ist und eine vom Bestand und Wechsel der Beteiligten unabhängige Organisation hat, der die Beteiligten nur mitgliederschaftlich verbunden sind[3]. Die entscheidenden Wesensmerkmale einer solchen kapitalistisch verfaßten KG sind nach Böttcher/Beinert/Hennerkes/Binz, GmbH & Co., 6. Aufl. 1979, S. 179 die Vielzahl der Komanditisten, die untereinander in keinerlei persönlicher Beziehung stehen – die Anteile an der Komplementär-GmbH stehen den Gründern allein zu – die Kommanditanteile sind von jedermann frei erwerbbar (Prospektwerbung) – die Kommanditisten haben auf die personelle Zusammensetzung des Gesellschafterkreises keinen Einfluß – die Kommanditisten sind an der Ausgestaltung des Gesellschaftsvertrags nicht beteiligt – die Gesellschaft ist nicht auf einen festen Mitgliederbestand angelegt – die Kommanditisten können die Geschäftsführung weder kontrollieren noch beeinflussen.

Eine solche GmbH & Co. KG nähert sich der AG und bleibt gleichwohl eine Personengesellschaft. Mit diesem Phänomen mußte sich auch die Zivilrechtsprechung befassen. Der BGH ist allerdings in erster Linie zum Schutz der Anleger tätig geworden und hat den Gesellschaftsvertrag der sog. Inhaltskontrolle nach § 242 BGB unterworfen[4] und im Urteil vom 3. 5. 82 II ZR 78/81[5] die Möglichkeit eröffnet, eine Bestimmung des Gesellschaftsvertrages für unwirksam zu erklären – im Urteil vom 22. 3. 82 II ZR 74/81[6] ferner entschieden, wie verfahren werden kann und soll. Nach BGH vom 7. 11. 77 I ZR 105/76[7] bedürfen

2 Urteil vom 4. 7. 22 RGZ 105, 101.
3 Vgl. Uelner, JbFfSt 1980/81, 359ff.
4 BGH vom 14. 4. 75 II ZR 147/73, BGHZ 64, 238.
5 BB 1982, 1196.
6 BB 1982, 886.
7 BB 1978, 470.

alle Vereinbarungen, die den Gründern Sonderrechte gewähren, der Schriftform. Der eintretende Anlagegesellschafter muß über alle bestehenden Risiken seines Beitritts aufgeklärt werden[8].

2. Beispiele für Kapitalanlagegesellschaften

Bei der gewerblich tätigen Publikums-KG weist der Initiator – häufig der Alleingesellschafter und Geschäftsführer der GmbH – auf eine besonders ertragreiche unternehmerische Betätigung hin, die einen Gewerbebetrieb i. S. des § 15 EStG ausüben soll. Die Annahme eines Gewerbebetriebs erfordert nach Einkommensteuerrecht eine selbständige, nachhaltige Betätigung, die mit Gewinnabsicht unternommen wird und sich als Beteiligung am allgemeinen wirtschaftlichen Verkehr darstellt (§ 15 Abs. 2 EStG 1983). Nach den Prospekten ist die Beteiligung des Anlegers an den Entscheidungsprozessen in der Gesellschaft, die Beteiligung am Gewinn und Verlust, an den stillen Reserven sowie die Mittragung des Unternehmerrisikos im Kommanditgesellschaftsvertrag verankert.

Eine andere Erscheinungsform sind die offenen und geschlossenen Fonds, die einer Vielzahl von Anlegern zu einer wirtschaftlichen Betätigung verhelfen. Der geschlossene Fonds unterscheidet sich vom offenen Fonds dadurch, daß beim offenen Fonds weder die Zahl der Anteile noch die vom Fonds betriebenen wirtschaftlichen Objekte begrenzt sind. Zur Durchführung der wirtschaftlichen Betätigung bedarf der Fonds einer Rechtsform, wobei ihm sowohl Personen- wie Kapitalgesellschaften zur Wahl stehen. Diese Gesellschaften betätigen sich wirtschaftlich, während die Anleger lediglich in schuldrechtliche Beziehungen zu diesen die wirtschaftliche Betätigung ausführenden Gesellschaften treten. Soll z. B. ein Gebäude für 60 Mio DM errichtet werden, so werden 40 Mio DM durch Fremdmittel, 20 Mio DM durch Eigenmittel der KG aufgebracht. Grundstückseigentümer wird die KG, die durch ihre Geschäftsführer den Bau betreibt – Kommanditisten werden Privatpersonen, die mit ihrer Kommanditbeteiligung die Eigenmittel für den Bau aufbringen. Die vielen Kommanditisten werden der Beweglichkeit wegen von einem Treuhänder-Kommanditisten vertreten. Der Anreiz für den Anleger besteht darin, daß er als Miteigentümer des Grundvermögens der KG die steuerlichen Vergünstigungen wie jeder Miethauseigentümer genießen kann. Als Rendite, die die Kommanditbeteiligung ihrem Anleger abwirft, ist nicht nur die Jahresausschüttung anzusehen, sondern es sind alle mit dem Erwerb der Beteiligung verbundenen steuerlichen Vorteile zu berücksichtigen ebenso wie die Tilgung der Fremdmittel.

3. Die steuerliche Einordnung der Publikums-KG

Bei der Publikums-KG war streitig, ob sie in Gewinnerzielungsabsicht tätig wird, auch wenn sie keinen Gewinn erzielt. Viele Publikums-KG versprachen dem Anleger weniger positive Gewinne als steuerlich berücksichtigungsfähige Ver-

8 Vgl. BGH vom 6. 10. 80 II ZR 60/80, BB 1981, 865).

luste. Voraussetzung für die einkommensteuerrechtliche Berücksichtigung von Gewinnen und Verlusten war und ist, daß der Steuerpflichtige ernstlich mit einem Ausgleich zwischen Aufwand und Ertrag und einem – wenn auch bescheidenen Nutzen – rechnet. Liegen die Voraussetzungen nicht vor, so nimmt die Rechtsprechung Liebhaberei an, die nicht Ausdruck eines wirtschaftlichen, auf Erzielung von Erträgen gerichteten Verhaltens ist, sondern auf privater Neigung beruht[9]. Für die Frage, ob eine GmbH & Co. KG ein gewerbliches Unternehmen mit steuerlicher Wirksamkeit betreibt, gewinnt nach der Rechtsprechung die Eigentümlichkeit dieser Gesellschaftsform eine besondere Bedeutung. Personengesellschaften, zu deren Gesellschaftern Kapitalgesellschaften als kraft Rechtsform gewerbesteuerpflichtige Unternehmen gehören, sind jedenfalls dann ohne weiteres gewerbesteuerpflichtig, wenn die Beteiligung der Kapitalgesellschaft wirtschaftlich für den Betrieb der Personengesellschaft von Bedeutung ist[10].

Zu dieser Frage hat der I. Senat des BFH den Großen Senat angerufen[11]. Der I. Senat hält die Geprägerechtsprechung und die darin enthaltenen Erwägungen zum gewerblichen Charakter einer GmbH & Co. KG für richtig. Wenn man dem folgt, ist auch die Publikums-KG als Personengesellschaft zu behandeln und die GmbH bestimmt den gewerblichen Charakter der KG. Folgt der Große Senat dieser Ansicht nicht, so bleibt fraglich, ob bei den Geldgebern Gewinnerzielungsabsicht besteht.

Im Beschluß vom 17. 1. 72 GrS 10/70, BStBl. II 1972, 700 sagt der Große Senat, ein durch gewerbliche Tätigkeit erzielter Gewinn liege nicht nur vor, wenn sich dieser Gewinn unmittelbar im Geschäftsbetrieb realisiere, sondern auch, wenn er sich durch mit der Tätigkeit verbundene andere wirtschaftliche Vorteile ergebe, insbesondere also durch Steuervorteile *(Baupatenrechtsprechung)*. Auch dieser Frage hat der I. Senat im Beschluß vom 17. 2. 82 a. a. O. den Großen Senat angerufen; er will die Gewinnerzielungsabsicht in Anlehnung an die Baupatenrechtsprechung bejahen, weil nach seiner Ansicht eine solche Gewinnerzielungsabsicht schon aus den mit der Tätigkeit der KG verbundenen sonstigen wirtschaftlichen Vorteile folgt. Demnach wäre auch ein Kommanditist, der lediglich einen Steuervorteil dergestalt erstrebt, daß durch Verlustanteilszuweisungen andere normal zu versteuernde Einkünfte vorübergehend gar nicht oder letztlich nur tarifbegünstigt versteuert werden, Mitunternehmer i. S. von § 15 Abs. 1 Nr. 2 EStG (alt). Schmidt bezeichnet in Finanz-Rundschau 1982 S. 200 diese Rechtsansicht als „verständlich, aber nicht gesichert". Zählt man die in den Prospekten zugesicherte Steuerersparnis, die in den ersten Jahren höher ist als der Kapitaleinsatz, so darf die „Gewinnerzielungsabsicht" nicht verneint werden (s. nunmehr das SteuerentlG 1984, unten III).

---

9 BFH vom 22. 11. 79 IV R 88/76, BStBl. II 1980, 152.

10 BFH vom 17. 3. 66 IV 233/65, BStBl. III 1966, 171; bestätigt durch Urteil vom 3. 8. 72 IV R 235/67, BStBl. II 1972, 799 = *Geprägerechtsprechung*.

11 Beschluß vom 17. 2. 82 I B 24/79, BStBl II 1982, 295.

4. Die Verlustzurechnung

Der Reiz für die Anleger bestand in der Hauptsache darin, daß die mit den angelegten Geldern angeschafften Wirtschaftsgüter abgeschrieben wurden und dadurch bei der Gesellschaft Verluste entstanden, die den Kommanditisten zugeteilt werden konnten. Eine solche Verlustzuweisung war und ist natürlich nur soweit möglich, als das Kapitalkonto aufgezehrt und darüber hinaus ein „negatives Kapitalkonto" auch steuerrechtlich anerkannt wird. Handelsrechtlich ist der aus der Jahresbilanz der KG sich ergebende Verlust nach dem üblichen Verlustverteilungsschlüssel auch anteilmäßig einem Kommanditisten zuzuteilen, der von seinem Kapitalkonto abzuschreiben ist, auch wenn dieses dadurch negativ wird[12]. Steuerrechtlich war die Frage zweifelhaft geworden, ob die über die Einlage hinausgehenden Verluste beim Kommanditisten anerkannt werden konnten. Nach BFH vom 10. 11. 80 GrS 1/79, BStBl. II 1981, 164 sind die Verluste dem Kommanditisten grundsätzlich auch insoweit hinzuzurechnen, als dies zu einem negativen Kapitalkonto führt. Eine andere Beurteilung ist nur dann geboten, wenn bei Aufstellung der Bilanz nach den Verhältnissen am Bilanzstichtag bereits feststeht, daß ein Ausgleich des negativen Kapitalkontos mit künftigen Gewinnen nicht mehr in Betracht kommt. Diese Rechtslage führte dazu, daß dem Kommanditisten in der Anlaufzeit Verluste von mehr als 200% versprochen werden konnten, deren steuerliche Wirksamkeit den angelegten Betrag erreichten oder sogar überstiegen und etwaige zusätzliche Gewinne anfielen.

5. Die Publikums-KG als nicht rechtsfähiger Verein

Es ist nicht verwunderlich, daß die auf Steuereinnahmen bedachte Verwaltung und Gesetzgebung die durch die Verlustzuweisung entstehenden Steuerminderungen als „Störfaktor" betrachten. Eine bemerkenswerte, das System der Einkommensbesteuerung berührende Beurteilung für die kapitalistisch verfaßte KG verlangt Uelner in DStZ A 1980, 363. Nach seiner Ansicht rechtfertigt es die Struktur dieser Publikums-KG nicht, sie steuerrechtlich als Mitunternehmerschaft zu werten. In der Stellungnahme zu dem Rechtsstreit IV R 86/79 mit Urteil vom 13. 11. 80 BStBl. II 1981, 272 vertritt der BdF die Ansicht, daß die hier streitende KG als nicht rechtsfähige Vereinigung i. S. von § 1 Abs. 1 Nr. 5 KStG zu qualifizieren sei. Erwähnenswert ist auch, daß der Referentenentwurf eines Gesetzes zur Stärkung der Wettbewerbsfähigkeit der Wirtschaft und zur Einschränkung steuerlicher Vorteile, Steuerentlastungsgesetz 1984 BR-Drucks. 303/83 in Art. 4 KStG u. a. vorsah:

1. In § 1 Abs. 1 Nr. 5 KStG wird das Wort „Vereine" durch das Wort „Personenvereinigungen" ersetzt. In der Begründung hierzu heißt es, es solle klargestellt werden, daß nicht nur nicht rechtsfähige Vereine, sondern auch andere nicht rechtsfähige Personenvereinigungen des privaten Rechts mit Geschäftslei-

12 Vgl. Heymann/Kötter, HGB § 167 Anm. 3 und § 169 Anm. 3.

tung oder Sitz im Inland zum Kreis der unbeschränkt steuerpflichtigen Körperschaften gehören.

Wenn auch diese Änderung nicht in den Regierungsentwurf übernommen wurde, weist sie doch darauf hin, wie ernst im BFM die Rechtsansichten der Stellungnahme verfolgt werden. Jurkat hat bereits in GmbHR 1983, 224 darauf hingewiesen, daß auch nach der Rechtsprechung des BGH trotz einer Annäherung von Rechtsgrundsätzen der Personen-Publikumsgesellschaft an das Aktien- bzw. GmbH-Recht zivilrechtlich die Publikums-Personengesellschaft noch nicht zur juristischen Person oder einem nicht rechtsfähigen Verein geworden ist.

Im Steuerrecht war bisher der Begriff der Körperschaft durch § 1 KStG abschließend bestimmt[13]. Jurkat zeigt mit hinreichender Deutlichkeit, daß der Bezug des BdF auf die Rechtsprechung des BGH nicht ungeprüft übernommen werden darf. Welch weitreichende Folgen die Übernahme der Rechtsansicht des BFM hätte, braucht nicht näher dargelegt zu werden. Eine Folge zeigt das Schreiben des BMF vom 20. 1. 84 IV B 2 – S 1990 – 30/83, FR 1984, 118, wonach den sog. Publikums-KGn in der Rechtsform einer GmbH & Co KG die Wohltat der Sonderabschreibung nach § 3 Zonenrandförderungsgesetz lediglich deshalb versagt wird, weil sie die zulässige Rechtsform einer GmbH & Co. KG hat und eine Publikums-KG ist. Getroffen werden sollten von dem Verdikt der Verwaltung doch nur die volkswirtschaftlich unerwünschten Verlustzuweisungsgesellschaften, die hoch verdienenden Steuerpflichtigen die Möglichkeit zu ungerechtfertigten Steuerminderungen verhelfen. Das muß aber ja nicht dazu führen, alle GmbH & Co. KG zu Vereinen zu machen. Die GmbH & Co. KG hat da auch rechtlich und steuerrechtlich beachtenswerte Aufgaben erfüllt. Jene wegen ihrer wirtschaftstörenden Wirkung auszuschaltende Publikums-KG allein zu treffen führt zu Schwierigkeiten, weil die erkannten Merkmale nicht ausreichen, eine klare Abgrenzung der zuzulassenden von der störenden Gesellschaft zu erreichen. Offen bleibt die Frage, wie es mit den KGen mit wenigen Kommanditisten steht, die aber ihrerseits Treuhänder für viele Treugeber sind. Jedenfalls scheint mir Vorsicht geboten, wenn ein festgefügtes, auch mit dem Zivilrecht abgestimmtes System zerbrochen und durch eine die Komplikationen mehrende Neuerung ersetzt werden soll. Verwirrung in der Besteuerung ist unter allen Umständen zu vermeiden; denn davon haben wir genug.

III. Maßnahmen des Gesetzgebers gegen Abschreibungsfirmen

Das Wirken der Abschreibungsfirmen ist seit geraumer Zeit der Verwaltung und der Öffentlichkeit unbehaglich – der Öffentlichkeit, weil die Steuerminderungen den Besserverdienenden vorbehalten waren, der Verwaltung, weil – insbesondere soweit unsolide Zwecke verfolgt wurden – viel Kapital fehlgeleitet wurde und das Steueraufkommen durch hohe Verluste gemindert wurde. Die Steuersparbranche war zum Ärgernis geworden und wurde vom Gesetzgeber mißbilligt. Im

13 Vgl. BFH vom 2. 12. 70 I R 122/68, BStBl. II 1971, 187.

Lauf der Zeit sind eine Anzahl von Gesetzesänderungen und -ergänzungen mit dem Ziel der steuerlichen Nichtberücksichtigung von durch Afa oder Sonderabschreibungen entstandenen Verlusten erlassen worden.

Nach § 15 Abs. 3 EStG 1983 (früher § 2a EStG 1971) dürfen Verluste aus gewerblicher Tierzucht weder mit anderen Einkünften aus Gewerbebetrieb noch mit Einkünften aus anderen Einkunftsarten ausgeglichen werden. § 2a EStG 1983 schränkt allgemein die Berücksichtigung bestimmter, namentlich aus nicht aktiver Wirtschaftstätigkeit herrührender Auslandsverluste bei der inländischen Einkommensbesteuerung ein. Die dort genannten negativen ausländischen Einkünfte dürfen nur mehr mit ausländischen Einkünften der jeweils selben Art aus demselben Staat ausgeglichen werden.

Ein wesentlicher Ansatz zur Bekämpfung der Verlustzuweisungen erfolgte durch die Einführung des § 15a EStG 1980, wonach der einem Kommanditisten zuzurechnende Anteil am Verlust einer KG weder mit anderen Einkünften aus Gewerbebetrieb noch mit anderen Einkünften ausgeglichen werden kann, soweit ein negatives Kapitalkonto des Kommanditisten dadurch entsteht oder sich erhöht. Kapitalkonto in diesem Sinne ist neben der Einlage auch das Sonderbetriebsvermögen. Ebenso erhöhen Einlagen und mindern Entnahmen dieses Kapitalkonto. Der Gesetzgeber hat damit die handelsrechtlichen Gegebenheiten anerkannt, die Gestaltungsmöglichkeiten aber steuerlich eingeschränkt, wo „Verlustmachen" zu finanziellen Erfolgen über die Besteuerung führen soll. Ein Verlustausgleich ist nur möglich, soweit die Haftung des Kommanditisten reicht[14].

Mit § 15a EStG werden die Gesellschaften getroffen, die zuvor mit hohen steuerlich relevanten Verlustzuweisungen geworben hatten. Auf Verlustzuweisungen im Rahmen der Überschußeinkünfte sind die §§ 20 Abs. 1 Nr. 4 und 21 Abs. 1 Satz 2 EStG 1980 gerichtet; diese bestimmen die sinngemäße Anwendung des § 15a EStG 1980 auf Anteile des Kommanditisten bzw. des stillen Gesellschafters am Verlust des Betriebs bei Einkünften aus Kapitalvermögen sowie aus Vermietung und Verpachtung.

Durch das Gesetz zur Stärkung der Wettbewerbsfähigkeit der Wirtschaft und zur Einschränkung von steuerlichen Vorteilen (Steuerentlastungsgesetz 1984) wurde § 15 EStG durch einen neuen Absatz (nunmehr Abs. 2) ergänzt. Nach dessen Satz 2 ist eine durch die Betätigung verursachte Minderung der Steuern vom Einkommen kein Gewinn i.S. des Satzes 1. Demzufolge ist auch die Absicht, eine solche Minderung der Steuern vom Einkommen zu erzielen, keine Gewinnerzielungsabsicht i.S. des Satzes 1. Verlusterzielungsabsicht ist keine Gewinnerzielungsabsicht. Diese Regelung ist im Zusammenhang mit dem Baupatenbeschluß des Großen Senats vom 17. 1. 72 a.a.O. und mit den Vorlagebeschlüssen vom 17. 2. 82 und 26. 8. 82 a.a.O., die dem Großen Senat noch zur Entscheidung vorliegen, zu sehen (vgl. oben Abschn. II, 3).

14 Vgl. die Kritik von Knobbe/Keuk, StuW 1981, 97 und die m.E. ausgewogenen Ausführungen von Lempenau, StuW 1981, 235.

Auf die nichtgewerblichen Verlustzuweisungen beziehen sich § 15 Abs. 2 Satz 2 und 3 EStG nicht. Schließlich ist noch auf die durch Steuerentlastungsgesetz 1984 in das Gesetz eingefügten Sätze 5ff. des § 37 Abs. 3 EStG hinzuweisen. Der Gesetzgeber hat sich hier auf einen begrenzten Ausschluß der Berücksichtigung negativer Einkünfte aus Vermietung und Verpachtung bei der Festsetzung von Vorauszahlungen beschränkt.

IV. Ergebnis

Bereits die bisher getroffenen gesetzgeberischen Maßnahmen dürften ihre steuerrechtliche Hemmung bei Verlustzuweisungen nicht verfehlen; sie treffen allerdings anerkennenswerte und unerwünschte Verluste in gleicher Weise. Gleichzeitig mit dem Steuerentlastungsgesetz 1984 wurde die Bundesregierung aufgefordert zu prüfen, wie über die bereits verwirklichten Einschränkungen bei Verlustzuweisungen weitere Maßnahmen getroffen werden können, insbesondere wie sichergestellt werden kann, daß sich niemand mehr durch Beteiligung an volkswirtschaftlich nicht erwünschten Verlustzuweisungsmodellen seiner Steuerpflicht ganz oder überwiegend entziehen kann (BT-Drucks. 10/686 S. 3). In bezug auf die steuerrechtliche Einordnung von Publikumspersonengesellschaften in die Einkommensbesteuerung bleibt es dabei, daß die GmbH & Co. KG (Publikums-KG) mit den vom Gesetzgeber beschlossenen oder noch zu beschließenden Einschränkungen den Vorschriften des EStG unterliegt.

Veröffentlichungen von Heinz Meilicke

Böttcher/Meilicke: Umwandlung und Auflösung von Aktiengesellschaften und GmbHs, insbesondere von Grundstücks-, Familien- und Schachtelgesellschaften, Berlin 1934,
Umwandlung, Auflösung und Anleihestock von Kapitalgesellschaften, Berlin 2. Auflage 1935/3. Auflage 1936,
Umwandlung, Verschmelzung und Auflösung, 4. Auflage Berlin 1937,
Umwandlung und Verschmelzung von Kapitalgesellschaften, 5. Auflage Berlin 1958.

Böttcher/Meilicke: Einkommen- und Körperschaftsteuerersparnisse, Berlin 1935.

Böttcher/Meilicke: Reichsmarkbilanzen in der Ostmark, Umstellung, Umwandlung, Berlin 1939,
Reichsmarkbilanzen, Umstellung, Umwandlung Ostmark-Sudetenland-Memelland, Danzig, 2. Auflage, Berlin 1940.

Böttcher/Meilicke/Silcher: Dividendenabgabe-Verordnung, Berlin 1941,
Dividendenabgabe-Verordnung
Zweite Durchführungsverordnung, Ergänzungsband, Berlin 1942.

Meilicke: Einkommen- und Körperschaftsteuer des Kontrollrats, Berlin 1946,
Ergänzter Neudruck 1947.

Meilicke: D-Markbilanzen, Kapitalumstellung, Unternehmensgestaltung, Berlin 1949.

Schulze-Brachmann/Meilicke/Georgi: Lastenausgleichs-Gesetz, Berlin 1953.

Boldt/Luther/Hallermann/Meilicke/Riebrandt-Korfmacher: Formular-Kommentar, Erster Teil Handels- und Wirtschaftsrecht, 21. Auflage, Berlin-Köln 1973.

Meilicke: Kommentar zum Mitbestimmungsgesetz 1976, 2. Auflage 1976, Heidelberg 1976.

Meilicke: Das Bundesarbeitsgericht, Selbsternannter Sondergesetzgeber zu Lasten der Arbeitgeber, Bonn 1981.

Meilicke: Armenvertretung und Vertretungsfähigkeit im arbeitsgerichtlichen Verfahren, in: ZZP 1928, Band 53.

Meilicke: Der Begriff des Eigentumsübergangs am Grundstücke im Grunderwerbsteuerrecht, in: Vierteljahresschrift für Steuer- und Finanzrecht 1928, Heft 2.

Meilicke: Ist bei Bruchteilsgemeinschaften sowie bei den diesen gleichgestellten nicht steuerrechtsfähigen Gesamthandsgemeinschaften die Vermögensart nach dem Reichsbewertungsgesetz mit Wirkung gegenüber allen Anteilseignern festzustellen? Sind die Beziehungen zwischen diesen Gemeinschaften und den Anteilseignern steuerlich zu erfassen? in: Mitteilungen der Steuerstelle des Reichsverbandes der Deutschen Industrie 1928, S. 48.

Meilicke: Umfang und Grenzen des Steuerprivilegs der neuen Reichsanleihe, in: Zeitgemäße Steuer- und Finanzfragen, Dr. Max Lion, 1929, Heft 6, S. 125.

Meilicke: Hamburger Gerichtsbetrieb, in: Berliner Anwaltsblatt 1929, S. 152.

Meilicke: Die Steuerquittung als Rechtsbedingung für den Grundstückserwerb, in: Hanseatische Rechts- und Gerichtszeitschrift 1929, Sp. 733.

Meilicke: Zur Lehre von der Raumpacht, in: Deutsches Mietrecht 1930, S. 963 und S. 982.

Meilicke: Die Pfändbarkeit der Einlageforderungen im Gesellschaftsrecht, in: Hanseatische Rechts- und Gerichtszeitschrift 1932, Sp. 257.

Meilicke: Die praktische Handhabung der Arbeitspendenzeichnung, in: Das Grundeigentum 1933, S. 659.

Meilicke: Die steuerliche Auswirkung der Arbeitspendenzeichnung, in: Das Grundeigentum 1933, S. 738.

Meilicke: Devisenrecht und Hausbesitz, in: Grundeigentum 1933, S. 814.
Meilicke: Das Konkurs- oder Vergleichsverfahren über einen von mehreren Mitmietern, in: Das Grundeigentum 1933, S. 896.
Meilicke: Die Änderung der Richtlinien für die Devisenbewirtschaftung, in: Das Grundeigentum 1933, S. 1181.
Meilicke: Justiz – ein Luxusartikel in England, in: Deutsche Juristenzeitung 1933, S. 1622.
Meilicke: Die werberechtlichen Vorschriften für die Vermietung von Reklameflächen, in: Das Grundeigentum 1934, S. 286.
Meilicke: Neuerungen im Devisenrecht, in: Das Grundeigentum 1934, S. 409.
Meilicke: Die Grunderwerbsteuervergünstigung beim Erwerb in der Zwangsversteigerung, in: Das Grundeigentum 1934, S. 458.
Meilicke: Die Tilgung von Hypothekendarlehen durch Pfandbriefe, in: Das Grundeigentum 1934, S. 532.
Meilicke: Hypotheken- und Mietansprüche ausländischer Gläubiger (Erläuterungen zur 9. DV v. 15. 6. 1934 zur Devisen-VO), in: Das Grundeigentum 1934, S. 596.
Meilicke: Die Erleichterungen bei der Umwandlung und Auflösung von Grundstücksgesellschaften (Erläuterungen zu den Gesetzes- u. Durchführungsbestimmungen vom 5. und 7. 7. 1934), in: Das Grundeigentum 1934, S. 632.
Meilicke: Die Fristverlängerung für die Pflicht zur Anmeldung von Auslandsbesitz, in: Das Grundeigentum 1934, S. 1074.
Meilicke: Rückzahlungspflicht bei Überschreitung von Höchstpreisen, Zuzahlungspflicht bei Unterschreitung von Mindestpreisen, in: Wirtschaftsblatt der Industrie- und Handelskammer zu Berlin 1934, S. 812.
Meilicke: Rückwandlung vom anonymen Kapitalunternehmen zum Personalunternehmen, in: Wirtschaftsblatt der Industrie- und Handelskammer zu Berlin 1934, S. 1339.
Meilicke: Die einkommensteuerrechtliche (kapitalertragsteuerrechtliche) Behandlung der Liquidationsraten, in: Steuer- und Wirtschaft 1935, S. 1001.
Meilicke: Dividendenbegrenzung nach dem Anleihestockgesetz und ihr Verhältnis zur Umwandlung von Kapitalunternehmen und Personalunternehmen, in: Wirtschaftsblatt der Industrie- und Handelskammer zu Berlin 1935, S. 439.
Meilicke: Die Erleichterung bei der Umwandlung und Auflösung von Grundstücksgesellschaften (Erläuterungen zu DV v. 14. Dez. 1934 u. 8. März 1935 und RdErl. d. RFM v. 9. März 1935), in: Das Grundeigentum 1935, S. 316.
Meilicke: Devisenrechtliche Fragen beim Hausbesitz, in: Das Grundeigentum 1935, S. 626 und S. 650.
Meilicke: Eventuelle subjektive Klagenhäufung im englischen Zivilprozeß unter Rechtsvergleichung mit deutschem Recht, Juristische Wochenschrift 1935, S. 762.
Meilicke: Einiges aus dem steuerlichen ABC des Kaufmanns im Verkehr mit den Steuerbehörden, in: Wirtschaftsblatt der Industrie- und Handelskammer zu Berlin 1936, S. 261.
Meilicke: Steuerliche Auswirkungen des Erlöschens von Forderung und Schuld bei Umwandlung, in: Industrie- und Steuer 1936, S. I 209.
Meilicke: Bilanzwahrheit und stille Reserven nach Handelsrecht, in: Der praktische Betriebswirt 1937, S. 219.
Meilicke: Vereinigung mehrerer Rechtsanwälte begründet zwischen ihnen kein Arbeits- und Dienstverhältnis, in: Zeitschrift der Akademie für deutsches Recht 1937, S. 759.
Meilicke: 2. Recht auf Renten usw. ist vermögensteuerpflichtig, wenn usw., in: Zeitschrift der Akademie für deutsches Recht 1937, S. 759.
Meilicke: Die Wertzuwachssteuer bei Weiterveräußerung nach Umwandlung einer Kapitalgesellschaft, in: Industrie und Steuer 1937, S. I 218.
Meilicke: Die Lehre vom notwendigen Betriebsvermögen bei Personengesellschaften, in: Steuer und Wirtschaft 1939, S. 897.
Meilicke: Die steuerliche Behandlung des Risikos, in: Technik und Wirtschaft 1940, S. 12.
Meilicke: Fragen des Konzernsteuerrechts, in: Der praktische Betriebswirt 1940.
Meilicke: Devisenstrafrechtliche Fragen des Betriebs, in: Devisenarchiv 1940, Folge 13, Sp. 249.
Meilicke: Die Besteuerung inländischer Tochtergesellschaften ausländischer Unternehmungen, in: Karteihandbuch des Steuerrechts, Blatt „Zweigniederlassungen I" (7. 9. 1940).
Meilicke: Annahmewert der Arbeitspende und Aufgeld, in: Das Grundeigentum 1933, S. 781.

Meilicke: Zwei Teilwertbegriffe, in: Steuer und Wirtschaft 1941, S. 481 ff.
Meilicke: Industrielle Erbhöfe, in: Zeitgemäße Fragen des Steuerrechts und der betriebswirtschaftlichen Steuerlehre. Verlag Gebrüder Stiepel KG, Reichenberg, Sudetenland, 1941, S. 349.
Meilicke: Die Erfolgsteuern als Kosten- und Gewinnfaktoren in der Selbstkalkulation nach LSÖ und in der Preisbilanz nach § 22 KWVO, in: Der praktische Betriebswirt Heft 6, 1941.
Meilicke: Was müßte ein Unternehmer mehr verdienen, um sich in Höhe eines entsprechenden Beamtenruhegehalts zu versichern? in: Wirtschaftskartei, 338, Unternehmer: Ruhegehalt (23. 3. 1942).
Meilicke: Die Beschlagnahmungen und Enteignungen in den vier Besatzungszonen in ihrer Auswirkung auf Berlin – Örtliche Begrenzungen der Beschlagnahmungen in Berlin auf die einzelnen Sektoren, in: Haus und Wohnung 1947, S. 18.
Meilicke: Beamtengehalt und Unternehmerpension, in: RWP-Blattei, Steuer-R, D, Unternehmeraltersversorgung (8. 9. 1947).
Meilicke: Die westwärtige Sitzverlegung von Handelsgesellschaften, in: Der Wirtschaftsprüfer 1948, Nr. 5.
Meilicke/Nahlert/Trost: Umstellung von RM-Hypotheken in Berlin, in: Haus und Wohnung 1948, S. 321.
Meilicke: Wann ist ein Geldumtausch außerhalb der Wechselstuben strafbar? in: Haus und Wohnung 1948, S. 325.
Meilicke: Die Umstellung der RM-Verbindlichkeiten in den drei Währungsgebieten Deutschlands, in: Der Wirtschaftsprüfer 1948, S. 193.
Meilicke: Bei Eintragungsanträgen für Hypotheken und Grundschulden muß in Zukunft die D-Mark-West bezeichnet werden als „Deutsche Mark..." Beschluß LG Berlin 19. 1. 1949, in: Juristische Rundschau 1949, S. 91.
Meilicke: Neufestsetzung der Kapitalverhältnisse bei Kapitalgesellschaften, in: RWP-Blattei, 4, Wi-R D, (DM-)Bilanzgesetz (13. 10. 1949 bis 6. 3. 1951).
Meilicke: Umstellung der Uraltguthaben in der Sowjetzone und im Sowjetsektor von Berlin, RWP-Blattei, 2 Bürg. R. D, (Währungs-)Umstellungsgesetz, Einzelfragen 40 (19. 9. 1949).
Meilicke: Leistungsverweigerungsrecht Urt. KG (West) 18. 4. 1950, in: Juristische Rundschau 1950, S. 606.
Meilicke: Enteignung eines Unternehmens im Lande Sachsen erfaßt dessen gesamte Vermögenswerte, soweit diese in der sowjetischen Besatzungszone liegen. Beschl. LG Halle 14. 11 1949, in: Juristische Rundschau 1950, S. 310.
Meilicke: Umfang des Schutzes vor Verwechslung bei Zeitschriften, Urt. KG-West 13. 12. 1949, in: Juristische Rundschau 1950, S. 344.
Meilicke: Kapitalkonten und DM-Bilanz, in: Der Betrieb 1950, S. 185.
Meilicke/Mondorf: Bewegliches Anlagevermögen in der DM-Bilanz, in: Der Betrieb 1950, S. 304.
Meilicke: West-Berliner D-Mark-Bilanzrecht, in: Der Betriebs-Berater 1950, S. 600.
Meilicke: Zivilrechtliche und steuerrechtliche Fragen der jüdischen Rückerstattung, in: Steuerberater-Jahrbuch 1950, S. 331.
Meilicke: Kapitalveränderung – Umwandlung – Verschmelzung – Entflechtung nach dem D-Mark-Bilanzgesetz, in: Der Wirtschaftsprüfer 1950, S. 33.
Meilicke: Wirrwarr West-Berliner Bilanzstichtage, in: Der Betriebs-Berater 1950, S. 937.
Meilicke: Inländische Zweigniederlassungen und inländische Tochtergesellschaften ausländischer Unternehmungen im D-Markbilanzrecht, in: RWP-Blattei, 4 Wi-R. D, (DM-)Bilanzrecht, II B (6. 3. 1950).
Meilicke: Zur Haftung des Kommanditisten ab Währungsstichtag: Haftet der Kommanditist mit dem neuen DM-Kapitalkonto oder mit der gemäß § 2 WG 1 : 1 umgestellten Kommandit-(Haft-)einlage? in: RWP-Blattei, 4 Wi-R. D, (DM-)Bilanzgesetz, III E 2 (27. 4. 1950).
Meilicke: Das West-Berliner D-Markbilanzgesetz, in: RWP-Blattei, 4 Wi-R. D, (DM-)Bilanzgesetz, II C (19. 9. 1950).
Meilicke: Neue Rückstellungserfordernisse durch neue Sozialverpflichtungen, in: Der Betriebs-Berater 1950, S. 845.
Meilicke: Der Kaufpreisrückgewähranspruch und der Nutzungsanspruch im Rückerstattungsverfahren sind nach den Umständen des Einzelfalles festzustellen Entsch. BOR 27. 3. 1951, in: Juristische Rundschau 1951, S. 352.

Meilicke: Die umsatzsteuerliche Neuregelung für Organschaften im Widerspruch zum Besatzungsrecht, in: Betriebs-Berater 1951, S. 639.
Meilicke: Passivierung der allgemeinen Vermögensabgabe im Lastenausgleich – eine rechtliche, wirtschaftliche und politische Notwendigkeit, in: RWP-Blattei, 14 Steuer-R, D, Lastenausgleich, Steuerliche Einzelfragen 10 (17. 7. 1951).
Meilicke: Aufbaugrundschulen und Restkaufgeldhypotheken in Berlin, in: RWP-Blattei, 2 Bürg. R, D, (Währungs-)Umstellungsgesetz, Einzelfragen 66 (16. 8. 1951).
Meilicke: Verletzung britischen Zonenrechts durch die neue Organtheorie des Bundesfinanzministers, in: Der Betriebs-Berater 1952, S. 111.
Meilicke: Verteilung des Reichsmarkaufwandes, in: Finanz-Rundschau 1952, S. 178.
Meilicke: Die Bewirtungsspesen-Verordnung ist zum Teil rechtsunwirksam, in: Der Betriebs-Berater 1952, S. 342.
Meilicke/Vogel: Steuerliche Berücksichtigung der Preissteigerungen infolge der Koreakrise. Der neue Preissteigerungserlaß, in: Der Betriebs-Berater 1952, S. 669.
Meilicke: Besteht für die Ansetzung fingierter Wiederbeschaffungskosten oder fingierter Herstellungskosten nach §§ 18, 20 DMBG ein Wahlrecht? in: Steuer und Wirtschaft 1952, Sp. 582.
Meilicke: Auswirkungen des Lastenausgleichs auf das Privatrecht, in: Steuerberater-Jahrbuch 1952, S. 29.
Meilicke: Mehr Aufmerksamkeit der öffentlichen Einnahme- und Ausgabewirtschaft, in: Finanz-Rundschau 1953, S. 133.
Meilicke: Muß der Kleinaktionär die Steuer des schachtelbegünstigten Großaktionärs tragen? in: Der Betriebs-Berater 1953, S. 923.
Meilicke: Sonderpreisrecht zu Gunsten des Fiskus bei Besatzungsaufträgen? in: Der Betriebs-Berater 1954, S. 169.
Meilicke: Die Nachkriegsentwicklung des deutschen Steuerrechts, in: Maanblad voor Belastingrecht 1954, S. 56.
Meilicke: Preisbindung von Markenartikeln nach Berliner Recht, in: Der Betriebs-Berater 1954, S. 488.
Meilicke: Der Steuererfindungsgeist von Bund und Ländern seit Inkrafttreten des Grundgesetzes – seine verfassungsrechtlichen Grenzen, in: Festschrift für Prof. Ottmar Bühler 1954, S. 91.
Meilicke: Sviluppi del diritto della societá sotto l'influsso del diritto tributario (Entwicklung des Gesellschaftsrechts unter dem Einfluß des Steuerrechts), in: Rivista trimestrale di Diritto e Procedura Civile 1954, S. 415/428.
Meilicke: Vertragsgestaltung und Steuergestaltung, in: Steuerberater-Jahrbuch 1954/55, S. 187.
Meilicke: Steuersenkung durch Abschaffung von Steuern, in: Finanz-Rundschau 1955, S. 481.
Meilicke: Änderung von DM-Eröffnungsbilanzen im Hinblick auf das Dritte D-Markbilanzergänzungsgesetz, in: Der Betriebs-Berater 1956, S. 53.
Meilicke: Änderung von DM-Eröffnungsbilanzen im Hinblick auf das Dritte D-Markbilanzergänzungsgesetz. Stellungnahme zu den Ausführungen von Geßler, in: Der Betriebs-Berater 1956, S. 235.
Meilicke: Neugestaltung des Rechts der Umwandlung von Kapitalgesellschaften, in: Die Aktiengesellschaft 1957, S. 1.
Meilicke: Steuerlich günstige Formen der Unternehmensgestaltung, in: Steuerberater-Jahrbuch 1956/57, S. 181.
Hohlfeld/Meilicke: Unzulässige Mehrfachbesteuerung bei abweichendem Wirtschaftsjahr in 1956/57, in: Der Betriebs-Berater 1957, S. 793.
Hohlfeld/Meilicke: Mehrfachbesteuerung bei der Gewerbeertragsteuer für das abweichende Wirtschaftsjahr 1956/57, in: Der Betriebs-Berater 1958, S. 974.
Meilicke: Zugewinnausgleich und Erbschaftsteuer (Stellungnahme zu Dopfer), in: Der Betrieb 1957, S. 1114.
Meilicke: Rechtsfragen der Transformierung des Reichsgrunderwerbsteuerrechts, in: Festschrift für Armin Spitaler 1958, S. 183.
Meilicke: Das Minderheitenproblem im Aktienrecht, in: Dynamische Betriebsführung, hrsg. von: Deutsche Gesellschaft für Betriebswirtschaft, Berlin 1958, S. 204.
Meilicke: Der Anspruch des Aktionärs auf Reingewinn, in: Die Aktiengesellschaft 1959, S. 13.

Meilicke: Auf der Grenzlinie zwischen Steuerrecht und Privatrecht, in: Steuerberater-Jahrbuch 1958/59, S. 341.
Meilicke: Zuwendungen an politische Parteien aus Mitteln wirtschaftlicher Unternehmen, in: Neue Juristische Wochenschrift, 1959, S. 409.
Meilicke: Pensionsrückstellungen in der Handelsbilanz, in: Betriebliche Altersversorgung, Folge 9, S. 141 und Folge 11, S. 199.
Meilicke: Lex Münemann – ein gesetzgeberischer Fehlschlag, in: Der Betriebs-Berater 1959, S. 656.
Meilicke: Die zivilrechtliche Berücksichtigung der Einkommensteuerlast bei der Erbteils- und Pflichtteilsberechnung (Ergänzende Bemerkungen zu dem Aufsatz von Littmann), in: Finanz-Rundschau 1959, S. 419.
Meilicke: Fehlerhafte Aufsichtsratsbeschlüsse, in: Sonderdruck aus der Festschrift für Walter Schmidt. 1959.
Meilicke: Urteil des BFH v. 27. 10. 1959 – I 131/58 – (Akte Meisenburg), in: Der Betriebs-Berater 1960, S. 199.
Meilicke: Gold – Ersatzgeld? in: Der Betriebs-Berater 1960, S. 417.
Meilicke: Die Aufteilung von Steuern im Innenverhältnis auf mehrere Steuerträger, in: Mitteilungsblatt der Steuerberater 1960, S. 67.
Meilicke: Stiftungsgeschäft und Steuer-Erlaß von 100–200 Mio DM Ertragsteuern bei den Thyssenschen Beteiligungsgesellschaften, Eigenveröffentlichung.
Meilicke: Urteil des österr. Verwaltungsgerichtshofs v. 21. 3. 1960 – Zl. 227/58/3, in: Der Betriebs-Berater 1960, S. 1124; und Außenwirtschaftsdienst des Betriebs-Beraters 1960, S. 277.
Meilicke: Aufteilung der Umsatzsteuerlast bei Organverhältnissen, in: Der Betrieb 1960, S. 1379.
Meilicke: Handelsrecht und Steuerrecht der eigenen Anteile – Inwieweit sind der Erwerb und die Veräußerung eigener Anteile von Kapitalgesellschaften als einfache Kapitalveränderung zu behandeln? in: Steuer und Wirtschaft 1961, S. 2.
Meilicke: Beschl. des OLG Hamm v. 30. 4. 1960 – 8 AR 1/58 (Akte Trebuth-Constantin), in: Der Betriebs-Berater 1961, S. 65.
Meilicke: Die Gestaltung des Bezugsrechts bei Finanzierung durch Kapitalerhöhung und Kapitalaufstockung, in: Deutsche Gesellsch. f. Betriebswirtsch. 1961, S. 111.
Meilicke: Das Options- und Vorkaufsrecht auf den Erwerb von Aktien bei der formwechselnden Umwandlung einer Aktiengesellschaft in eine GmbH, in: Der Betriebs-Berater 1961, S. 1069.
Meilicke: Das Bezugsrecht des Aktionärs bei Kapitalerhöhungen, in: Der Betriebs-Berater 1961, S. 1281.
Meilicke: Erwiderung auf Ausführungen von -ur – in: Der Betrieb 1962, S. 83.
Meilicke: Schenkung unter Vorbehalt des Nießbrauchs: Behandlung der Vermögensteuer, in: Der Betrieb 1962, S. 186.
Meilicke: Urteil des FG Düsseldorf, Kammern in Köln, v. 26. 7. 1961 – VII 72/61 U i. S. Ideal-Standard GmbH UmsSt. 1955 in: Der Betriebs-Berater 1962, S. 249.
Meilicke: Die Grenzen der steuerlichen Betriebsprüfung, in: Die steuerliche Betriebsprüfung 1962, S. 85.
Meilicke: Beschluß des Kammergerichts Berlin v. 19. 11. 1962 – 1 AR 81/60 i. Sachen PREMAG erwirkt, in: Der Betriebs-Berater 1963, S. 55.
Meilicke: Wirtschaftlicher Verein – eine attraktive Unternehmensform? in: Steuer und Wirtschaft 1963, S. 79.
Meilicke: Der vom Staatsgeheimnis verhüllte V-Mann-Belastungszeuge? in: Neue Juristische Wochenschrift 1963, S. 425.
Meilicke: Beschluß des OLG Hamm v. 23. 1. 1963 – 8 AR 1/60 – i. Sachen BERGBAU AG CONSTANTIN DER GROSSE (Dr. Trebuth) erwirkt, in: Der Betrieb 1963, S. 444.
Meilicke: Wandelschuldschreibungen bei Kapitalherabsetzung, in: Der Betriebs-Berater 1963, S. 500.
Meilicke: Der Begriff der Eigenverantwortlichkeit des Steuerberaters, in: Der Steuerberater 1963, S. 161.
Meilicke: Die Steuerübernahmeklausel, in: Der Betriebs-Berater, 1963, S. 1307.
Meilicke: Der Durchgriff im Steuerrecht, in: Der Betriebs-Berater 1964, S. 143.

Meilicke: Der Einfluß des Steuerrechts auf die Gestaltung zivilrechtlicher Verhältnisse – Zivilrecht als Folge des Steuerrechts – Steuerklausel, in: Steuerberater-Jahrbuch 1963/64, S. 347.

Meilicke: Leasing, Zivilrecht – Bilanzrecht – Steuerrecht, in: Der Betriebs-Berater 1964, S. 691.

Meilicke: Die steuerlichen Probleme bei Beteiligungserwerb und zwischenbetrieblicher Zusammenarbeit, in: „Die Aussprache" (Arbeitsgemeinschaft selbständiger Unternehmer), Ausgabe August 1964.

Hohlfeld/H. Meilicke/W. Meilicke: „Die Auslegung der Steuergesetze in Wissenschaft und Praxis", in: Sammlung von Beiträgen sowie Auszüge aus der Rechtsprechung zum Andenken an ARMIN SPITALER, Juni 1965.

Meilicke: Rechtswirksamkeit eines Organschaftsvertrages (Urt. v. 17. 12. 1964 i. S. MEILICKE ./. Hüttenwerke Siegerland AG), in: Der Betriebs-Berater 1965, S. 1419.

Meilicke: Jüngste Wechselwirkungen zwischen Steuerrecht und Privatrecht, in: Steuerberater-Jahrbuch 1965/66, S. 141.

Meilicke: Re-Aktionäre in der Bonner Lobby (Interview), in: Capital 1966, S. 24.

Meilicke: Die Besteuerung der von amerikanischen Muttergesellschaften vereinnahmten Dividenden, in: Außenwirtschaftsdienst des Betriebs-Beraters 1966, S. 145 und S. 523.

Meilicke: Rechtliche Beurteilung des Verständigungsmemorandums zum revidierten deutsch-amerikanischen Doppelbesteuerungsabkommen, in: Außenwirtschaftsdienst des Betriebs-Beraters 1966, S. 231.

Meilicke: Rechtstatsachen zum Stiftungsrecht und zum Stiftungssteuerrecht, in: Finanz-Rundschau 1967, S. 150.

Meilicke: Kaufpreisänderung beim Übergang zur Mehrwertsteuer, in: Der Betriebs-Berater 1967, S. 872.

Meilicke: Steuerliche Erleichterung der Umwandlung und Umgestaltung von Unternehmungen, in: „Die Aussprache", 1967, S. 213.

Meilicke: Korporative Versklavung deutscher Aktiengesellschaften durch Beherrschungs- u. Gewinnabführungsverträge gegenüber in- u. ausländischen Unternehmen, in: Berliner Festschrift für Ernst H. Hirsch zu dessen 65. Geburtstag, Berlin 1968.

Meilicke: Die Investitionsteuer auf Eigenleistungen verfassungsrechtlich unzulässig, in: Der Betriebs-Berater 1968, S. 538.

Meilicke: Zum Verhältnis zwischen nationalem Recht und europäischem Gemeinschaftsrecht, in: Der Betrieb 1968, S. 1348.

Meilicke: Zivilrechtliche Auswirkungen der Mehrwertsteuer, in: Der Betriebs-Berater 1968, S. 944.

Meilicke: Erhebung der Untätigkeitsklage, in: Der Betriebs-Berater 1968, S. 988.

Hohlfeld/Meilicke: Erhöhte Quellensteuer bei nur mittelbarer wesentlicher Beteiligung ausländischer Kapitalgesellschaften, in: Außenwirtschaftsdienst des Betriebs-Beraters 1968, S. 387.

Meilicke: DEA-Urteil v. 10. 5. 1968 – 11 U 66/67 des OLG Hamburg –, in: Der Betriebs-Berater 1968, S. 1096.

Meilicke: Fünfzig Jahre Kampf des Steuerrechts mit dem Privatrecht, in: Finanz-Rundschau 1968, S. 430.

Meilicke: Kapitalertragsteuer bei Dividendenausschüttung an Empfänger in USA (Urteil des BFH v. 18. 9. 1968 i. S. HOFFMAN RHEEM MASCHINEN GMBH – Kapitalertragsteuer) – Az. 1 R 56/67 – in: Außenwirtschaftsdienst des Betriebs-Beraters 1968, S. 484.

Meilicke: Erschaftsteuer bei Mutual Funds, in: „Der Aktionär" 1969, S. 14.

Meilicke: Die Kunst der Verlagerung von Gewinnen und Verlusten sowie Steuern nach Handelsrecht und Steuerrecht, in: Steuerberater-Jahrbuch 1968/69, S. 149.

Meilicke: Rechtsprechungslooping zum Finanzleasing zum Urteil d. IV. Senats des BFH v. 26. 1. 1970 – IV E 144/66 –, in: Der Betriebs-Berater 1970, S. 977.

Meilicke: Anmerkung Dr. Hohlfeld zum BFH-Beschluß v. 18. 1. 1971 – Gr. S. 4/70 –, in: Der Betriebs-Berater 1971, S. 462.

Meilicke: Konzentration durch Beherrschungs- und Ergebnisübernahmeverträge, in: Die Konzentration in der Wirtschaft, On Economic Concentration, Schriften des Vereins für Socialpolitik, Neue Folge, 1971, Band 20/I.

Meilicke: Planbeispiel für Schweizer Vermögensverwaltung-GmbH in der Hand deutscher Steuerbürger, in: Der Betriebs-Berater 1971, S. 1499.

Meilicke: Der Bundesfinanzhof und die Bundesregierung – Neue Steuergesetzgeber im Außensteuerrecht, in: Der Betriebs-Berater 1972, S. 505.
Meilicke: Experten-Gespräch, Kann man Manager haftbar machen? in: Capital 1972, S. 70.
Hohlfeld/Meilicke: Untergang der Antragsbefugnis im Spruchstellenverfahren vor Ablauf der Antragsfrist, in: Der Betriebs-Berater 1972, S. 1249.
Meilicke: Die devisenrechtlichen Genehmigungspflichten des Kapitalverkehrs, in: Der Betriebs-Berater 1973, S. 716.
Meilicke: Ist die Inanspruchnahme von Zahlungsfristen durch Gebietsansässige bei Gebietsfremden devisenrechtlich ab 15. 6. 1973 – noch – genehmigungspflichtig oder bardepotpflichtig? in: Der Betrieb 1973, S. 1385.
Meilicke: Rechtsanspruch gegen Unterstützungskassen ohne Rechtsanspruch, in: Der Betriebs-Berater 1974, S. 241.
Meilicke: Zuständigkeit der Arbeitsgerichte gegen Unterstützungskassen ohne Rechtsanspruch, in: Der Betriebs-Berater 1974, S. 371.
H. Meilicke/W. Meilicke: Die Rechtsstellung der nichtantragstellenden Aktionäre im Verfahren nach §§ 306 Akt, 30 UmwG, in: Zeitschrift für Unternehmens- und Gesellschaftsrecht 1974, Ausgabe Juli, S. 276.
Meilicke: Die Mitbestimmung und das Völkerrecht, in: Die Aktiengesellschaft, Ausgabe v. 12. 1. 1976, S. 28
H. Meilicke/W. Meilicke: „Umverteilung gesellschaftsrechtlicher Herrschaftsrechte", in: Sonderdruck aus der Festschrift für Martin Luther zum 70. Geburtstag, 13. Juli 1976.
H. Meilicke/W. Meilicke: Nutzungsüberlassung an Gegenständen als offene oder verdeckte Einlage bei Kapitalgesellschaften im Handelsrecht, Bilanzrecht und im Steuerrecht, in: Der Betrieb 1977, S. 927.
H. Meilicke/W. Meilicke: Zur ausländischen Kapitalgesellschaft als Unternehmen in der Rechtsform des § 1 Abs. 1 Nr. 1 MitbestG, in: Der Betriebs-Berater 1977, S. 1063.
Meilicke: Umgekehrte Maßgeblichkeit der Handelsbilanz für die Steuerbilanz? in: Finanz-Rundschau 1978, S. 91.
Meilicke: Mitbestimmung im Konzern, in: Der Betriebs-Berater 1978, S. 406.
Meilicke: Der Verpflichtungsüberschuß aus Arbeitsverträgen – Weiterer Nichtausweis in den Bilanzen und Vermögensaufstellungen der Unternehmen? in: Der Betriebs-Berater 1978, S. 2481.
Meilicke: Zuständigkeit der Arbeitsgerichte für Ansprüche der Unterstützungskassen gegen die Arbeitgeber ab 1. 7. 1979 – Klageerhebung bis 30. 6. 1979 vor den ordentlichen Gerichten erforderlich, um Zuständigkeit der ordentlichen Gerichtsbarkeit zu behalten, in: Der Betrieb 1979, S. 1172.
Meilicke: Liebhabereien im Einkommensteuerrecht – Ein Lieblingskind richterlicher Gesetzgebung, in: Finanz-Rundschau 1979, S. 337.
Meilicke: Kürzung von Betriebsrenten, Vorbehalt gleichbleibender Verhältnisse, Anpassung nach unten gemäß § 16 BetrAVG, in: Der Betriebs-Berater 1983, S. 73.
Meilicke: Umfang des Versicherungsschutzes des Pensionssicherungs-Vereins, in: Der Betrieb 1983, S. 2191.
Meilicke: Auswirkungen der beschränkten Verlustverrechnungsmöglichkeiten bei Kommanditisten vor und nach dem 1. Januar 1983, Steuerberater-Jahrbuch 1983/84, S. 95.
Meilicke: Die handelsrechtliche und steuerliche Behandlung des Anspruches auf Rückzahlung der Investitionshilfeabgabe bei Körperschaften, in: Der Betrieb 1984, S. 145.

Zahlreiche Buchbesprechungen und weitere Aufsätze in Tageszeitungen sind aus Raumgründen nicht aufgeführt.

GPSR Compliance

The European Union's (EU) General Product Safety Regulation (GPSR) is a set of rules that requires consumer products to be safe and our obligations to ensure this.

If you have any concerns about our products, you can contact us on ProductSafety@springernature.com

In case Publisher is established outside the EU, the EU authorized representative is:

Springer Nature Customer Service Center GmbH
Europaplatz 3
69115 Heidelberg, Germany

Batch number: 10844827

Printed by Printforce, the Netherlands